中传学者文库编委会

主　任： 廖祥忠　张树庭

副主任： 蔺海波　李　众　刘守训　李新军　王　晖
　　　　　杨　懿　柴剑平

成　员（按姓氏笔画排序）：

王廷信　王栋晗　王晓红　王　雷　文春英
龙小农　付　龙　叶　龙　刘东建　刘剑波
任孟山　李怀亮　李　舒　张绍华　张　晶
张根兴　张毓强　林卫国　郑　月　金　炜
金雪涛　周建新　庞　亮　赵新利　徐红梅
贾秀清　高晓虹　隋　岩　喻　梅　熊澄宇

传媒递变与新闻业发展

艾红红自选集

艾红红 著

中传学者文库

1954-2024

主编／柴剑平
执行主编／龙小农
副主编／张毓强 周建新

中国传媒大学出版社
·北京·

图书在版编目（CIP）数据

传媒递变与新闻业发展：艾红红自选集 / 艾红红著 . -- 北京：中国传媒大学出版社，2024.8.

（中传学者文库 / 柴剑平主编）.

ISBN 978-7-5657-3711-4

Ⅰ . G219.2-53

中国国家版本馆 CIP 数据核字第 20245U70B0 号

传媒递变与新闻业发展：艾红红自选集
CHUANMEI DIBIAN YU XINWENYE FAZHAN: AI HONGHONG ZIXUANJI

著　　者	艾红红		
责任编辑	温晓芳		
封面设计	锋尚设计		
责任印制	李志鹏		
出版发行	中国傳媒大學出版社		
社　　址	北京市朝阳区定福庄东街 1 号	邮　　编	100024
电　　话	86-10-65450528　65450532	传　　真	65779405
网　　址	http://cucp.cuc.edu.cn		
经　　销	全国新华书店		
印　　刷	北京中科印刷有限公司		
开　　本	710mm×1000mm　1/16		
印　　张	21		
字　　数	319 千字		
版　　次	2024 年 8 月第 1 版		
印　　次	2024 年 8 月第 1 次印刷		
书　　号	ISBN 978-7-5657-3711-4/G·3711	定　　价	99.00 元

本社法律顾问：北京嘉润律师事务所　郭建平

总 序

媒介是人类社会交流和传播的基本工具。从口语时代到印刷时代，再经电子时代至今天的数智时代，媒介形态加速演变、融合程度深入发展，媒介已然成为现代社会运行的基础设施和操作系统。今天，人类已经迈入媒介社会，万物皆媒、人人皆媒，无媒介不社会、无传播不治理。今天，无论我们怎么用力于信息传播的研究、怎么重视信息传播人才的培养都不为过。

中国传媒大学（其前身为北京广播学院）作为新中国第一所信息传播类院校，自1954年创建伊始，即与媒介形态演变合律同拍、与国家发展同频共振，努力探索中国特色信息传播人才培养模式、构建中国信息传播类学科自主知识体系，执信息传播人才培养之牛耳、发信息传播研究之先声，被誉为"中国广播电视及传媒人才摇篮""信息传播领域知名学府"。

追溯中传肇始发轫之起源、瞩望中传砥砺跨越之未来，可谓创业维艰而其命维新。昔日中传因广播而起，因电视而兴，因网络而盛，今天和未来必乘风破浪、蓄势而上，因人工智能而强。在这期间，每一种媒介兴起，中传均吸引一批志于学、问于道、勤于术的

学者汇聚于此,切磋学术、传道授业,立时代之潮头,回应社会需求,成为学界翘楚、行业中坚,遂有今日中传学术研究之森然气象,已历七秩而弦歌不断,将传百世亦风华正茂。

自新时代以来,中传坚守为党育人、为国育才初心,励精图治、勠力前行,秉承"系统治理、创新图强、交叉融合、特色发展"的办学理念,牢牢把握高等教育发展大势、传媒业态发展趋势,瞄准"智能传媒"和"国际一流"两大主攻方向,以世界为坐标、以未来为向度,完成了全面布局和系统升级,正在蹄疾步稳、高质量推动学校从传统高等教育向未来高等教育跨越、从传统传媒教育向智能传媒教育跨越、从国内一流向世界一流跨越,全力建设中国特色、世界一流传媒大学。

中国特色、世界一流,在于有大先生扎根中国大地,汇聚古今、融通中外;在于有大先生执教黉门,学高为师、身正为范;在于有大先生躬耕杏坛,敦品积学、启智润心。习近平总书记更强调,高校教师要立志成为大先生,在教书育人和科研创新上不断创造新业绩。中传广大教师素来以做大先生为毕生职志,努力成为新时代"经师"与"人师"的统一者,做真学问、立高品行,践履"立德树人"使命。

2024岁在甲辰,欣逢中传建校70华诞,学校特邀约部分学者钩玄勒要、增删批阅,遴选已公开刊发的论文汇编成集,出版"中传学者文库",意在呈现学校在学科建设、科学研究、服务行业实践等方面的最新成果,赓续中传文脉,谱写时代新声。

文库汇聚老中青三代学者,资深学者渊渟岳峙、阐幽抉微;中年学者沉潜蓄势、厚积薄发;青年学者踌躇满志、未来可期。文库与五十周年校庆所出版的"北广学者文库"相承接,大致可勾勒中传知识生产薪火相传、三代辉映之概貌，反映中传在构建中国特色新闻传播类、传媒艺术类、传媒技术类学科体系、学术体系和话语体系方面的耕耘与收获，窥见中国特色信息传播类学科知识体系构建的发展脉络与轨迹。

这一构建过程，虽筚路蓝缕，却步履铿锵；虽垦荒拓野，亦四方辐辏。一批肇始于中传，交叉融合、具有中国特色的学科，如播音主持艺术学、广播电视艺术学、传媒艺术学、数字媒体艺术学、政治传播学等，从涓涓细流汇入滔滔江河，从中传走向全国，展现了中传学者构建中国自主知识体系的学术想象力和创新力。文库展示的虽然是历史，实则是呈现今天；看似是总结过去，实则是召唤未来。与其说这套文库的出版，是对既有学术成果的展示，毋宁说是对未来学术创新的邀约。

回首过往，七秩芳华。我们深知，唯有将马克思主义基本原理与中华优秀传统文化相结合，才能推动中华学术创造性转化和创新性发展，推动中国自主知识体系的构建。我们深知，唯有准确把握媒介形态演变的脉动、深刻认知媒介形态变革所产生的影响，才能推动中国信息传播类学科自主知识体系的构建与时俱进。

展望未来，星辰大海。我们深知，以人工智能为代表的产业和科技革命正迅疾而来，媒介生态正在加速重构，教育形态正在全面重塑，大学之使命与价值正在被重新定义；我们深知，唯有"胸怀国之大者"、面向世界科技前沿、面向经济主战场、面向国家重大需求，才能确保中传始终屹立于中国乃至世界传媒教育发展之潮头。

如何应对人工智能带来的深刻变革，对中传而言是一场要么"冲顶"、要么"灭顶"的"兴亡之战"。我们坚信，不管前方是雄关漫道，还是荆棘满途，唯有勇敢直面"教育强国，中传何为？"这一核

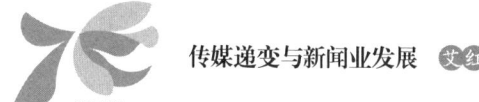

心命题，奋力书写"智能传媒教育，中传师生有为！"的精彩答卷，才能化危为机，奋力开创人工智能时代中传智能传媒教育新纪元。

功不唐捐，芳华七秩；风帆正举，赓续创新。

是为序。

第十四届全国政协委员，中国传媒大学党委书记、教授、博士生导师

序

    本书收入的是本人自1997年进入新闻传媒史研究领域以来撰写的32篇论文，择取的主要标准是与中国本土传媒业的相关性。这也是《传媒递变与新闻业发展：艾红红自选集》书名的由来。

    论文基于主题和时间两个维度，分为三卷。第一卷包含三篇总论性文字：一是从学科生成与发展的内在逻辑出发，考察20世纪以来的中国广播电视研究进程，梳理不同时代的主要关切，分析广播电视研究与广播电视业发展之间的复杂关联；二是反思互联网时代广播电视史研究面临的新问题，提出"广播电视"概念和"广播电视史"研究范畴会因网络媒体的加盟而"扩容"，网络技术则为广播电视史学的受众研究提供了更为便利的条件，同时网络传播还催生了广播电视史学研究的"大历史观"；三是基于国内高校"中国新闻史"课程的历史与现状，探讨从新闻事业史到新闻传播史转向的可能性。第二卷集结了本人对中国广播电视史乃至音频史研究的相关文章，并在相关议题涉及的时间段落上采取了"倒叙"结构，即先近后远——涉及当下议题的排前，时间越早的越排后。第三卷则主要涉及报刊与报人研究，排序规则同第二部分。

    作为自己三十多年学术求索的见证，上述文字发表于不同年份，散落于不同的报刊或书籍中。如今得以在庆祝中国传媒大学建校70周年之际被收入"中传学者文库"丛书出版，既倍感荣幸，同时不免生出无尽的感怀。

首先要感谢带我走上新闻传媒史研究之路的导师们。我的硕士生导师、山东大学文学院孔范今教授是中国现当代文学领域的著名学者,在文学史观和文学史写作、教育等方面成就卓著。读硕期间,孔老师送我一本方汉奇先生的《中国近代报刊史》。如今想来,这正是我接触中国新闻史的契机。之后孔老师又指导我从现代文学与现代报刊的交叉点寻找和确立学位论文的选题,走上中国报刊史研究之路。我的博士生导师赵玉明教授作为中国广播电视史研究的开创者和奠基人,不仅对我的学术研究和教学起到了定向导航作用,他的为人处世也持久地影响着我。其次要感谢母校中国传媒大学,给了我在此读博、从教的机会。这里会聚了一批优秀的同学、同事与学生,是滋养我学术生命的地方。最后要感谢本书的责任编辑温晓芳女士。人如其名。从开始接手这本书,温编辑就轻言细语,与我探讨修改其中的一些细节,助我改进文中不足的地方。没有温编辑的细心和耐心帮助,就没有这本书的问世。

艾红红

目 录

第一卷

20世纪以来中国广播电视研究发展历程回顾 ·········· 003
网络时代的新视野
　——广播电视史学研究三论 ·········· 029
从事业史到传播史
　——新闻史课程的转向 ·········· 037

第二卷

音频传播的升级迭代及其演进逻辑 ·········· 045
多种声音　一个世界
　——广播观念的百年变迁 ·········· 052
"下乡""离场"与"返乡"
　——新中国农村有线广播发展"三部曲" ·········· 061
广播在推广普通话中的角色与地位探析 ·········· 076
技术、体制因素与中国广播电视业发展 ·········· 088
改革开放以来我国电视新闻结构转型的历史省察 ·········· 092
改革开放以来广播收听方式的变迁 ·········· 102
试析典型报道的新趋势 ·········· 108
新中国广播电视业的体制确立与体系革新 ·········· 115

广播评书的历史回顾与特色分析 129
中央电台国庆直播的回顾与展望 137
"七一"广播的源头与流变 141
二战时期广播演讲的省察与反思 147
民国时期基督教广播特色初探 155
全面抗战爆发后广播业的结构变迁与功能拓展 165
铁蹄下的"协和"之音
　　——略论抗战时期日伪电台的广播演讲 177
中国红色广播的起源及其特点 187
百年大党的早期媒体融合实践 192
租界时空的"新闻自由"及其效应 205
《广播周报》的历史流变与当代启迪 212

第三卷

抗战时期重庆《新华日报》的内部组织与外部关系探微 223
抗战时期国民党国际宣传体系解析
　　——以国民党中宣部国际宣传处为中心的考察 234
抗战时期《新华日报》在香港地区的发行与传播 247
毛泽东对《晋绥日报》编辑人员谈话的历史考察 259
从党派"营地"到民众"喉舌"
　　——民主党派报刊属性与功能之变迁（1928—1949） 270
红军长征中的新闻宣传及其宝贵经验 282
论报刊在五四运动中的角色与效应
　　——以北京、天津、上海的代表性报刊为例 287
蓄力与开蒙
　　——李提摩太在华社会关系网的拓展及其对中国报业的影响 300
《东西洋考每月统记传》在后世影响渐深之原因探析 313

第一卷

20世纪以来中国广播电视研究发展历程回顾*

广播、电视同为电子媒介。其技术研发可上溯至19世纪中叶,但成为正式的社会行业却始于20世纪初。随着广播电视业在中国的兴起,相关研究也日趋活跃,并与整个社会变迁同生共进,呈现出较为明显的阶段性特征。本文主要从广播电视研究生成与发展的内在逻辑出发,考察这一学术进程,试图梳理不同时代的主要关切,分析广播电视研究与广播电视业发展之间的复杂关联。

一、多重视角,一个指向:1920—1949年的广播研究

无线电传播人声的实验于1906年在美国取得成功后,鉴于西方"电学巨子,工程专家,于实施广播计划,固无日不在研究考虑之中"①,中国无线电界也积极利用各种机会,向国人引介这一最新发明。其中,上海《东方杂志》作为"唯一一份将无线电报技术的传播由晚清延续至民初的期刊"②,从1920年起即在"科学杂俎"专栏中多次刊文,介绍"无线电话"(无线电广

---

* 本文原载于《中国新闻传播学年鉴2016》,中国社会科学出版社2016年版,收入本书时略有增补。
① 王崇植,朱雷章.广播电台在中国之价值及其将来[J].无线电月报,1928(1):4.
② 宋轶文,姚远.民初无线电报技术经由期刊在中国的传播[J].西北大学学报,2010(1):184.

播)的技术原理和最新发展[1]。其他如《电气》(1914年创办)、《电气工业杂志》(1920年创办)等新办刊物也多从技术视角切入这一议题。无线电广播尚未登陆中国,这种技术性探讨已为其降临做了充分的舆论准备。

1923年1月,国内首家广播无线电台在上海租界问世。次年8月,无线电专家曹仲渊发表万字长文《三年来上海无线电话之情形》[2],对上海无线电广播业推源溯流,为中国广播的发展找问题、寻出路,是早期广播研究的经典之作。1925年,无线电专家朱其清发表《沪上广播无线电事业概论》[3]《无线电之新事业》[4],介绍了当时美、法、日等国对广播业的管理经营方法和国内几家外台的情况,并从广播发射、接收、广播内容、政府广播政策"四要素"入手,论述中国广播未来发展的条件和可能性,认为广播事业"将取新闻纸类、留声机等而代之,亦意中事也"。[5] 两位无线电专家运用西式思维和方法观照中国广播,研究问题时既有纵向梳理,也有横向比较;既有技术性判断,也有基于国内政治、经济和文化的考量,高屋建瓴,举重若轻,显示出早期广播研究的高起点和专业化特征。

南京国民政府建立后,推行党营、政府经营和民营广播并行,以党营广播为引领的混合体制。这既是当时决策层广播观的意志体现,也反映和影响了国人对广播业的理解和认知:至1949年国民党政府退出大陆前,研究者多从国家立场出发,基于广播是"宣传利器"的共识,在广播与国家治理、国家发展的关系中建构议题,形成研究的场域。

被誉为国民党"广播保姆"的陈果夫,可谓上述理念的倡导者与有力实践者。他自1924年在上海接触到无线电广播,就意识到这一新兴媒体对国民党治国理政的巨大辅助作用,不仅给蒋介石写信阐释这一观点,还通过撰文、

---

[1] 如《空中传来之演说》(1920年5月第17卷第9号)、《用无线电传达音乐及新闻》(1920年8月第17卷第15号)、《无线电最近的进步》系列文章(1922年6月第19卷第11号)等。
[2] 曹仲渊.三年来上海无线电话之情形[J].东方杂志,1924(18):49-66.
[3] 朱其清.沪上广播无线电事业概论[J].电友,1925(6):4-6.
[4] 朱其清.无线电之新事业[J].东方杂志,1925(6):69-85.
[5] 朱其清.无线电之新事业[J].东方杂志,1925(6):84.

演讲、立法等多种手段，推动党营广播发展。在陈果夫等国民党政要主持下，1928年8月1日，国民党中央广播电台开播。1929年12月，国民党中央电台编印了我国第一本广播年鉴《中央广播无线电台年刊》，收入该台及中国广播发轫时期的重要史料，并载有《我国之广播事业》《设立中央广播无线电台计划》《中央广播无线电台大事记》及《中国现有之广播电台》等文，开我国广播（电视）年鉴编纂出版之先河。

继承这一史学传统，1937年，国民党广播事业管理处处长吴保丰发表《十年来的中国广播事业》[①]一文，对1928年至抗战爆发前的国内广播业做了详尽梳理，并从五方面论述了今后发展之途径。与之类似，王崇植、恽震所著《无线电与中国》[②]和国民政府"行政院"新闻局编印的《广播事业》[③]，也都在追溯历史的基础上，提出对广播业未来发展的意见和建议。另外，现存的私立燕京大学文学院新闻学系三篇广播学位论文[④]也采用了历史与现实映照、中国与外国比较的问题化思路和研究方法，且在文献征引、参考书目、注释体例等形式方面，与现在通行的学术规范并无二致。

当时对广播、广播业的理论探讨，已涉及广播属性、广播价值及功能等多个层面。关于广播属性，研究者普遍认识到它的迅速灵便、新闻时效高、不受间隔等优点[⑤]，也注意到它有转瞬即逝、选择性差、收听的不可逆性等技术性缺陷[⑥]。从广播信号传递及时、传播距离无远弗届这一属性出发，研究者对广播的新闻事业功能多有论及——"广播电台之功用，原在传布消息于公

---

① 吴保丰.十年来的中国广播事业［M］//中国文化建设协会.十年来的中国.上海：商务印书馆，1937.
② 王崇植，恽震.无线电与中国［M］.北平：北平图书馆，1931.
③ 国民政府行政院新闻局.广播事业［Z］.内部编印，1947.
④ 主要有殷增芳的《中国广播无线电事业》（1939）、赵泽隆的《广播》（1946）及王存銮的《广播事业研究》（1949）等。
⑤ 吴保丰.十五年来我国广播事业之鸟瞰［J］.广播通讯，1944（10）；杜绍文.敌乎？友乎？——新闻广播与电影果真有害于报纸么？［J］.战时记者，1939（8）.
⑥ 参见聂士芬.一个新闻教授的新闻学观［C］//燕京大学新闻系.新闻学概观：1935：40；凌遇选.印刷与新闻事业［J］.新闻战线，1942（3）.

众""广播电台的使命，在于用迅速的方法，来传递重要的新闻"①……依据这一媒体属性，有学者直接将广播纳入了新闻学的研究范畴。② 关于广播的价值与功能，当时最典型的认知是"宣传、教育、娱乐、市场报告、新闻及天气报告、广告、开发青年知识欲"。③ 由于国民党党营广播的强势地位，时人对无线电广播在政治宣传、新闻传播与普及教育方面的功能也多有论述。④ 从民众受教育水平普遍较低、各地方言众多、南北语言不通等国情出发，晏阳初、赵元任等专家学者在广播电化教育和国语传播方面做了大量调研工作。尤其是语言学家赵元任，就极力主张全国电台转播中央广播电台节目，认为"要建设一个统一而立得住的国家，统一的国语也是一个极要紧的条件，在各种促进统一国语的工具当中以无线电广播的影响为最广"⑤。在各方推动下，1936年4月20日，国民党中央广播事业管理处呈请"行政院"发布饬令，要求全国各地所有的公私营广播电台除星期日外，每晚8：00至9：05必须一律转播中央台节目，包括简明新闻、时事述评、名人演讲、学术丛谈、话剧、音乐等六项。"各民营电台无转播设备者，应于此节时间时暂行停播，以杜分歧，务使意志集中，收效宏速。"中国广播电台全国联播的制度即肇始于此。

此外，1937年6月商务印书馆出版的徐卓呆编著《无线电播音》，是迄今发现的最早论述广播播音理论的代表作。该书对无线电播音的特长、如何利用、目前的状况、听众的心理、什么材料不适合使用、电台播音的检查方法、如何改善娱乐材料以及电台播音如何活用教育这一功能等进行了分析论述。研究民国时期的广播播音理论，这部著作具有重要的参考价值。

---

① 任白涛.在中国之广播事业［C］//赵玉明.中国现代广播史料选编.汕头：汕头大学出版社，2007：159.
② 任白涛.综合新闻学［M］.上海：商务印书馆，1941.
③ 王崇植，朱雷章.广播电台在中国之价值及其将来［J］.无线电月报，1928，1（4）：2-3.
④ 参见吴道一：《我国之广播事业》，《中国国民党中央执行委员会广播无线电台年刊》，民国十八年十二月（1929年12月）编印.
⑤ 赵元任.全国转播中央广播电台节目对于促进国语统一的影响［J］.广播周报，1936，91（19）.

值得关注的是，随着抗日战争爆发，广播的"喉舌"作用加倍彰显，"心战"广播成为战时各国宣传研究的焦点。中国也不例外。当时，广播是"第四战线""战争的产物"等论述比比皆是①。《广播无线电和战争》②一文就用美国等一些国家广播发展的事实，有力地证明了广播无线电是"战争的产物"。国民党中宣部译介的《无线电宣传战》一书也佐证这一流行观念，阐释了广播宣传在战争中的重要作用。国民党中央电台传音员彭乐善则干脆以"广播战"为本人专著命名，介绍世界各国广播业发展情况和二战中各国广播人物及广播传音技术，对战时广播宣传和新闻传播进行了深入探讨。③该书既有对全球广播业发展的宏观描述，也有对具体事件和人物的深度剖析，为读者展示了一幅生动的二战时期各国广播战全景图，"精详博赡，深入浅出，不仅为从事广播工作者之良好参考书籍，且可灌输一般国民广播常识，诚为不可多得之佳作"④。

当时国统区一些专业期刊的陆续创办，为广播研究提供了发表阵地。其中创办时间最长、影响最大的莫过于《广播周报》（1934—1948）⑤。该刊不仅登载了《空中电波战》《上海广播之现状》《我们对广播事业的认识和希望》等大量广播专论，还致力于介绍世界广播理论、广播动态，选载、译介了大

---

① 关于广播与战争关系的探讨，还有：愚人：《科学倡导原子时代新兴广播事业应负之使命》，载《中国广播月刊》第一卷第二期，北平中国广播月刊社 1947 年刊；杨明：《军事与广播》，《广播周报》1947 年第 7 期；陈沅：《广播的作用》，《电影与播音》1947 年第 7 期。
② 超.广播无线电和战争［J］.群力，1937（23）：44-47.
③ 彭乐善.广播战［M］.重庆：中国编译社，1943.
④ 曾虚白.广播战序［M］//彭乐善.广播战.中国编译社，1943：1.
⑤《广播周报》于 1934 年 9 月由国民党中央广播无线电台管理处创办。它是我国第一份广播节目报，也是现代出版时间最长、发行量最大的广播专业报刊。《中国广播电视年鉴》2007、2008、2009 年分三次刊载了《广播周报》的文章目录。

量外国广播研究文献。① 可以说，对中国广播业务、广播理论的探讨和对世界广播发展动态的关注，是民国动荡岁月中《广播周报》作出的最突出贡献。此外，《中国无线电》（苏祖国主编，亚美无线电公司编印，1933年）、《无线电》（中央台管理处创办，1934年）、《播音界》（播音界出版社，1935年）、《江苏广播》（江苏省广播无线电台，1935年）、《播音二周刊》（上海市公用局广播无线电管理处印行，1936年）、《播音教育月刊》（教育部社会教育司编辑，商务印书馆出版，1936年）等② 也刊登了不少研究性文章。

中国共产党的延安新华广播电台于1940年底开播。虽然由于各种外在不利条件，纯粹的学理性研究尚未深入开展，但基于重视心战宣传的同样需求，延安台还是在有限的条件下开展了卓有成效的受众调查工作：1946年，延安台曾发表公开信，广泛征求全国及南洋各地听众意见，③ 一年后根据听众调查

---

① 如188期登载徐学锴翻译的《播音节目之建立》（连载三期）和赵炳良翻译的《广播的政治作用》；189期登载赵炳良翻译的《运用灵活的德国广播》；190期登载海涛的《日本广播事业的今昔》和赵炳良翻译的《意大利的广播宣传》；192期登载潘公展的《广播与文化》、徐学锴的《论广播演说》和抚松翻译的《美国广播学校》以及海涛的《国际宣传战的过去与现在》、慈涵翻译的《战时的广播》（连载两期）、《广播意识的形成》等；第193期登载《英国广播漫谈》（传，译）、小品《敌国广播协会的动摇》和《美日广播战》；194期登载杜宇的《国际广播战》和褚伍兵的《广播战中的各国客卿》以及文琪翻译的《美国广播事业》；195期登载林海涛《世界广播动态之一斑》和慈涵翻译的《希特勒的广播攻势》；196期登载徐炳森的《抗战中通信的运用与其重要性》；复刊第6期登载钱凤章专著《美国广播事业之发展》（此后连载），第7期刊登《从新闻自由到广播自由》；第9期刊登《漫谈法国广播事业》；第17期开始长篇连载徐学锴的《美国全邦广播公司》（共13期）；连载完后，在接着的复刊第30期又开始登载徐学锴的《美国哥伦比亚广播公司》；第31期、32期登载徐学锴的《北美广播公司》和《美国互惠广播公司概况》；33期登载吴彤翻译的《美国的电视广播》和徐学锴的《加拿大广播公司（见闻绍实）》；35期登载署名"上海台"提供的《英国无线电广播沿革》；36期登载吴彤的《英国的电视广播》；42期登载杨宗万翻译的特稿《战后欧洲无线电事业》；等等。
② 王文利.中国广播电视新闻研究简史[M].湖南师范大学出版社，2008：111-116. 这一时期有关广播方面的专业刊物约41家。
③ 中央人民广播电台研究室，北京广播学院新闻系.解放区广播历史资料选编[M].北京：中国广播电视出版社，1985：70.

的结果及反馈意见进行了详细总结和回应①。这些节目调整涉及收听时间、收听内容、特殊收听群体的需求（如外语广播）等，其中所体现的广播专业意识，显然也是在实践中不断探索形成的。

"广播为一新兴事业，无成例可援，即在各国，也都以经验换取知识。"②此为民国广播研究的首要特征。总体上看，民国时期对广播历史、理论与实践的探讨，有助于人们加深对这一新兴事物的认知；对无线电广播在战争中作用的分析与论述，与西方社会学、政治学和传播学的实证研究虽在方法论上有所区别，但在大的媒介观方面却并无二致。在当时战乱环境下，广播研究能够取得如此成就，殊为不易。尤为可贵的是，这些研究者多数并非专职研究人员，而是从事广播工作的一线工作者。他们从追踪、介绍西方的广播技术入手，着眼于中国广播的发展，落点则集中指向"广播对中国之价值"③及如何利用和发展好广播。这一方面是由于当时的广播教育尚未开展，缺乏相应的人才储备，广播研究只能由业界人士自发进行。另一方面，广播业尚在初兴阶段，却已与西方国家拉开了距离；深知这种差距之所在，了解其根源的民国广播精英们出于天然的家国情怀，在责任驱使下不约而同地将广播研究与国家发展联系起来。

由此也带来了民国广播研究的第二个特征：业界人士对许多问题的探讨，都停留在较浅层次。虽然这些研究既涉及宏观层面如广播制度、广播与社会发展等问题，也有对广播原理的分析，还有微观层面如播音技巧、广播广告及受众调查等，可谓议题丰富、视角多元，但由于广播研究工作多属"副业"，业界人士无法专注持久地从事这一活动。当时除了对广播与战争关系的探讨较为深入外，许多研究都是浅尝辄止，停留在经验总结的层面。组织性、成规模的学术活动和互动少，广播研究以单打独斗为主。

---

① 陕北新华广播电台二周年告听众[M]//中央人民广播电台研究室，北京广播学院新闻系.解放区广播历史资料选编.北京：中国广播电视出版社，1985：79.
② 行政院新闻局.广播事业[M].行政院新闻局，1947：68.
③ 王崇植，朱雷章.广播电台在中国之价值及其将来[J].无线电月报，1928，1（4）：2-3.

二、政治挂帅，"业务"先行：1949—1978 年的广播电视研究

中华人民共和国在成立初期，借鉴苏联模式，构建起一套金字塔状的国营广播（电视）事业体系——一个集行业管理、技术研发、内容制作和人才培养为一体的行业系统。到1978年改革开放前，有线广播迎来发展的鼎盛时代；而电视业自1958年兴办，在改革开放前一直发展缓慢。虽然早在20世纪20年代国内的无线电专家就向民众介绍了这一媒体，并逐渐统一用"电视"这一新名词指代，但由于电视业在1978年以前一直发展缓慢，因而这方面的研究成果较少，学界仍以广播研究为主，性质上则属以提升业务为宗旨的工作研究。

中华人民共和国成立至改革开放前这段时期，针对广播电视性质、任务等本源性问题的探讨，日益染上了浓厚的政治色彩，对广播电视阶级属性和政治工具作用的过分强调，成为这一时期理论话语的突出特点。典型的如强调人民广播事业"是无产阶级专政的一种工具"①、是"阶级斗争的工具"②，以及提倡政治挂帅等。至于涉及具体业务层面的研究，有对广播新闻的简短、真实性原则的辨析③；有对广播工作者应具备的基本素质的探讨，强调播音员、记者须有严格的政治立场，"又红又专，红透专深"。④ 也有极少数文献涉及广

---

① 周新武.人民广播——无产阶级专政的工具[J].广播业务，1957（10）.
② 第五次全国广播工作会议即提出了这一观点。参见赵玉明主编《中国广播电视通史》(新一版)，中国广播影视出版社2014年版，第215页。
③ 参见陈英南：《谈广播新闻》，《广播业务》1957年第8期；王文利：《中国广播电视新闻研究简史》，湖南师范大学出版社2008年版，第3页；林彬：《短就是短处吗？——从广播新闻要短谈起》，《广播业务》1963年第4期；莫念祖：《"短"必然带来一定的限制》，《广播业务》1957年第10期；周民：《也谈短新闻》，《广播业务》1963年第4期；张弋：《广播新闻强调"短"大有必要》，《广播业务》1963年第6期；阮仕清：《"短"应当是广播新闻的基调》，《广播业务》1963年第6期；向集：《对新闻广播中几个关系问题的探索》，《广播业务》1957年第10期。
④ 这类文章有林田、夏青：《做一个红透专深的广播员》，《新闻战线》1958年第8期；牧原、刘佳：《我们是红色的播音员》，《新闻战线》1959年第7期；靳德龄：《做一个永不褪色的红色播音员》，《新闻战线》1960年第13期；河北人民广播电台：《培养一支新型的广播记者队伍》，《新闻战线》1958年第12期。

播听众，主要是通过听众来信和听众座谈会等形式收集意见和建议。从当时广播电视研究的主要阵地《广播业务》①，不难看出相关论述多紧跟政治形势、受意识形态话语左右的明显痕迹。

理论空间日益逼仄，解放区广播史研究却因缘际会，结出了硕果，这也正好弥补了战争时期解放区广播史研究的不足。作为管理广播系统的最高行政机构，广播事业局这一时期编译了大量外国广播电视资料，作为广播工作者的参考。1954年编译出版的《广播工作参考材料第一辑》，是新中国第一本关于国外广播经验的专辑，同时也标志着新中国对国外广播电视情况进行研究的开始。②1957年6月，广播事业局决定成立调查研究国内外广播电视宣传业务、事业发展等情况的研究室。1958年编译出版《苏联对国外广播发展史》。1959年1月和2月，《国际广播电视动态》（月刊）和《广播业务译丛》（双月刊，仅出三期）相继创办。后又出版过《苏联广播电视事业资料》（1959）、《社会主义国家广播电视事业概况》《主要资本主义国家广播电视事业概况》等。看得出，当时中国广播电视界主要是与苏联、捷克斯洛伐克等社会主义国家进行业务和理论交流，且基本是输入型的单向学习。1959年北京广播学院正式成立后，该院新闻系依照综合大学新闻系的一般构架，设置了新闻理论、广播史、广播业务、播音、文艺和电视摄影等教研室（组），并开设相关课程，在新闻学的框架内开始了广播电视的教学与研究工作。中央广播局原研究室也并入新闻系，负责《广播业务》和《广播电视参考资料》的编印工作。当时，大学新闻系设研究室的仅此一家。在左荧、康荫、温济泽、高而公等"老广播"的带领下，一批青年教师系统地总结中国共产党的广播工作经验，发掘、整理出许多宝贵的原始资料。至"文革"爆发前，先

---

① 《广播业务》于1955年6月起试刊两期，10月正式出版，至1958年底共出15期，1959年1月改为月刊，到1966年3月停刊，共出版100期，发表各类文章1600多篇，其中的一些研究，均涉及广播电视的基本理论问题，对推动理论的发展起到了良好作用。《中国广播电视年鉴2001》《中国广播电视年鉴2002》分上、下两部分刊载了该刊的篇名总目录。

② 金初高.关于《广播业务译丛》及其他——建国初期国外广播电视调研工作回眸［M］//《中国广播电视年鉴》编辑委员会.中国广播电视年鉴.北京：中国广播电视年鉴社，2002：410.

后编印完成了《中国新闻广播文集》(上下册)、《中国人民广播事业大事记》(草稿)、《陕北台范文选》《广播稿选》(第一集)、《马恩列斯论报刊·列宁论广播》《毛泽东同志论宣传工作》等,为后人研究和复原当时的解放区广播事业保存了宝贵素材。

推进上述研究开展的动机和目的,主要是为"绝大多数都是新兵的"[①] 广播电视队伍提供业务指导和历史借鉴,属于系统内"业务"研究范畴。

从研究人员看,与民国时期不同,改革开放前的广播电视研究者均出自本系统,研究成果的应用对象和传播范围也基本限于系统内部。研究群体的来源和结构相对单一,对外学术交流尤其是与广播电视业发达的西方国家交流互动少,身在此山看此山,难免有不识"庐山"真面目之憾。研究者视野受到很大局限,研究方法和思路也较为单一,多运用阶级斗争理论和战争年代形成的党报理论来观照、审视广播电视业,并采用传统的经验总结与人文思辨相结合的方法。定性研究多,定量分析少,不重视利用西方通行的田野调查、抽样统计等广播电视研究方法。至于源出西方的学术规范,则早已被弃置不用。

三、乱花渐欲迷人眼:1979 年至今的广播电视研究

改革开放以来,广播电视业告别单一的事业单位和国家拨款发展方式,向事业单位、企业化运营方式转轨。这场持续至今的改革,不仅使广播电视行业由内而外发生了巨大变化,也因其日益壮大的产业规模和不断增长的社会影响力而吸引了越来越多的研究者。尤其是 21 世纪以来,相关研究成果数量呈爆炸式增长。撇开每年发表的论文不谈,近年来每年出版的广播电视著作就达数百部之多。《中国广播电视年鉴》从 1986 年创刊伊始就特辟"广播电视书籍简介"一栏,选载前一年出版的广播电视书目。从其上刊载的书目名称看,广播研究成果的增长相对较为平稳,电视研究著作则于 20 世纪 90

---

① 关颖超. 关于《广播业务》的回忆 [M] //《中国广播电视年鉴》编辑委员会. 北京:中国广播电视年鉴. 中国广播电视年鉴社,2002:409.

年代以来涨幅惊人,总体数量远远高出了广播,显示出电视成为中国"第一媒体"后在研究层面引发的巨大关注。

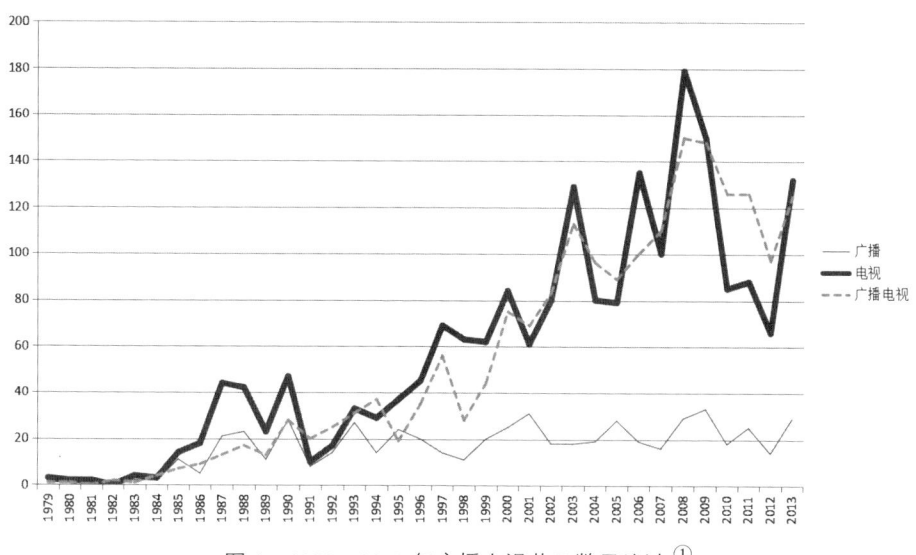

图1　1979—2013年广播电视节目数量统计①

(一)反思与建构:广播电视理论研究

广播电视改革的一条主线,就是在政治上坚持党和政府的喉舌立场,经济上自力更生,做强做大,传播上百花齐放,"自己走路"。很显然,只有认清自身属性和特点,方能把握什么是"自己走路",如何"自己走路"。过去曾反复探讨的广播电视性质、功能、特点等问题,1979年后再度成为理论探讨的热点。②

---

① 图表的统计数据来自1986年至2014年的《中国广播电视年鉴》。其中,1987、1988年电视类目中许多都是电视制作技术类书籍;1990年没有设置"书报刊"一栏;2004年北京广播学院校庆,有大量广播电视学术文集;2010广播电视的地方年鉴、编年史和文集比较多;2012年大部分都是网络、新媒体的书籍。

② 参见白谦诚:《广播特点初探》,《北京广播学院学报》1979年第1期;章宗栋:《"不要纸张"和"没有距离"已经不是广播的特点》,《北京广播学院学报》1980年第3期;叶家铮:《以电视传播的特性谈新闻之"新"》,《北京广播学院学报》1983年第1期;张凤铸:《电视新闻的力量在于真实》,《北京广播学院学报》1979年第2期。

1980年10月，第十次全国广播工作会议将广播电视定性为"党的一种富有生命力的现代化新闻舆论工具和宣传教育工具"①，从官方层面修正了过去那种偏狭的"阶级斗争工具论"。以此为前提，研究者进一步解放思想，发挥个体主动性和创造性，逐步摆脱此前亦步亦趋被动阐释政治话语的传统理论演绎模式，相继提出了广播电视是"现代化信息传播工具"②"智力开发的重要工具"以及"向广大群众传播信息的重要工具"③等观点。"信息传播"这一词汇的引入，说明广播电视研究已与新兴的传播学实现了嫁接。也有学者从广播电视所处的社会关系和结构中认知其基本属性，强调"谁掌握使用是认定广播电视性质的决定因素"④。而随着广播电视介入市场程度的加深，理论界还普遍认识到其经济属性⑤。

近年来，汹涌的互联网新技术极大地改写了广播电视生态，广播电视与互联网的共融发展成为必然趋势。针对这一变化，有观点认为，广播电视具有科技、文化、政治、经济、社会等多种属性，其中，科技属性是广播电视的第一属性，科技决定广播电视的本体形态和自然属性，决定广播电视的生存和发展；文化、政治、经济、社会属性是广播电视属性的社会化，体现它的社会性。决定广播电视的意识形态性质和传播目的，决定广播电视的传播内容和价值取向；广播电视的本质就是上述五大属性的总和。⑥上述研究看到了科技发展对广播电视的巨大影响，将其列为第一媒体属性，可见理论界对其本体属性的探讨，是与时俱进、不断深化的。由此也可以看出，在汲取与反思过去教训的基础上，广播电视作为"党的工具"的定性仍保持着法统地位，同时对其性质与功能的界定更具灵活性与包容性。

---

① 全国广播工作会议文件选编［Z］.内部资料：316.
② 卢克勤.广播电视——强大的现代化信息传播工具［J］.广播与电视技术，1983（5）.
③ 何大中.新时期里广播电视面临的任务［J］.广播电视技术，1985（1）.
④ 董抱朴.谁掌握使用是认定广播电视性质的决定因素［J］.中国广播电视学刊，1989（4）.
⑤ 刘积林.关于广播电视业的经济属性的几个不同观点——兼评周鸿铎的《探讨广播电视业的经济属性》［J］.中国广播电视学刊，1990（3）.
⑥ 黄勇.广播电视属性：建构一个科学的概念体系——广播电视属性再探析之一［J］.中国广播电视学刊，2010（4）.

在理论研究过程中，学者们还运用多学科的视角与方法，阐释广播电视现象与问题。有学者从传播学角度，阐释广播/电视的信息传播功能；有的在社会学视野内探讨其社会沟通、社会抚慰与社会动员的功能[①]；有的从传播观念的视角考察中国电视发展，提出中国电视经历了"宣教时代""创作时代"和"生产与传播的时代"[②]；有的从政治经济学视角研究我国电视制度之变迁，认为源于广告经营的市场化改革，使得电视传媒不再仅仅是政治权力的工具，而开始具有一定的公共性[③]；有的从儿童心理学视角探讨"儿童电视学"[④]，分析电视与儿童成长的关系，如电视广告与儿童、电视与儿童暴力的关系等；还有的引入生态视角，考察中国电视。[⑤]有的力图在艺术学和传播学的双支柱框架下突显电视自身的特性，给出一个"电视是什么"的回答[⑥]；也有学者运用民族学、人类学的田野调查方法，记录了在现代传媒影响下，边远的云南少数民族独龙族聚居的小村庄村民的日常生活[⑦]。有的则根植于中国广播电视业实际，分析其基本特色，阐明中国社会主义广播电视事业的性质、任务和功能，揭示中国广播电视的节目、技术、管理、经营发展的基本规律，分析中国广播电视的传播理念、法治化建设和发展战略，论述广播电视从业人员素质、广播电视受众同事业发展的密切关系[⑧]；或者聚焦和解剖电视批评，介绍电视批评的理论和方法，并对中国电视批评的学科建设提出进一步的理

---

① 相关论文有田祖德的《广播电视的信息传播功能》、寇志凤的《广播电视谈话类节目的社会沟通功能》、刘平的《社会抚慰、社会组织与社会动员：广播电台在地震灾害中发挥的特殊功能与启示——以成都人民广播电台为例》，韩鸿、莫尚宁的《突发灾害中广播媒体的功能分析与问题反思——以2008年南方冰雪灾害中的＜爱心守望，风雪同行＞特别节目为例》等。
② 胡智锋.中国电视观念论［M］.北京：北京广播学院出版社，2000.
③ 钱蔚.政治、市场与电视制度——中国电视制度变迁研究［M］.郑州：河南人民出版社，2002.
④ 陈舒平.儿童电视学［M］.北京：北京广播学院出版社，2003.
⑤ 刘炘.生态电视论［M］.北京：中国广播电视出版社，2004.
⑥ 何煜，刘如文.电视导论［M］.杭州：浙江大学出版社，2005.
⑦ 郭建斌.独乡电视——现代传媒与少数民族乡村日常生活［M］.济南：山东人民出版社，2005.
⑧ 欧阳宏生.广播电视学导论［M］.成都：四川大学出版社，2004.

论建构意见①。也有学者在对广播电视理论体系进行反复论证后，从历史论、属性论、节目论、技术论等几个方面建构新时期广播电视理论的模型。② 这种多学科手段与方法在广播电视研究中的应用，极大地丰富了广播电视理论体系，诚如有学者所言，"电视学是交叉学科，与电视学发生关联的有美学、电影学、社会学、心理学、新闻学、政治学、传播学、语言学等学科。那么，这些'学科'的研究方法就可以成为电视学的研究方法，这就形成多维视野的研究方法"。③

上述对相关问题的理论探讨，既汲取了其他学科的成果，也与对外国广播电视的研究及对外国经典著作的引介密不可分。某种程度上甚至可以说，改革开放以来，学界对广播电视理论与实践的探讨，很多都受到了西方广播电视实践与理论的启迪。改革开放后，《美国广播公司概况》④《美国的广播事业》⑤《英国广播电视事业的历史与现状》⑥ 等介绍性论文率先公开发表，为国人再度开启了世界广播电视之窗；接着，越来越多精通外国语言与文化的学者相继推出了《当代美国电视》《日本广播概观》《对话美国电视》《公共广播服务的神话：英国广播公司解读》《走进美国电视》⑦ 等专著和论文，为我国广播电视业发展提供新的参照对象。与此同时，对西方广播电视经典名著译介工作的开展，尤其是如尼尔·波兹曼的《娱乐至死》、柯克·约翰逊的《电视与乡村社会变迁：对印度两村庄的民族志调查》及《电视玄机：性、谎言、宣传片》《电视受众研究：文化理论与方法》等作品的翻译出版，为国人引进

---

① 朱晓军.电视媒介文化与后现代主义思潮[M].北京：中国广播电视出版社，2009.
② 张振华.中国广播电视新论[M].北京：中国广播电视出版社，2004.
③ 田本相.重视电视理论建设，创立具有中国特色的电视学[J].北京广播学院学报，1986（1）：16–21.
④ 黄文，萧绪珊.美国广播公司概况[J].国际新闻界，1979（3）：74–81.
⑤ 罗雷.美国的广播事业[J].中国传媒大学学报，1980（2）：87–94.
⑥ 马元和.英国广播电视事业的历史与现状[J].中国传媒大学学报，1980（2）：80–88.
⑦ 陈犀和.当代美国电视[M].上海：复旦大学出版社，1998；张采.日本广播概观[M].北京：中国广播电视出版社，2001；王利芬.对话美国电视[M].北京：中信出版社，2006；周晓普.公共广播服务的神话：英国广播公司解读[M].北京：中国社会科学出版社，2007；陆生.走进美国电视[M].上海：复旦大学出版社，2007.

了新的研究范式。在观察维度和测验方法等很多方面，中国广播电视研究正是汲取上述营养，站在了中西比较的更高平台上。

视野打开了，思想的疆域随之扩大。从促进广播电视业和广播电视学科的健康良性发展着眼，业界和学界还相继提出了建立广播学、电视学、广播电视学的理论设想。

1985年，中央人民广播电台原台长左漠野在《北京广播学院学报》发表《我们需要广播学、电视学》一文，表达了他对提高广播电视学研究理论层次的殷切期盼："我们需要创建具有中国特色的社会主义广播学、电视学，因为我们多年来所说的新闻学，实际上是报纸学，广播电视和报纸虽然具有某些共同规律，但又各有其特殊规律。新闻学不能把广播、电视全部包括在里面……我希望并且相信，在已经出版几本论述广播电视的书之后，从事广播电视工作的同志将会陆续写出一些联系实际且富有理论色彩的文章、著作，为未来的具有中国特色的社会主义广播学、电视学大厦打下基础。"[1] 在左漠野和当时的广播电视部部长吴冷西等的大力倡导下，这一问题很快得到落实。1986年10月，由广电部推动的中国广播电视学会（以下简称"中广学会"）宣布成立。该会致力于推进中国特色的广播电视学理论体系建设，不仅在其主办的《中国广播电视学刊》上连续发表相关论文，鼓吹这一理念，而且举办学术会议，组织专题讨论，并先后组织出版了《中国广播电视学》[2] 等一系列著作，力求从理论上阐述广播电视的传播规律，在科学性、学术性、系统性、稳定性和实践性上突出特色。[3]

围绕这一问题，学者们提出了建设"广播电视学"的构想及建设这门学科的具体研究指导思想和方法、注意事项。如有的学者认为，"创立具有中国特色的电视学"体系，至少应包括四个方面：一是电视发展的理论，即研究我国电视发展的理论和战略；二是电视社会学，"就是用社会学的观点来探

---

[1] 左漠野.我们需要广播学、电视学［J］.北京广播学院学报，1985（3）：40-41.
[2] 闫玉.中国广播电视学［M］.北京：中国广播电视出版社，1990.
[3] 李文明.中国广播电视学形成的标志——喜读《中国广播电视学》［J］.中国广播电视学刊，1991（1）：83-85.

讨电视与社会之间产生的诸种问题"；三是电视观众学，主要研究"观众的作用，观众的需求，观众的历史背景和文化背景，观众的心理，观众的层次，等等"；四是电视管理学、电视美学、电视史和电视批评等①。"建设具有中国特色的广播学、电视学，已经由少数人的鼓吹变成了全系统的共同意志。"②

国家技术监督局响应了这一学术思潮，1992年11月，其颁布的国家标准《学科分类与代码》把"广播与电视"列为"新闻学与传播学"下的二级学科，并在"广播与电视"学科内列入了"广播电视理论"等三级学科。

从学科建制层面看，上述分类固然是一个巨大进步，然而对广播电视学、广播学、电视学三者的关系以及众多分支学科、边缘学科的关系，却有待进一步厘清。对此左漠野认为，"广播电视学是一个集合名词，分开来说就是广播学、电视学"。"广播和电视具有共性，但又各有其特性。广播电视学主要研究广播和电视的某些共同规律，而广播、电视自身的特殊规律，就需要广播学、电视学去着重钻研、探究了"。③而在广播电视学的学科体系建设中，分支或交叉学科的研究也不容忽视，一些成果在这一领域发挥了拓荒性作用，如广播语体学、新闻广播体裁学、电视艺术学④等。这些研究拓展了广播电视学的学科边界，显示出广播电视研究认知层面的升级。也正是由于上述研究的推进，1997年国务院学位办颁布的《授予博士、硕士学位和培养研究生的学科、专业目录》中，将"广播电视艺术学"单独设为"艺术学"下的三级学科；同年出版的《哲学社会科学各学科研究状况与发展趋势》在论及广播电视研究现状时则表示："90年代以来，广播电视已成为一个独立的学科，研究进展迅速，但由于起步较晚，理论方面还比较薄弱。"⑤

---

① 田本相.重视电视理论建设，创立具有中国特色的电视学[J].北京广播学院学报，1986（1）：16-21.

② 白谦诚.白谦诚谈学术研究工作[J].中国广播电视学刊，1989（1）：93-94.

③ 左漠野.建设广播电视学断想——写在《中国广播电视学刊》创刊的时候[J].中国广播电视学刊，1987，1（1）：4-6.

④ 参见林兴仁：《建立广播语体学的初步设想》，北京广播学院学报1988年第2期；林兴仁：《实用广播语体学》，中国广播电视出版社1989年版；苑邦元：《浅议新闻广播体裁学》，菏泽师专学报1989年第2期；高鑫：《电视艺术学》，北京师范大学1998年版.

⑤ 全国哲学社会科学规划办公室.哲学社会科学各学科研究状况与发展趋势[M].北京：学习出版社，1997：685-697.

21世纪以来，对广播电视学科建构的研究进一步深入。有学者通过对既有成果的梳理，提出广播电视研究应包括四方面内容：基础理论研究、广播电视应用业务研究、广播电视史学研究、广播电视决策管理研究。① 还有学者对广播电视理论体系的建构提出自己的看法。② 与前几十年广播电视一体化的行政思维明显不同，21世纪以来，一些学者注意区分广播、电视和广播电视三个既相互关联又各不相同的领域，并各有专攻，对广播理论和电视理论的一些基本问题进行了深入探讨，在此基础上提出的"广播学""电视学"理论设想和相关著作的出版，进一步夯实了广播电视学的理论根基。2012年，国务院学位办公布的普通高等学校本科专业目录中，"广播电视学"成为新闻传播学类下的独立专业。

也要看到，由于广播电视研究范畴较大，技术、人文与社会各个学科均可从不同角度切入这一领域，从而形成数量众多、体系庞杂的理论成果。这固然有利于对广播电视的认知，但也无形中加大了整体把握上述对象的难度。一个突出的问题是，本学科的核心概念大多从其他学科如新闻学、传播学或文艺学、社会学借鉴而来，广播电视学自身的内生性、原创性概念极少；相关学科成果尤其是一些跨界操刀之作对广播电视研究界影响巨大，反之则不然。因此总体上看，广播电视理论研究成果虽体量惊人，但从理论高度、深度及效度等方面衡量，似乎还只能算是"浅草才能没马蹄"。

（二）实然与应然：广播电视实践研究

广播电视业改革开放后的飞速发展，是与实践层面的不断改革相伴随的。尤其是进入21世纪以来，广播电视技术飞速升级，传播生态急剧变化，互联网及以其为基础的手机媒体等大量新兴电子媒介对传统的广播电视业带来巨

---

① 赵德全.对我国广播电视研究的反思——在山东省广播电视理论骨干会议上的演讲[J].山东视听，2006（6）：5.
② 参见宋德军：《关于新时期广播电视理论体系的几点思考》，《中国传媒科技》2013年第24期；刘枫的《论中西电视理论体系建构的差异》《媒体时代》2012年第7期；刘枫：《电视理论体系建构中的对话意识》，《新闻爱好者》2010年第21期。

大冲击。"数字化""媒介融合"成为实践层面热度不减的关键词。面向广播电视实践的研究,正在转变为传统广播电视实务与网络如何有机融合的复合型研究。

按作者的写作主题和意旨,可将面向广播电视实践的研究分为以下几类:

一是偏于传播效果的受众调查类研究。改革开放以来,大量实证调查手段在节目和受众研究中的使用,如对广播收听率、电视收视率的跟踪调查及记者生存状况的调查等,使这一实践与理论结合的研究领域的著作与论文数量不断增长。这种对广播电视传播效果的研究,针对其"实然",凸显其"应然",是广播电视传播观念变革的体现,也是借鉴西方研究方法的结果:1983年3月,中央人民广播电台召开广播创新节目收听研究会,这是广播界首次研究以主持人形式营造广播"朋友"身份,为听众服务的一次研讨会。5月又召开了第二次研讨会。在此之前,随着传播学的引入,"受众调查""效果分析""定量研究"等术语及与之配套的一系列操作方式也被引入,受到学界和业界的高度关注。1985年,中央电视台通过《电视周报》发放问卷的方式,进行了一次电视观众收视情况调查,了解观众的收视兴趣和对中央台各栏目安排的意见;同年,中国国际广播电台也发布了该台收到的140多个国家和地区93004封听众来信的分析报告[①]。各地电台和电视台也纷纷进行效果调查,推动了广播电视节目栏目的改革[②]。20世纪90年代以来,受众调查已成为广播电视界的常规项目,既有《中国电视观众现状报告》这样定期发布的研究成果,也有类似《广播受众学简说》《中国广播受众学》《电视观众心理学》《电视受众探析》《电视受众收视规律研究》《电视受众社会阶层研究》《电视受众审美研究》《电视受众市场研究》等理论与调查相结合的著作,说明研究

---

① 闫惠朝.中国国际广播电台1985年听众来信情况分析[M]//中国广播电视年鉴.中国广播电视出版社,1986:574-576.
② 参见董启焕:《重视反馈——提高广播反馈质量的关键》,《新闻研究》1983年第3期;寿跃进:《观众心理与电视新闻》(1984年中国社会科学院硕士学位论文);金文雄:《试论广播宣传的心理效应》(1986年北京广播学院新闻研究所硕士学位论文);刘志明:《论提高电视新闻传播效果的途径》(1986年人民大学硕士学位论文);周小普:《试论提高广播新闻质量的组织途径》(1986年人民大学硕士学位论文)。

者对广播电视受众、广播电视特性与规律、受众调查与反馈等问题已有系统思考和研究。

二是偏于研究者层面的播音、主持及播音员、主持人研究。播音、主持以及广播电视语言学等"口耳之学"的兴起与发展，是改革开放以来广播电视研究的新兴领域，其影响极为深远。改革开放之初，有研究者意识到，"在播音第一线的同志们，有丰富而新鲜的实践经验，占有多类型的大量材料，对于播音理论的研究拥有不可替代的明显优势。伴随着业务学习和业务交流的日益广泛和深入开展，一场播音理论研究促进提高播音质量的大竞赛，不管是否意识到，总之是势不可遏地出现了"。① 的确如此，围绕广播电视播音、主持等问题，以北京广播学院播音系（现为播音主持学院）研究团队为核心的研究者相继发表了大量论文与专著，对整体上提高中国播音员和主持人的水平起到了不可估量的作用。②

三是针对广播电视节目栏目的解读、阐释、"把脉"或"问诊"。大量对正在播出或刚刚播出的广播、电视节目的分析与解读性文本都可归入这类研究。如《浅议电视专题节目的解说词》《电视真人秀节目的戏剧化特征》等③。

四是针对广播电视"后台"层面的各种技术性问题探讨。它包括两个层面，第一个层面是实际技术层面，广播电视业发展的历史，也是一部技术更新和演进史，涉及具体实务的技术性问题必然成为研究者关注的议题。《摄影构画基础》《电视片编辑艺术》《电视节目制作管理》《电视摄影造型》《电视编导基础》④ 等著作的涌现，即是为了解决这些实际工作中迫切需要解决的问

---

① 张颂.研究播音理论是一项紧迫的任务［J］.北京广播学院学报，1982（1）：45.
② 这类成果有齐越：《播音创作漫谈》，《北京广播学院学报》1979年第1期；方梁：《浅议新闻政论性稿件和文艺性稿件中语言表达上的异同》，《北京广播学院学报》1980年第1期；贾宁：《播音员主持人稿件表达方法与技巧》，中国传媒大学出版社2013年版；李秀然：《诵读艺术——技巧与训练》，中国传媒大学出版社2013年版等。
③ 杨兴盛.浅议电视专题节目的解说词［J］.新闻战线，1984（3）；涂远鹏.电视真人秀节目的戏剧化特征［J］.新闻传播，2014（13）.
④ 这是北京广播学院电视系编撰的"电视节目制作丛书"18种的部分书目，由北京广播学院出版社1987年起陆续出版。

题。第二个层面则是实际如何操作的"技术"层面，如针对广播电视的管理、运营、机制等问题，聚焦实践中已出现或即将面临的具体问题，分析原因，寻找出路，力图为实践提供借鉴。① 这类研究的一些成果，对业界发展起到了良好的引领作用。

最后，由于互联网引发的媒体洗牌，近年来，围绕广播电视与互联网的融合，也有大量研究成果问世，有的聚焦于如何解决实际问题，有的针对融媒体实践，提出自己的前沿思考。

（三）再现与回顾：广播电视历史/学术史研究

改革开放以来，广播电视历史研究有了很大进步。主要体现在：许多过去未曾涉足的研究领域，纷纷取得突破性进展；各地广播电视志陆续出版；广播电视通史问世；广播电视学术史从无到有，欣欣向荣。

历史研究的首要条件是一手资料的获取。改革开放后，在众多学人的努力下，大量过去鲜为人知的广播电视历史资料被发掘出来，广播电视史学研究领域得到很大拓展：1982年，北京广播学院首届硕士研究生郭镇之的学位论文《论旧上海民营广播电台的历史命运》，填补了旧中国商业电台历史研究的空白；1987年，北京广播学院哈艳秋的硕士学位论文《伪满广播简论》首次对日占时期"伪满洲国"的广播事业进行了深描；1988年，江苏省广播电视局汪学起、是翰生的《第四战线——国民党中央广播电台掇拾》则用活泼的纪实文学形式，展现了国民党中央广播电视台从创始到败走台湾的历程②。这在改革开放前还属于学术研究的禁区。

1987年，北京广播学院赵玉明的《中国现代广播简史》出版，成为我国第一部系统、全面地阐述现代中国广播历史的专著。在此前后，《人民大众的

---

① 这类文章有肖叶飞：《媒介融合语境下西方国家广播电视规制的变革》，《国际新闻界》2011年第2期；张春华：《传媒体制、媒体社会责任与公共利益——基于美国广播电视体制变迁的反思》，《国际新闻界》2011年第3期；高传智，谢勤亮：《"第三条道路"与中国广播电视新闻体制改革——对现有广播电视体制缺陷的制度规避》，《新闻大学》2006年第1期。另外还有大量热点观察、业务探讨、媒体营销类的论文和著作，在此不一一列举。

② 汪学起，是翰生.第四战线——国民党中央广播电台掇拾[M].北京：中国文史出版社，1988.

号角——延安（陕北）广播史话》《东北人民广播史（1945—1949）》《中国解放区广播史》的相继问世，①"标志着解放区广播史的研究已由收集、分析资料逐步走向著书立说的阶段"。②1988年，郭镇之的博士学位论文《中国电视史》（1991年由中国人民大学出版社出版）通过答辩，中国电视史研究自此开启。广播电视史研究的视野更加开阔，对历史的认知与评价更趋客观。

地方性、区域性广播电视志书的编撰出版，是近年来广播电视史研究的新成果。从1990年《四川省自贡市广播电视志》出版开始至今，公开出版的省级广播电视志已达29部。③这一领域的开拓，既"为当代中国志林增加了新的成员和新的品种"，也"第一次从'横向'的角度完成对各地广播电视发展的历史记述，为修订、重写中国广播电视史提供了系统、完整、真实的资料"。④

以此为基础，2004年，赵玉明主编的国家社科基金课题项目成果《中国广播电视通史》出版。该书"系统记述了从1923年到2000年近80年间特别是1949年以来包括港、澳、台广播电视在内的中国广播电视事业的成长轨迹、曲折历程和重大史实。首次全景式地再现了不同历史时期中国广播电视事业发展的各个方面"，⑤可谓中国广播电视史研究的集大成之作。

而一些历史学、文化人类学、语言学、广告学方面的专家，也从不同角度进入广播电视史这一研究领域，开拓出了诸如地方广播史、广播电视播音史、广播电视广告史、电视纪录片史、广播电视史、收音机历史等许多新的

---

① 杨兆麟，赵玉明.人民大众的号角——延安（陕北）广播史话[M].北京：中国广播电视出版社，1986；吴少琦.东北人民广播史（1945.8—1949.9）[M].沈阳：辽宁人民出版社，1991；赵玉明.中国解放区广播史[M].北京：中国广播电视出版社，1992.
② 赵玉明.中国广播电视史研究的回顾与展望[J].新闻研究资料，1992（8）：132.
③ 刘书峰.记录中国地方广播电视发展轨迹的权威载体——广播电视志理论与实践初探[M].台北：台湾花木兰出版社，2013：27-28.
④ 刘书峰.记录中国地方广播电视发展轨迹的权威载体——广播电视志理论与实践初探[M].台北：台湾花木兰出版社，2013：246.
⑤ 庞亮.中国广播电视史学研究的又一力作[J].中国广播电视学刊，2004（5）：79-80.

研究天地。①

　　令人欣慰的是，近年来，广播电视学术史研究从无到有，发展迅速。学者们反躬自省，对近一个世纪以来广播电视的学术史加以总结和反思。②例如有学者提出，广播电视研究中存在"追求表面繁华，理论研究浮躁，求真务实不够""理论研究创新意识不强，克隆的现象比较严重""学科体系建设还不够健全，总体质量有待提高"③等现象。还有学者认为，当下的广播电视学术研究存在着"学科的'独立地位'仍需巩固"和"机械移植现象"，以及许多广播电视"子学科名不副实""理论批评和学术论争意识不强""重视应用研究，忽视基础理论研究"等突出问题④。另外，近年一些学术刊物组织的年度盘点类论文中，也对前一年的研究成果进行回顾、反思与总结。⑤

　　应该看到，中国广播电视发展虽已有80多年的历史，然而至今仍存在一些研究的盲区和薄弱环节，对其发展过程中一些问题的梳理和分析仍嫌粗疏，广播电视历史研究的精准度和历史概括力尚待提高。

---

① 这类成果有：辽宁省广播电视厅编：《东北人民广播史》，辽宁人民出版社1991年版；赵玉明主编：《中国解放区广播史》，中国广播电视出版社1992年版；黄学友主编：《沈阳广播史话》，沈阳出版社2005年版；王雪梅等：《广播剧史论》，中国传媒大学出版社2007年版；陈尔泰著：《中国广播史考》，中国广播电视出版社2008年版；赵玉明主编：《中国广播电视图史》，南方日报出版社2008年版；庞亮著：《声屏世界里的思想者——梅益广播电视宣传思想研究》，中国传媒大学出版社2008年版；王璐著：《当代北京广播史话》，当代中国出版社2013年版；等等。

② 这方面的研究成果有：申启武、安治民著：《中国广播研究90年》，暨南大学出版社2010年版；王文利著：《中国广播电视新闻研究简史》，湖南师范大学出版社2010年版；王文利著：《中国广播电视学术研究史稿》(1920—2011)，新华出版社2013年版；赵玉明、艾红红、庞亮主编：《广播电视学学科体系建设研究》，中国广播影视出版社2014年版；谢鼎新著：《中国广播电视研究的演变》，合肥大学出版社2014年版；高金萍：《西方电视传播理论评析》，中国传媒大学出版社2008年版。

③ 戚姚云，董红岩，陈富清.改革开放以来我国广播电视研究的历史回顾与现状分析[J].中国广播电视学刊，2009(1)：35-37.

④ 王文利.中国广播电视学术研究史稿[M].北京：新华出版社，2013：326-331.

⑤ 李悦.2005年中国广播年度述评[J].中国广播，2006(1)；汤天甜，王安中.2007年度中国广播理论发展报告[J].中国广播电视学刊，2008(1).

（四）新的研究阵地与群落分布

改革开放以来，广播电视专业期刊的数量激增：1979年9月，北京广播学院主办的《北京广播学院学报》正式创刊，先是内部发行，1983年起正式公开发行。这是改革开放后第一个广播电视理论学术期刊。接着，中央三台相继创办起自己的理论刊物：1980年6月，中央人民广播电台恢复出版内部刊物《编播业务》（1953年12月创刊，"文革"期间停办），以配合电台宣传工作，促进广播业务的研究和交流。1983年9月，中国国际广播电台创办《研究与实践》，后改名为《国际广播》，填补了我国对外广播长期没有理论研究刊物的空白。1985年3月，中央电视台的内部刊物《电视业务》试刊出版，强调将业务研究与理论研究紧密结合，增强了学术性；同年3月创办《电视研究》。在中央三台的示范下，一些地方广播电视机构也陆续创办了一些研究刊物，如浙江广播事业局主办的《广播电视业务》、云南广播电视局创办的《云岭声屏》等。不仅专业期刊，一般的新闻传播类期刊和大学文科学科也陆续发表了一些广播电视研究成果。这些成果有的从文化视角解析广播电视传播[1]；有的从经济学视角切入相关议题[2]；还有的从观念变革角度解析广播电视发展[3]。

广播电视教学与科研机构的扩张，也是广播电视研究成果日渐增多的一个重要保障。1980年召开的第十次全国广播工作会议提出，要进一步办好北京广播学院。同年北京广播学院新闻研究所成立。这是改革开放后国内高校成立的第一个广播电视研究专职研究机构。[4]1983年召开的第十一次全国广

---

[1] 参见田本相：《论电视文化的结构》，《北京广播学院学报》1988年第2期；田本相：《电视作为审美文化》，《北京广播学院学报》1989年第1期；云桂彬：《现代主义的广播文化理论再探》，《北京广播学院学报》1991年第2期；张君和：《论电视新闻的文化属性及审美观照的思考》，《北京广播学院学报》1992年第1期；何晓兵：《谁是电视的上帝——电视的阶层文化定位》，《北京广播学院学报》1994年第2期。

[2] 刘春梅.市场经济与广播电视的道德建设[J].现代传播，1994（5）；刘建宏.中国电视市场的机会和构成[J].现代传播，2000（4）.

[3] 胡智锋.十年来中国电视发展历程的一种描述[J].中国电视，1999（4）：23-26.

[4] 1981年，该所创办了自己的理论研究刊物《新闻广播电视研究》。1989年，《新闻广播电视研究》并入《北京广播学院学报》。1994年，《北京广播学院学报》更名为《现代传播——北京广播学院学报》。后因学校改名为中国传媒大学，刊物遂于2005年更名为《现代传播》。

播电视工作会议上，时任广播电视部部长吴冷西强调，广播电视人才的教育和培训，首先要重点办好北京广播学院，并筹办第二所高等广播电视院校；其次要普遍开办广播电视中等专业学校；第三要争取有更多的大专院校增设与广播电视业务对口的专业。在高等教育系统和广播电视主管机构的双重努力下，广播电视教育蓬勃发展起来。北京广播学院从1979年开始招收和培养硕士研究生，1981年成为首批硕士学位授予单位，1998年获得博士学位授予权。1984年，广电部批复浙江广播电视厅，同意扩建、合办浙江广播电视专科学校。2000年，经广电部同意，报原国家教委批准，浙江广播电视专科学校正式更名为浙江广播电视高等专科学校（今浙江传媒学院）。

出于培养高层次人才的需要，上述院校相继推出了大批的配套课程与教材。1978年，北京广播学院新闻系编采教研室开始编写《广播电视宣传概论》，借鉴当时新闻理论的体系，虽然带有明显的"文革"话语痕迹，却首次较为完整地搭建起广播电视研究的框架。接着该系教师先后出版了《新闻广播学研究》《新闻广播电视学——理论与应用研究》两书，是新时期较早探讨新闻广播基础理论的专著，概括了新闻广播的经验，探索、总结出新闻广播工作的规律性问题。[1] 而当时业界的研究主要还是以论文形式呈现的。1987年后，随着学科和专业的分类日趋细化，各高校及科研院所的相关研究日趋深入。《中国现代广播简史》《广播学基础》《应用广播学》[2]，以及《中国电视史》《电视学原理》《电视学引论》《中国电视论纲》《中国应用电视学》[3] 等著作的相继问世，则意味着广播学、电视学体系的建设已初具规模，广播/电视史、广播/电视理论、广播/电视实务三元鼎立的学科建构已经形成。《电视影响评

---

[1] 康荫.新闻广播学研究［M］.北京：广播出版社，1982.
[2] 赵玉明.中国现代广播简史［M］.北京：中国广播电视出版社，1987；康荫.广播学基础［M］.北京：北京广播学院出版社，1988；北京广播学院，等.应用广播学［M］.北京：新华出版社，1988.
[3] 郭镇之.中国电视史［M］.北京：中国人民大学出版社，1991；刘志明.电视学原理［M］.北京：中国人民大学出版社，1993；李振潼.电视学引论［M］.上海：华东师范大学出版社，1994；杨伟光.中国电视论纲［M］.北京：中国广播电视出版社，1998；朱羽君.中国应用电视学［M］.北京：北京师范大学出版社，1993.

析》《电视意识论》《电视重构论：转型期中国电视的文化选择》等论著的相继问世，则意味着电视研究在向纵深拓展，立论新颖，涵盖面广，信息量大，有很强的实践性和时代感。而北京广播学院自 1986 年起连续出版的《中国广播电视年鉴》，则标志着全国广播电视机构联合作业，追踪和记录、反思事业发展模式的形成。

广播电视系统也相继成立了一些专职研究机构。1982 年，广播电视部成立政策研究室，其所承担的一项主要任务就是研究新闻广播电视，总结广播电视历史和现实中的经验，把实践经验提到理论高度。在此前后，中央三台和一些地方广电部门也成立了专门的研究机构。中国广播电视学会成立后，很快显现出极强的组织动员能力和统筹协调能力。首先，中国广播电视学会组织了数次专题研讨活动，推动理论的深入，如 1988 年组织召开的关于广播电视性质、功能和任务的研讨[①]。再如 1992 年 3 月，由广电部政策法规司和中国广播电视学会组织的全国广播电视研究工作会议在江苏常州召开。召开全国性的专门会议全面讨论广播电视研究工作，这在我国广播电视史上尚属首次。会议强调"应用理论与基础理论、决策研究与业务研究、现状研究与历史研究，要统筹安排、协调发展。在研究任务的落实上，要适当分工"。[②] 其次是配合广电部设立的科研项目进行立项评审工作，鼓励相关研究。最后是参与制定"研究规划纲要"，部署和引领广播电视研究工作重点。这种在系统内设立研究机构的做法，固然存在行政化、部门化的弊端，但这种产、学、研相结合的思路，却与国内广播电视研究中盛行的实用主义取向不谋而合。

---

① 1988 年，《中国广播电视学刊》特辟"关于广播电视性质、功能和任务的讨论"专栏，陆续刊发了《社会主义初级阶段广播电视的性质》《广播电视的性质任务》《广播电视定义的再认识》《广播是党和人民的耳目喉舌》《简论广播电视的阶级性、社会性及其任务》《广播电视的功能与作用及其实现条件》等系列文章。1989 年，该刊又登载了《按照总体、发展、实际三个观点探讨广播电视的定义》《"喉舌论"之我见》《关于"性质"问题讨论的读后感》《我国广播电视性质的认识》《谁掌握使用是认定广播电视性质的决定因素》《广播电视性质略论》《对广播电视性质的一点看法》等多篇论文，推动上述探讨的深入开展。
② 刘习良. 改革开放中的广播电视 1984—1999 [M]. 北京：中国国际广播出版社，2001：240-241.

四、结语

近百年来，广播电视研究的成果从最初的屈指可数到现在令人目不暇接，研究者从关注广播本身到关涉广播电视各类现象与问题，研究议题、视角与方法日趋丰富多样。几代学人从国家立场切入广播电视研究，务求理论为实践服务，并将学术研究导向服务于广播电视业发展及国家发展的大目标。这种研究者"体制内"身份和角色的自我认知及对广播电视（行业）发展提供阐释、指引或匡正的职业意识，使得大多研究成果都很接地气，理论与实践互动紧密。

然而事物的两面性在于，这种极具中国特色的广播电视研究，难免使研究者的视野与格局受到限制。广播电视研究尤其是理论与实务研究中的跟风式、重复性成果多，原创性、颠覆性成果少，大多只停留在中下位的"用"之层面；研究广播电视制度、体制等上游层面所取得的建树不多，对广播电视的社会控制和社会辐射力、广播电视传播与中国社会变迁等问题的探讨尚嫌薄弱；相比其他学科，广播电视研究在理论的概括力和普适性等方面表现欠佳。而在广播电视历史研究中，一些领域尚未深耕，新的研究视角和研究方法也亟待引进。

鉴于此，当下和未来的广播电视研究，仍须放开眼量，开阔胸襟，将研究对象置于更加宽广的视野之内加以认知和评判，相关成果才能更加经得起检验，在更长远的时空内获得认同。

网络时代的新视野*
——广播电视史学研究三论

近年来,国际互联网络迅猛发展,对传统的广播电视媒体造成前所未有的冲击:网络不仅兼有广播电视的诸多功能,例如传递信息迅速及时、声画同步等,还具有交互性强、自由度大、海量存储及全球传播等独特优势。凭借这些优势,网络在与广播电视争夺受众的过程中,不但从根本上动摇了(广播)电视传媒"老大"的地位,而且深刻地影响和改变着其既有的传播理念与节目形态。广播电视与网络在竞争中既相互融合又渗透发展,已成为电子媒体发展的一种必然趋势。

网络的崛起为广播电视发展带来了新的机遇与挑战,也把以广播电视历史进程作为研究对象的广播电视史学置于新的生存与发展环境中,一系列新的视野亟待开启。

一、网络媒体使广播电视史学研究领域"扩容"

在网络传播出现前,"广播电视"的概念被界定为"泛指通过无线电波或导线向广大地区或特定范围传播声音、图像节目的大众传播媒介"。按传输方式分为无线广播和有线广播两大类。只播送声音的,称为"声音广播",简称"广播";同时播出声音和图像的称为"电视广播",简称"电视"。广播电台

---

* 本文原载于《现代传播(中国传媒大学学报)》2002年第2期。

和电视台把编制的声音或音像节目转换成电子信号，利用无线电波或导线等方式公开传播，人们使用收音机、电视机等接收装置收听、收看。①现在，随着各网站（而不是广播电台和电视台）对声音与图像以网络传输、以网络计算机接收这种新手段的加入，广播电视传播被注入了一种全新的元素，过去较为单一的线性传播模式，如今变得交叉混杂，"广播电视"的原有概念限定也因此受到学术界的质疑。

今天的事实就是明天的历史。广播电视在网络空间的扩张，必然引起相应的史学研究领域的拓展。

在网络传播出现后，许多电台和电视台为求未来生存计，纷纷开办了网上广播或电视。与此同时，一些非广播电视媒体网站也在积极开拓网上音乐广播、网上电视等传播业务。截至目前，有些电台、电视台网站已发展成为用户点击率极高的知名站点（例如中央电视台网站、中央人民广播电台网站、中国国际广播电台网站及香港凤凰卫视中文网站等）。而据有关资料统计，截至2000年5月底，全国就有近100家广播电台、60家电视台和25家有线电视台、10家卫视台上网。②借助这些网站，用户可根据自己的实际需要，即时浏览或互动传播。在这种情况下，人们不禁要问，广播上网，还叫广播吗？我们同样需要追问的是，电视上网，还叫电视吗？

有观点认为，确立一种传媒是否叫作"广播"，需依据早期广播所确立的媒介特征而定，如点对面的传播形态、平民化的传播媒介等，而目前的所谓"互动式广播则基本上属于乌托邦，实际上互动不起来"，因为网络传播者仍然把持着传播工具主动的一头，控制着受众的反馈，最终结果还是由他们把经过过滤的内容传播出去。③因此，这种观点强调，目前的网上广播依然属于广播的范畴。也有人对此持截然相反的意见，他们反对将网络广播电视称作广播电视，而干脆把网上广播电视与其他商业、政府网站统称为"网络媒体""新媒体"或"第四媒体"。这一争论目前仍莫衷一是，在此暂

---

① 赵玉明，王福顺. 广播电视辞典[M]. 北京：北京广播学院出版社，1999.10：17.
② 闵大洪. 中国网上广播的现状与前瞻[C] // 中日韩国际学术研讨会，2000.
③ 刘舜发，陈熙. 中国电视在网络传播时代所面临的挑战[J]. 新华文摘，2000（4）：131.

且置之不论；但毋庸置疑的是，未来的广播电视肯定是要与网络联手走媒介融合之路。据权威人士预测，21世纪电视的主要模式将是由单向电视转变为"网络传播交互电视"，而新世纪媒体争夺受众的竞争也将主要在网上进行。①

如果说网上广播电视可以不再归属广播电视的范畴，那么广播电视的另一未来存在形态——交互电视（或称互动电视）是否该划归此类？——电视依然是过去的电视，无需电脑、调制解调器或电话线路；唯一需要的是一个数字或模拟的机顶盒，一个遥控器或无线的键盘。利用以上设备的转换和接入，观众即可通过电视机浏览因特网，参加社区和全球"闲聊"，接收电子邮件——刚刚卸任的香港卫视执行主席Gareth张认为，随着因特网在全球的急速发展，电视能比电脑更好地进行因特网运作，尤其是在电脑还不多的地区。因为"因特网没有内在的因素非要求用电脑才能上网"。②目前，这项技术已被攻克，"交互电视"已在欧美发达地区的家庭出现，并将很快推及全球。而就目前的发展趋势看，受网络影响，恐怕以后的广播电视都将或多或少地发生改变，原来意义上的纯粹单向传播的广播电视将不复存在。"皮之不存，毛将焉附？"广播电视史研究者如果只拘泥于传统的媒体研究领域，而拒绝拓宽关注视野，势必导致一些新现象和新问题超前于理论的发展，也使广播电视的史学研究缺乏系统性与完整性，在不久的将来，恐怕还将陷于"领地缩小"甚或"家园失落"的尴尬境地。

目前，已有人在研究"新媒体电视""网上广播""网络广播的数字化生存""交互电视"等课题，广播电视史研究是否也该考虑一下"扩容"，是否应该把网络广播电视包括在未来广播电视史研究的范围之内？答案应当是肯定的。理由是，虽然传播的介质发生变化（广播电视传播加入网络计算机或网络技术），但就目前状况看，广播和电视的网络化传播依然具有明显的广播电视属性，依附于原广播电台电视台发展；而各广播电台电视台网站也大

---

① 李幸.早期广播所确立的媒介特征［J］.现代传播，2000，（2）：73.
② 从被动到主动［J］.传媒视野，2000（4）：4.

多是广播电视事业的分支机构，还不具备充分的条件拥有自己的特殊称谓。况且，受网络影响，广播电视的节目栏目形态正在发生着深刻的变化，网络与广播电视已成水乳交融的发展态势。若硬要人为地把二者区分，也不符合事物发展的客观规律。关于这一点，本文在后面还要论及，此处暂不赘述。

但我们也应看到，网络广播电视毕竟不同于传统的通过无线电波或导线单向发送的广播电视。它最终必将独立出去，并具备自己鲜明的媒体特征，"新""旧"媒体甚至还将面临再次的分化与整合。到那时，网络媒体的名称与所属范畴如何确立，则须另当别论了，但至少在目前情况下，把年轻的网络广播电视纳入广播电视史研究的范畴，不仅可以避免就事论事、理论研究滞后于实践发展等缺陷，还可通过这种综合的立体考察，从中发现媒体交替过程中彼此相互借鉴与影响、渗透与互补的关系。对于广播电视的历史研究而言，可谓有多利而无一弊。

二、网络技术为广播电视史学的受众研究提供了更为便利的条件

作为一种先进的技术手段，计算机和网络目前已被广泛应用于各种学术研究工作。只要拥有一台联网计算机，研究者不仅可以方便地根据自己所需进行各种网上搜索，还可以方便地进行跨馆、跨国界的网上文字与图像阅读。尤其需要指出的是，网络的双向传播功能，已为以计量化方法进行广播电视的受众研究、传播效果研究提供了便利的技术条件。

在网络传播中，过去"被动"接受信息的受众变成了主动寻求和传播信息的用户，也就是说，每一个用户都同时担当着信息的接收者与发送者的双重角色。"电脑的显示器与电视大同小异（外形看起来就是一个'电幕'），但当坐在电视机前的观众坐在电脑前的时候，他们的角色发生了根本的变化。我们可以举出因特网与以电视（传统电视）为代表的大众传播媒介的众多差别，但二者之间最大的差别在于传播模式的根本差异。如果用一句话来概括，

那就是信息传播中的'发送者主权'转变为'接收者主权'"。[①] 可以说，无论是对广播电视媒体传播者，还是对其历史的研究者而言，没有哪一种理论，也没有哪一种号召会比网络更能活生生地展现"受众就是上帝"这一观念。网络传播使受众主体和传者主体的双向互动得以实现。受这种观念影响，有的电台和电视台已开始自觉地把受众参与传播作为广播电视节目的组成部分，受众与媒体的沟通与互动也成为一种常见的节目类型。以中央电视台为例，2000年4月，为纪念其名牌栏目《东方时空》开播7周年，也为增进节目制作人员与观众的交流，征询观众对这个节目的意见与希望，电视台与网站联袂出手，制作了一期特别节目，把演播室的交流与网上直播的交流汇聚在一起，为实现其"将沟通进行到底"的初衷开辟了新的渠道。另一个大型谈话节目《对话》，也通过网络反馈，挑选参与现场录制的观众。可以肯定的是，今后这种受众参与和对传播效果的重视还会随网络的发展而加强。相应地，广播电视的受众研究与传播效果研究也必将被提到一个新的认知高度，纳入广播电视史的研究视野。

　　回顾新中国广播电视史学研究历程，我们发现，以往的史学研究，多偏重从社会政治的视角，考察广播电视事业产生、发展的历史进程，注重的是在时间流程中，描述某一阶段广播电视事业发展的大致情形。而对其中的关键环节，即受众反馈情况却往往涉及较少。如此治史，自然有其历史与现实的合理性。我们知道，由中国特殊的政治、经济和文化环境所决定，直到改革开放以前，广播电视史研究基本上还处于一种学科规范和学术方法较为含混的状态；（撇开民国时期尚未成型的史学研究不谈，）中华人民共和国成立以来，国家逐步走向计划经济和高度集中的意识形态控制时期，广播电视业本身的多种功能逐步被简化为单纯的"党和政府的喉舌""阶级斗争的工具"，广播电视传播主要是服从于中央的各项部署，对于传播效果和受众的需求则较少顾及。在这种以实现"上情下达"为根本任务的价值取向面前，受众的实际需求当然不会成为广播电视传播者追逐的最高目标。因此，改革开放以

---

① 吴伯凡. 第二次文艺复兴——信息技术视野下的现代性[J]. 南方文坛，2000（2）：13.

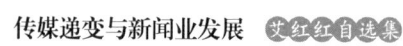

前，广电传媒有数的几次受众调查都不是建立在科学规划与设计的基础上，受众来信与来电往往成为检验节目好坏的一个重要指标。也因此，对传播效果的科学考察和对受众的反馈研究自然难以进入广播电视史学研究者的视野，从而导致了"只见森林，不见树木"的史学"传统"：当涉及具体的节目栏目沿革、受众反映、社会影响等问题时，往往语焉不详。

当然，中华民族重总体、宏观的思维特点，重集体、轻个人的文化传统等，无疑也是导致这种史学传统的不可忽视的因素。同时，技术条件的限制，也是造成这一结果的重要原因。

网络恰好弥补了这一缺陷。在网络技术日益发达、日益渗透各个领域的情况下，广播电视与网络的联手发展，为以计量化方式进行广播电视的受众调查和效果研究提供了有力的技术支持。

所谓计量化，即自觉、系统地运用数学与统计学理论方法进行历史的描述、分析与解释的方法。改革开放以来，中国广播电视的受众调查发展迅速，但由于这是一项专业性强、耗资巨大的工作，所以一般仍局限于个别高校和某些专门的舆论调查机构。而在网络形成后，这种调查活动变得轻而易举：各网站可通过在网上发布调查问卷或统计用户点击率，来判断节目栏目的受欢迎程度；还可通过设置用户联系信箱、BBS（公告栏）获知用户的真实感受；当然也可根据用户的反映及时调整节目栏目，以适应他们的欣赏口味。而受众的有效参与，也成为广播电视发展链条中一个必经的环节，为以受众为主体的广播电视史学研究提供了鲜活的数据和资料。目前，许多广播电台电视台的节目栏目调整，很大程度上就是依据通过受众调查分析得出的收听收视率情况进行的。试想，若从节目接受者的视角，回溯中国广播电视80年所走过的历程，我们是否会发现历史的另一面孔呢？比如，研究广播在中国诞生时受众的反应，国民党统治时期广播承担的社会角色，或者中华人民共和国成立后附着于国家政治体制的广播电视存在形态及所产生的社会效果，这些都将有利于我们更好地反思过去和"以史鉴今"，为探讨广播电视的未来走向提供借鉴。当然，要想对几十年前的受众进行补课式收听收视调查，时过境迁，未免强人所难，也不具可操作性；但作为广播电视史学工作者，注重在这方面做些查漏补缺的工作，收集一些以往的文字记载，在广播电视历史研究中加以有效地重视和运用，却无疑是必要的，也是可能的。

三、网络传播催生了广播电视史学研究的"大历史"观

加拿大地理学家、经济学家哈罗德·英尼斯指出，传播媒介是一整套传递与储存人类文明的智力形式和有关技术手段，对传播工具的使用创造了人的行为模式与精神状态。计算机互联网不但方便信息传输，而且使信息的发送者与接收者自然地处于一种动态的交互过程中。这种迥然不同于传统的信息传递方式，必然使它的使用者在思维方式和观念上发生深刻变革。

美籍著名华裔历史学家黄仁宇先生在其扛鼎之作《万历十五年》的中文版后记（1987年版）中，曾提出了影响深远的"大历史"（macro-history）观。黄先生所谓"大历史"观，"其中包含一种大而化之的精神"，即首先要注重于以长远的眼光，"从技术角度看历史"（technical interpretation of history），"凡是能先用法律及技术解决的问题，不要先就扯上了一个道德问题"。叙事不妨细致，而结论却要看远不看近。既从世界的视角俯瞰历史，又出入其中，对历史的发展脉络进行证据充分、逻辑严密的条分缕析。也就是说，只有以宏阔的国际视野，登高望远，才可以见微知著，正确把握历史的发展走向。

受黄先生"大历史"观的启示，笔者不禁想到，我们的广播电视史学研究是否也应该建立一种立体反映广播电视发展全貌的"大历史"观呢？在目前网络"网罗世界"、迅猛发展的形势下，笔者认为，这种"大历史"观的生成已经具备了现实可能性。

所谓广播电视史学的"大历史"观，笔者尝试提出以下三层含义：

1. 完整的广播电视发展史首先就应该是其参与各方"俱在"的历史。所谓"俱在"，至少应当包括传者、受众、信息、媒介等。这一点上文已经述及，此处不再赘述。

2. 应当把广播电视的发展置于具体的社会政治、经济、文化大背景下进

行考察，而不是孤立地就广播电视论广播电视。广播电视业的发展，与其所依托的社会经济、政治、文化形态息息相关，不同的广播电视存在状态，实际上都反映了其所处的社会时代要求。而广播电视业的历史演进也总是体现与反映着其动态的经济、政治、文化、科技状况的特点与要求。因此，要考察广播电视的历史发展，就不仅需要从描述、分析广播电视业本身入手，而且应该把其发展过程置于宏观的社会经济、政治、文化等综合环境中进行多维度的审视。

3. 要有一种国际视野，把中国广播电视的发展置于世界广播电视的历史格局中加以考察。本世纪初广播电视的出现，已使世界信息传播的速度与效果较之从前有了突飞猛进的提升。20世纪末互联网的崛起，更使我们看到了一个真正开放的世界、互联的世界。只要接通网络，"世界"便扑面而来。过去只能在书中通过文字间接体悟到的西方各国广播电视媒体，现在借助网络传播，都可以活生生地展现在我们面前。例如CNN、ABC、CBS、NBC，甚至新近开播的美国互动电视OPENTV等。地球的确越来越像一个村庄，跨文化、跨地域的交流与传播也越来越频繁。表现在中国广播电视界，则是近年来对西方广播电视从内容到形式的学习与借鉴，还有从技术到设备的引进与改造。这就要求研究中国广播电视史的学者，建立一种国际性的大传播观念，改变过去封闭的媒体独立发展思路，在开放的世界背景下把握个案。比如，若从世界的眼光，打量中国广播电视事业正在进行的各项改革，我们会发现，从某种意义上说，许多方面的工作并非我们原创，而是西方各国已经实践并证明行之有效的经验。借鉴这些成功经验，汲取其中适合我国国情的部分加以推广运用，可以使我们的改革少走许多弯路。而站在这样的视角治史，也会更清楚地发现我们的优势与局限，从而使广播电视历史学能够更好地发挥鉴古知今、鉴彼知己的社会功能。

网络媒体还处在童年阶段，它的未来发展也还需我们拭目以待。但无论怎样，作为人类智慧的结晶，它已经并且还将继续改变着我们的生存方式与生活内容，当然也包括学术研究方式及研究内容，比如广播电视史学研究。

从事业史到传播史*
——新闻史课程的转向

近年来，不仅传统新闻业在经受着各类社交媒体新闻传播的冲击，奠基于传统新闻业之上的新闻史、新闻理论与新闻业务三大主干课程也日益呈现出一些不适"症状"。在互联网勾连的多元新闻传播生态下，传统报刊、广播和电视有时只能扮演新闻传播节点的角色，无法继续独揽对公众进行新闻筛选与报道的专利权，新闻教育面临是否需要"调焦"的重大问题。学界曾对"新闻""新闻学范畴""新闻教育"等有相当共识的基本问题进行探讨与省思。本文所关注的新闻史课程设置等问题，正是在这一背景下展开的。

一、新闻史叙事的主角：事业史与报业史

以职业新闻机构的新闻活动——新闻事业作为新闻教育"想象的共同体"，是传统新闻教育的基本特征。在此基础上构建的新闻史课程体系，也是以新闻事业的史前期和新闻事业的产生与发展为基本线索推进的。其中，近代新闻事业的源头媒介——报业及其历史则成为新闻史叙事的主角。

新闻学并非中国新闻史课程体系所独有，也绝不是我国新闻传播教育之独创。新闻学者黄旦指出，新闻学是对一个新行业——报业（新闻业）的呼应，是印刷、电报等技术引发的传播革命的产物。因此，新闻学是以职业为

---

* 本文原载于《中国社会科学报》2021年2月4日版。

导向、以伦理—规范为要旨的学科。报纸职业及其业务操作，就是新闻学研究和教学的主要内容。在近代报业率先兴旺发达的欧美资本主义国家，早期新闻教育无不以报业为主要服务对象。中国新闻教育的发端，也是因促进国内报业发展、提高报人职业技能的初衷而兴起。由是观之，把新闻史课程设定为新闻事业尤其是报业为主的历史，是有其必然性与合理性的。

一种媒介对人类新闻传播活动的加持，可从另一角度解读为"新闻"的被"挟持"。大众传播时代的"新闻"最先依附于报业，成了报业的"专利"。而在报业鼎盛时期产生的新闻学研究与新闻教育，也顺带成了传统新闻学科的前置"取景框"。在以报业为主题书写历史的惯性下，20世纪以来兴旺发展的广播业、电视业乃至互联网新闻业都成了新闻史发展的"副线"或者说延长线部分。相对地，由于传媒结构调整而产生的新闻话语变迁、新闻人适应新闻传播介质变化而进行的多种探索等议题，则不仅较少被新闻史学界重视，也尚未被纳入新闻史教育的范畴。

二、新闻事业史取径的局限

这种以报业史作为初始设置的新闻事业史叙事，在史料取舍、时空演绎中所蕴含的价值体系，本身就昭示了内在的问题或困局。

历史证明，以职业新闻机构的定期、连续和公开传播为特征的大众新闻业，只是人类新闻传播漫长演化进程的阶段性产物，是人类新闻传播社会组织形态之一种。新闻传播活动与人类历史同样漫长，始终内嵌于社会生产与活动当中，是人类面对面即时传播的重要内容。文字出现后，部分新闻传播的内容借助文字及其载体（甲骨、布帛、莎草纸、羊皮纸等）的流转而固化并传承，沉淀为历史书写的重要素材。造纸术、印刷术及无线电通信等新技术加持下的现代报业出现后，"新闻业"正式登台，"新闻"也被由此产生的新闻教育界默认为大众媒体所"专属"的、具有特定内涵与外延的特殊文化产品。大众传媒之外的新闻传播活动，则似乎被学界自动"过滤"掉了。

上述筛选与过滤机制同样被应用于新闻史课程的搭建中，形成了以新闻事业史为主题的架构。这种系统架构固然有助于学生了解新闻业的历史与逻辑起点,把握新闻行业的演化进程,但若在互联网传播背景下回看这一架构,则会发现其内在的"兼容性"不足。

首先,现有的报刊主体性思维,掩蔽了新闻传播演进中出现的主体位移、结构变迁及"新闻"内涵、外延变化等核心议题。涉及新闻传播的主体位移与结构变迁层面,如党的新闻工作历史上,在1947—1948年的一年多时间里,由于《解放日报》停刊,中共中央党报处于缺位状态,延安新华广播电台就成为当时唯一代表中共中央发声的媒体,此时中共中央新闻宣传的内容也因发声主渠道的改变而发生很大变化。类似这种媒介整体结构视野中的新闻传播之变,理应是新闻史关注并强调的,但在迄今的报刊史主体书写中却不见其踪影。再如通讯社作为现代新闻业的信息"批发商",虽数量不多,但影响广泛。在报刊史主体思维框架下,通讯社却只能是不太重要的"小角色",更不要说互联网新闻传播仅占新闻史的一小部分。诚然,报业是新闻业历史中最早最悠久的媒介类型,但相比新闻业"史前"数万年的新闻传播活动只占一章、电子媒体的新闻史只能作为一条辅线,新闻传播史以报刊为主的这种系统设置,似有进一步优化的空间。

其次,即使以报业、广播业、电视业乃至新媒体新闻业的演进路径来叙述新闻史,似乎还需要回答另一个更为要害的问题:新闻史究竟是新闻传播演进史,还是新闻传媒变迁史?美国哥伦比亚大学新闻学院教授迈克尔·舒德森认为,"新闻是必要的,报纸不是"。尤其是在当下职业新闻机构与非职业新闻传播者高度交融、新闻生产与传播者的范围无限扩大且呈现多元主体特征时,仅聚焦新闻事业尤其是职业新闻媒体的生产活动及其产品,是否足以应对当下及未来的媒体变革?

最后,需要进一步追问的是,这种新闻事业史的取径,是否在某种程度上限制了我们的思维?一个显见的事实是,在新闻事业史这一既定路线引导下,历史上很多标志性甚至具有分水岭意义的新闻传播活动被有意无意地淡化甚至遮蔽了。今日互联网技术所造就的全民皆可操控相同品质的即时传播工具进行新闻生产与传播的丰富"史实",如政府、企业或个人的重磅新闻发布等，也很难被有效整合进既有的事业史框架，从而与课程"新闻传播史"构成了名不副实的矛盾。

三、新闻史课程改革的思路

基于上述认识和判断，聚焦新闻（舆论）的生产与传播进程，而非承载新闻（舆论）的媒体变迁，或是新闻史课程改革的一个思路。

毕竟，新闻并非为媒体而生，而是报纸、广播电视乃至互联网这些能扩展新闻传播空间、提高时效的载体能更好满足新闻传播所需，才在一定时空条件下成了新闻传播的主渠道。人类对不同新闻媒介的使用与塑造，又会生成不同的传播景观。在当下提倡培养全媒体人才的背景下，在大众传媒的新闻控制权被严重削弱的前提下，沿袭已久的新闻传播流程与规则正在被"改写"。作为一门实践性极强的学科，使新闻教育回归聚焦"新闻"本身，新闻史课程从关注新闻事业史调整到关注新闻内容的生产、传播与再生产、再传播历史，从中分析新闻事实、世界变化与新闻作品生产、传播的内外关联，更应成为题中之义。

聚焦"新闻"本身及其发展历程，看似缩小了学科范围，从关注新闻事业退回到关注新闻事业的核心功能，实际并非如此。笔者认为，从聚焦新闻（传媒）事业调整到以"新闻"为原点，梳理与分析其产生与发展过程，并将新闻传媒的衍化、新闻事业的产生与发展作为这一过程的部分而不是全部予以展示，是新闻教育对传统新闻事业的一次"脱嵌"，是新闻史课程的思想解放，也是站在历史长河中观察与分析人类新闻传播活动与现象的一种较科学的思维方法。以新闻传播史为主题和主线课程，报刊史、新闻事业史就成了人类新闻传播漫长进程的一个历史阶段。由此，可适当压缩新闻事业史的课时量，增大事业史之外的新闻传播内容，尤其是注意打捞那些"沉没"的非职业新闻机构的重要新闻传播史料，构建非职业新闻机构与新闻事业共同生产与传播，二者彼此关联交织、相互影响、互相塑造的贯通性历史课程。

从新闻事业的"有限"框架中摆脱出来，关注更为悠久、广泛与普遍的新闻传播活动或现象，一定意义上是与黄仁宇先生所强调的"大历史"观相契合的，即将宏观及放宽视野观念引入新闻历史研究中，认真思考与打磨不同时代的新闻生产与传播机制以及在此条件下"新闻"成品的历史流变。从这一逻辑起点出发，不仅可以上溯历史、对接未来，还可对新媒体景观中新闻从业者与研究者普遍关心的问题，提供更多具有针对性的历史经验与启示。

第二卷

音频传播的升级迭代及其演进逻辑[*]

音频是声频的旧称,指人耳可以听到的声音频率在 20Hz~20kHz 之间的声波。自然状态下的声波在气体、固体或液体中传播时,会因外部条件的限制而出现传不远、传不通等问题。19 世纪以来,随着音频传输与存储技术的发明与不断升级,音频传播历经三次重大变革,如今已迈入一个前所未有的实时在线传播新时代。其中内嵌的增量思维,不仅成就了百余年来的科技传奇,也昭示着音频传播的未来方向。

一、音频传播史上的三次飞跃

(一)第一次飞跃

音频传播史上的第一次飞跃,是传播者与接受者从原始状态下的必须同时在场,声音随传随逝,传之不远,变为传、受双方可彼此分离,音频无远弗届,且能永久存储,反复播放大自然的各种音频传播,尤其是人类的语言/语音交流,成为个体与外界建立连接并进行信息交换的重要方式。

在 19 世纪中期之前的漫长历史中,人类的语言和其他各类音频都是随传随逝,声源/传播者、传播媒介和接受者三大原始要素必须同时在场才能实现有效传播。

颠覆性的科技发明出现在 19 世纪下半叶。1877 年 7 月,出生于苏格兰

---

* 本文原载于《青年记者》2019 年第 21 期。

的亚历山大·格拉汉姆·贝尔在美国成立第一家固定电话公司，预示着"朋友们各自留在家里，不用出门也能互相交谈的日子就要到来了"！同年 8 月，美国人托马斯·阿尔瓦·爱迪生发明留声机，标志着"会说话的机器"——录音设备将为人类提供音频的存储服务。借助无线或有线的运载，声音仿佛插上了翅膀，无远弗届。而蜡质圆筒、唱片、钢丝录音带等存储介质的次第发明，也使音频的刻录与再传播得以实现。

在上述技术成熟的基础上，无线电广播于 20 世纪 20 年代开始从实验室走向民间，音频的跨国乃至跨洲传播成为新常态。"无线电的发明，提供了一种不像报刊那样依赖印刷和水陆运输的远距离交流工具，而且无线电是不一定要识字的听众也能听得懂的。国家的领导人——特别是在发生危机的时候——很快发现了通过无线电可以直接向人民发表讲话的好处，而不必等报纸来报道他们的发言。最初，收音机主要是一种娱乐交流工具，它造就了大批新的音乐和戏剧爱好者。不过，到了 30 年代，使用无线电进行新闻报道开始变得重要起来，于是新闻业中出现了一个新的部门"[①]。第二次世界大战期间，无线电广播成为继海、陆、空三大战线之后的"第四战线"，在打击敌人、争取盟友方面发挥了巨大作用。

通过对音频生产与传输、存储与接收系统的改造，音频传播取得了史无前例的突破，在传播效能上获得极大提升。主要体现在：第一，传播的范围扩大；第二，原始声源可通过声波转码，实现音频存储与延迟传播，从而在音频传播者与接收者之间完成了从空间到时间的完美剥离。

（二）第二次飞跃

音频传播史上的第二次飞跃，开启了互联网环境下人人皆传者/受者的模式。在众声喧哗中，音频传播的各要素均被"增量赋能"，被重新排列与组合，产生了许多新的内容与形式。这次变革发生在移动电话及互联网等新兴

[①] 麦克布赖德，等.多种声音，一个世界：交流与社会，现状和展望[M].中国对外翻译出版公司第二编译室，译.北京：中国对外翻译出版公司，1981：14-15.

技术引入之后。以信息科技为先导，移动电话让人们不再固守于家中，而是可以随时随地与远在千里的对象即时交流，从"定点"传播转为"动态"传播；以互联网为基础平台，语音信息、音频 App、有声书、音乐网站、音频翻译软件等多种音频样态被不断研发出来，各类音频呈现爆炸式增长。互联网时代的音频传播，从生产到接收的各个环节均被不同程度地"赋能"，彼此之间的关系更加错综复杂，音频传播的生态变得丰富多元。

如前所述，固定电话作为人类声音的延伸，除了在传播介质中增加了"电话"外，并未改变人际传播的基本结构。留声机、录音机与广播则不仅克服了音频传播的空间局限，还改变了传统音频传播的结构与功能：留声机和录音机可将声音永久保留，反复播放；广播善于把各类声音进行深度加工，生成源源不断的信息之流，在分门别类之后，再将其定期、连续地传送到听众耳中，从而引发音频传播的功能变化。但广播只能顺时线性播放，听众无法选择，也不能倒回重听，是少数人生产并传播，多数人被动收听；节目顺时播放，听众反馈渠道不足。这样由专业人员精心制作音频内容后所实行的大众传播，显然属于少数人的"专利"。由这种传播逻辑所生成的受传者一方——"听众"概念本身也意指了一种被动接受的角色。广播业后来采取了一系列改革，注重传播硬件的扩容与传播"软件"的加量提质，研发出了调频广播、调幅广播以及数字音频广播等新兴技术，采取了广播系列台或频率专业化等手段，目的在于加强节目的容量、质量，提高音频传播的深度与精度。但单向传播与大众传播的模式多年未变。互联网与移动通信技术颠覆了传统广播的传受不平等关系。"数字技术的发展让广播更具有可移动性。移动互联网与通信技术的进步逐渐构建了广播等新兴移动平台"。[①] 在传统的广播时代，"听众"是音频接受者的对应词；到了互联网时代，"用户"成了音频使用者的替代语。不只传统广播，大量过去的听众也作为用户参与使用各类音频平台，"在互动中完成了音频内容的共构和情感交流，获得全新的体验与

---

① 潘可武.移动的广播：技术进步与广播的发展趋势［J］.现代传播，2013（11）：122.

满足"①。在互联网的虚拟空间，用户可自主生产音频，上传和存储音频，自主选择与播放音频，从而形成与传统的单向广播完全不同的传播关系。仅在过去的 2018 年，移动音频的用户就"连续 12 个月稳步增长，全年涨幅 50.3%"②。音频传播的内容与形式此时也出现了质的飞跃。在移动音频平台传播的内容中，既有传统的广播音频，又有一些新型的音频。传统的广播音频被互联网"赋能"后，可传到更加广大的区域，家乡的声音可在地球的另一端接收。蜻蜓 FM、收音机广播电台、FM 收音机等音频聚合平台的建立，则推动传统广播向网络广播转型，同时也助推了个体音频、网络音频直播等新的类型。而人声模拟技术的出现，则意味着虚拟音频生产的成功。如由日本乐器制造商雅马哈公司开发的电子音乐制作语音合成软件，只要在软件中输入音调和歌词，就可以合成出人类声音一样的歌声。随之出现的"初音未来""洛天依""言和"等网络虚拟歌手，为人类音频传播掀开了新篇章。

（三）第三次飞跃

音频传播史上的第三次飞跃，是人机交互与机器交互等新传播样态的涌现。5G 技术与 AI 的成熟，是音频传播再次进阶的技术平台。5G 技术将进一步推动万物互联，生成海量的音频传播新场景。AI 主要研究的是如何令计算机模拟人的某些思维过程和智能行为，实现更高层次的应用。目前，音箱作为人工智能的基础性语音交互设备已得到广泛应用，语音是其中最为重要的交互手段。而在融媒体、全媒体的规划与布局中，音频与文字、视频等其他媒介形式正进一步深度融合，在为用户带来全新体验的同时，也对人机混合生态中信息的立体呈现发挥着重要作用。

这种人机交互式音频的出现，再次刷新了音频传播的历史。人与机器进行语言交流，彼此即时互动，在"复制"了人际传播模式的同时，也创造出自然之外的新的声源和音频的传受者，等于加入了新的传播要素，拓展了音

---

① 郭光华，余思乔.用户体验：移动网络音频传播效果研究［J］.新闻爱好者，2018（2）：55.
② 2018 中国移动音频行业发展盘点［EB/OL］.（2019-03-05）［2019-03-16］.http://www.sohu.com/a/299297963_204078.

频传播的场域。

可以看出，音频传播史上的三次飞跃，每次都是以科技发展的新突破为前提，以最新科技成果的引入为基础，以传播要素的更迭和传播力的提升为旨归，一步步实现了传播流程的再造。

二、音频传播的演进逻辑

音频传播的升级迭代是科技发展的产物，也是人类运用增量思维解决信息传播难题的结果。

工业革命以来，人类陆续发现了石油、天然气等新能源，发明了机械、电子等新设备。利用这些新能源和新设备，整个社会的价值总量得到巨大提升，原始的能量供求关系与存量竞争模式被打破。其中内嵌的增量思维，也成为人类社会的一种普遍价值遵循。

借助这一认知方式，人类在科学探索的道路上不断拓展思维边界，一步步将声音从原始状态的传播桎梏中解放出来，传播介质从人类与生俱来的语音/语言，到电话、唱片、录音及无线电广播，再到今天借助互联网和移动电话架构的社群传播网络，多种媒介累加使用，克服了原始音频传播的时间与空间阻隔。科技还将进一步解放音频传播的生产力，使人类不仅可像传统媒体时代那样使用与消费音频，还能在线生产、创造和分享、反馈音频，形成人际对话、人机对话的多种传播场景。各音频应用平台目前对其垂直产品生态体系的重视与打造，如"在直播中搭建网友交流互动的弹幕和打赏工具，在文化类音频产品下拉列表中设置留言与评论对话框，在游戏类、健身类节目中设置分数评比与社交链接分享等"[①]，初心与目标都在于构建移动互联场景下的人际传播关系，增强平台与用户、用户与用户之间的黏性，为迎接即将到来的全程媒体、全息媒体、全员媒体和全效媒体场景奠定基础。

---

① 宋青.声音链接一切——互联网音频的商业范式与传播属性[J].传播评论，2017（12）：88-90.

以此类推，未来的音频传播业仍是一个巨大的增量市场。

首先，智能媒体生态下，人人都是音频的生产者、上传者和消费者，形成一个边生产、边消费、边分配的协同共创的全新传播模式，在形成海量音频信息的同时，也对专业音频工作者提出了前所未有的挑战。专业音频工作者一方面可在音频出版、音频新闻与娱乐、传统报业音频化以及声控装置等方面继续挖潜；另一方面还应进一步解放思想，改变内容为王的传统思维，从"供给侧"改革入手，在生产者、传播者、接受者的关系重组中寻找变量和增量。如从声源与音频生产的角度看，AI主播、智能在线语音翻译等的市场刚刚起步，仍有巨大的发展与改善空间；从音频本身看，声音传播既解放了我们的双眼、四肢和大脑，又适应快节奏生活、多线程利用时间的现代网民需求。移动电台应用的伴随性特征就较好地满足了用户的碎片化收听需求，因此受到众多音频爱好者的追捧。而在音频的存储与传播方面，也将会有更多更优质的发明来增进音频的存储与传播功能。

其次，业余的音频生产者或用户一方面可利用丰富的网络音频，接收新闻，消遣娱乐，增长知识，开阔视野；另一方面则须守护自己的知识产权，尊重他人的相应权利，遵守各项法规和规定。在此基础上，普通用户也可以借助音频平台实现盈利。如一些用户在喜马拉雅、蜻蜓FM上发布讲故事、读名著、教外语等音频，在获得较多的收听后得到平台的广告分成。相信未来会有更多普通人从音频分享中获得收益。

最后，智能媒体时代，语音交互将成为人与人、人与物（机器）连接的基础方式。智能语音交互技术所依赖的语音识别、声纹识别等技术和手段，将使音频传播的精度与效果进一步提升，专业性与对象化程度进一步加强。这就为智能语音交互的新传播要素——智能机器（人）的音频传播开辟了更加广阔的发展空间。

三、结语

回首音频的升级迭代之路，不免令人想起联合国教科文组织国际传播问题研究会 1980 年发布的《多种声音，一个世界》报告。其所倡导的"朝向更加公正、更加有效的世界信息与交流新秩序"理念虽尚未完全实现，但互联网科技的发展在整体上拓宽了人类信息的传播渠道，降低了信息传播的成本；而音频传播队伍及信息流的壮大，也大大降低了信息接收门槛，惠及"上至八十三，下至手里牵"的广大用户。可以预期的是，按照简洁、通用的基本法则和增量思维的认知逻辑，声音作为人类初始状态的第一交流媒介，还将在即将到来的人工智能时代成为人与人、人与机器乃至机器与机器对话的基础媒介，从而迎来更大的发展机遇。

多种声音 一个世界*
——广播观念的百年变迁

观念是客观现实世界及其历史积淀在人脑中的主观反映，是基于知识之上的系统化认知。广播观念根植于广播的历史与现实，随着广播实践的发展而变迁。在广播事业发展的百年历程中，电视和互联网新媒体先后出现，不仅替代了传统广播的大部分功能，还侵占了传统广播的原有市场。但广播业依靠不断改革，创造出新的发展空间。其中既有科技的助力，也有赖广播观念的更新。从全球范围看，40年前联合国教科文组织倡议的"一个世界，多种声音"，不仅已成为现实，还被赋予了新的含义，引领着广播转型升级的方向。

一、自上而下：大众传播时代的广播观

广播之前是电话，它是"报务员借以互相聊天的双向媒体"[1]。1920年世界第一家广播电台——KDKA电台开始广播后，广播很快就被改造为"一对多"的以传者为主导的、单向的大众媒体。20世纪20年代后，广播一改"纸媒为王"的模式，进入日新月异的电子媒体时代。

---

* 本文原载于《中国广播》2020年第5期。
[1] 斯丹迪奇．从莎草纸到互联网：社交媒体2000年[M]．中信出版集团，2015：288．

(一) 广播电台是国家管控的垄断性传媒机构

同任何新生事物一样,在较早研发和试验电台广播的国家,广播业大都经历了短暂的自由发展期。但由于初期广播频率的稀缺,广播台站设置、波长、频率等技术标准都需要由专门机构来统筹管理,由此引出了广播事业决策者、仲裁者的国家角色。"国家的领导人——特别是在发生危机的时候——很快发现了通过无线电可以直接向人民发表讲话的好处,而不必等报纸来报道他们的发言。最初,收音机主要是一种娱乐交流工具,它造就了大批新的音乐和戏剧爱好者。不过到了(20世纪)30年代,使用无线电进行新闻报道开始变得重要起来,于是新闻业中出现了新的部门"[1]。广播记录社会、塑造社会,自身也成为社会所塑造的一部分,深深嵌入社会发展的进程中。各国基于本国国情对广播业进行的体制安排,既有对广播技术与国家经济基础、文化传统等多种要素的综合考量,又体现着管理阶层对广播"是什么""为什么"和"如何为"等核心问题的观念认知。

一是私有商营体制下的"公共受托人"广播观,即认为广播电台与报纸、刊物一样,可以为私人拥有、私人经营,但须秉持服务公众的原则。各电台须由政府统一发放执照,并由政府按特定规则实行严厉监管。秉持这一理念并将其付诸实践的代表国家是美国。美国早期对电台广播的发展原本是没有任何限制的,但由于电波频率相互干扰,于是政府在1912年出台《广播法》(Radio Act of 1912),规定商务部和劳工部有权控制无线电频率的使用。不过该法规定,商务部和劳工部无权拒绝公民的申请,因为当时人们认为无线电波频率是足够用的,由此带来了20世纪20年代广播电台数量的过度增长。1927年修改后的美国《广播法》(Radio Act of 1927)阐述了将私人广播机构视为公共受托人的理念:"在目前的科学发展水平下,对广播电台的数量必须有所限制,只对其运营能给公众带来福祉、为公共利益所必需或者将对该法发展有所裨益的广播电台颁发许可,广播业主的优越地位并非自利的权

---

[1] 麦克布赖德,等.多种声音,一个世界:交流与社会,现状和展望[M].中国对外翻译出版公司第二编译室,译.北京:中国对外翻译出版公司,1981:14-15.

利。"1934年,美国政府修改《广播法》为《传播法》(Communications Act of 1934)。依据该法,联邦广播委员会(FRC)改组为联邦传播委员会(FCC),管理传播服务,即管理广播电视和电信两大部分。之后,在这一机构监管下,美国广播电视业始终坚持以私有商营为主导的体制,也就是广播电台为私人拥有、私人经营,但须在政府统一管理下遵循一定的指导原则。

二是"公营"广播观,即认为广播电台不是政府的一个部门,"应尽量排除市场力量和政治的影响"①,坚守政治中立。奉行这一观念并将其付诸实践的国家是英国。在英国广播公司(BBC)第一任总经理约翰·里斯(John Reith)及其同时代特定环境的推动下,英国推行了公共广播体制,目的是使广播免于商业机构和邮电部门的控制,建立一个全国性、社会性、宗教性和民主性的节目体系,使广播服务"超越利润和娱乐"的狭窄视野。这一标准下的广播电台禁止播放商业广告和付费节目,经费来源主要是观众缴纳的电视机执照费。在这一体制下,英国《皇家宪章》在法律上保障了BBC作为媒介的相对独立性,又确保BBC在经济上免受商业利益直接左右。虽然这种观点本身在开始实行的时候就面临诸多问题,实践中也有各种困难,但在英国,BBC垄断英国广播业超过四分之一个世纪。这种体制优势很快得到西欧许多国家的认同,公共体制一度在西欧的广播电视体制模式中占据垄断性地位。

三是"国有国营"广播观,即认为广播电台属于国家所有,由国家专营。世界上第一个社会主义国家苏联实行的就是国有国营的广播体制。在苏联之后建立的东欧社会主义国家以及二战后新独立的发展中国家包括中国,大多都选择了这一体制模式,延续这一办台思路。广播事业在国有国营体制下奉行"喉舌"观,即广播主要作为执政党的喉舌而存在。

回溯20世纪上半叶,多数国家的广播业都是在上述观念与制度的不同组合中布局与发展。但三种观念的生成与相应体制的建构并非一蹴而就,也不是一劳永逸,而是在实践中不断调整。20世纪上半叶是世界广播业的上升期,也是各国广播理念与制度相对稳定的时期。有的国家建立了单一所有制的广

---

① 卡瑞,辛顿.英国新闻史[M].栾轶梅,译.北京:清华大学出版社,2005:92.

播体系，有的国家则是一种所有制为主、其他所有制为辅。而上述观念与制度组合的共同认知基础，就是广播事业以国家为单位，由政治、政府或国家自上而下规划。

任何观念都是在特定的历史条件下生成的，对应的是特定的事物，解决的是阶段性问题。制度是观念的化身，是规制化了的观念，反过来影响观念的产生。在形成某一特定的认知框架并依据这一框架设定制度后，广播媒体的传输端由国家相关管理部门统一管控，由广播电台工作者"发出普遍的信号，使所有人都能倾听"①。出于传播资源的有限性及政府责任的对等性原则，大众媒体时代的广播观念无一例外认同国家管理的天然合法性，尽管这种管理的初衷与目的并不相同。"美国集中管理无线电是为了尽量增加广告收入，英国是为了维护并推广统治阶层的价值观，德国则是为了进行纳粹的宣传。无论是什么理由，结果都殊途同归，使无线电成为历史上最集中的媒体"②。

从 20 世纪中叶开始，广播的传输技术不断升级，在原有的调幅广播基础上又增加了调频广播、数字广播等多种类型，极大地丰富了广播的传输信道，提高了广播的传播质量，但广播资源的有限性与国家调配制度始终存在。这种在广播资源稀缺性基础上孕育与生长落地的广播观，是广播历史乃至人类信息传播历史的一个发展阶段，是在资源稀缺状态下社会管理者为最大限度利用广播而作出的理性选择。

（二）广播收音机是可"变身"的媒体

不同于纸媒的"传—收"介质一体，广播的传收介质是分离的。在多数国家，广播收听设备本身的发展并不由广播业自身决定，而是有着独立的发展轨迹，遵循市场经济的法则，如美国、日本及一些欧洲国家。20 世纪 30 年代欧美国家经济危机期间，很多家庭宁肯牺牲其他支出，也要出钱购买一台

---

① 汤姆·斯丹迪奇.从莎草纸到互联网：社交媒体2000年［M］.林华，译.北京：中信出版社，2015：289.
② 汤姆·斯丹迪奇.从莎草纸到互联网：社交媒体2000年［M］.林华，译.北京：中信出版社，2015：300.

价格不菲的收音机,其中一个重要原因就是广播的信息功能与精神抚慰作用。到第二次世界大战期间,广播甚至成了各交战国的心理战工具,被誉为海、陆、空三大战线之外的"第四战线"。借助人类"口口相传"交流模式的"原声"再现,广播——无论是无线广播还是有线广播——极大地拓展了人类认知的边界,成了电视普及前"最令人沉醉的消遣方式",并成为听众获知信息的"第一传媒"。在另外一些国家,广播收听设备的发展被纳入了国家计划,是国家发展广播业的一个重要环节。广播的路径选择蕴含着一个极为重要的媒介观念,即广播接收端是可以根据需要"变身"的。

20世纪下半叶,广播业的第一个竞争对手、与其具有相同技术基础的电视开始大发展。对接收者而言,电视不仅完美继承了广播的声播"传统",还增加了视觉元素,为受众提供了视听双通道的享受,电视成了广播的升级替代版。广播业、电影业几十年探索所得的节目栏目经验,电视业只要复制或稍加改造,即可在荧屏上如数搬演,并争夺广播的原有听众。与此同时,各国对电视的规管完全参照广播,因为"广播"是二者(声音广播与电视广播)的共同属性。电视业基本上都是在广播系统的基础上创办的。在世界很多地方,电视业从初兴到迅速繁荣的过程,正是广播业从鼎盛走向衰落的过程。

广播业只能"转场",寻找新的发展空间。20世纪下半叶,电子管收音机、迷你收音机、车载收音机等随身收听设备的发明与推广,让广播接收场域与电视区隔开来。广播退出了被电视占领的城市家庭客厅,走进缺少电视的学生宿舍、田间村头,还跟着汽车与旅人的足迹,成为流动的伴随性媒介。

上述"发起方少、接收方极多"[①]的国家主控广播体系,由于发起方与接收方之间存在介质的转换,从而给接收主体预留了一定空间——虽然这种"主动"收听只是一种形式,被动地顺时接收节目内容才是传统广播的实质。

---

① 里德利.自下而上:万物进化简史[M].闾佳,译.北京:机械工业出版社,2017:763.

二、自下而上：融媒传播背景下的广播观

20世纪末，互联网技术日益成熟。互联网生产、链接与融合各类信息的能力是以前所有媒介所不具备的，也彻底颠覆了传统媒体时代的大众传播景观。对广播而言，互联网及不断研发的手机、平板电脑等传播设备不仅包含了广播的所有功能，还大举占领了过去广播业苦心经营的流动用户的时间与空间，再次把广播推到了命运的十字路口。然而，当我们在更大的历史视野中审视上述问题时会发现，传统广播与传统电影、电视一样都是人类传播科技发展的阶段性产品，是在技术上可实现多种实体性"变身"的传媒。这是电子媒体与纸媒的本质区别，是广播业发展的基本逻辑。只有在这一点上实现观念转换，才能认清媒体融合时代的广播方向。

（一）广播业是人人可为的低门槛行业

相对于大众传播时代广播业的国家管控，互联网为人们提供了可自由上传声音的技术平台，在理论上与实际运用上打破了原来的技术天花板。"互联网的触角碰到的每一样东西都改变了模样。准入门槛轰然而降。老牌运营商面对着来自灵活的后起之秀的竞争"。[①] 面对呼啸而至的移动互联网，广播人发现了广播新的发展空间，纷纷在网络上设立电台，开启了网络广播的第一波实验。接着是各类播客的出现，广播的内容生产成为人人可为的一项低门槛业务活动，广播成了网络世界海量音频传播中的一类，其更大的部分是网友自主生产与上传的作品，这使传统广播的一些观念土崩瓦解。

首先，互联网时代的广播，成了一个边界模糊、内涵不清的概念。一般认为，广播是通过无线电波或导线向一定范围播送声音、图像节目的大众传播媒介。[②] 但互联网技术的加入，使得广播传播的整体结构发生了根本改变，

---

① 里德利.自下而上：万物进化简史［M］.闾佳，译.北京：机械工业出版社，2017：801.
② 周小普.广播定义溯源辨析［J］.中国广播电视学刊，1993（3）：33.

不仅极大地扩展了传播平台和传播介质,也使接收终端日趋多元,改变了传统广播顺时收听和不能回放的缺陷,形成了融合传播的新生态。正是基于这一现实,当下对广播的认知存在诸多争议。

其次,广播业成了互联网信息产业中门槛最低、竞争力最大的产业。广播的传输信号是声音,是接收门槛最低、最便捷省力的信息形式,在所有媒体中是可以普及最大多数人群的媒介类型。互联网技术顺势下放了广播的权力,让"广播"成了人人可为的一项传播活动。由此生成的自下而上的庞大内容生产与传播群体,除少数聚合音频平台外,目前基本上还处在群龙无首的散乱状态。

(二)广播的"传—收"范围被无限扩大

广义上的广播业是电子传媒领域的一支,也是电子信息产业的一个领域,搭载着信息科技的列车,行驶在媒介融合的路上,最终会消弭于音频传播的大类之中。

随着大数据和人工智能的发展,广播的连续性、专业化、组织化声音的传播功能不会弱化,只是在信息生产领域所占的总体份额会进一步缩小,这不是广播业自身的困境,而是所有信息产业共同面临的难题。一个明显的事实是,我们接收的信息中,究竟有多少来自传统媒体?又有多少是自媒体生产与输送的?现在恐怕没有人说得清。一项最新的调查显示,在此次新冠肺炎疫情中,聚合音频直播平台包括"蜻蜓FM""喜马拉雅FM""听伴"等的听众数量众多,市场前景良好。"喜马拉雅FM"在疫情期间每日定时推送的确诊人数等内容,无疑也发挥了广播的功能。

以互联网为平台所开启的"云广播"模式,实际是构建了一个全球无界传播的最大平台。播客(podcasts)等数字广播的风行,就是互联网生态下广播发展的一条新路。无论身处何方,只要手机联网,理论上即可无障碍地接收来自世界各地的"广播"产品——只要对方的声音上网。

基于此,融媒技术环境下的广播观,首先需突破"国家"的人为设限,在国际广播视野中布局"电台"(定期音频的提供者)的内容与形式。这对改善当下中国国际形象、讲好中国故事，是一个极其重要的观念转变。在这一思路下，广播电台不仅可以利用自己的网站做好汉语与多语种的节目，尤其应该充分利用国外成熟的社交平台，在了解对方接受心理的基础上，用他者语境方式讲好我们的故事。在 YouTube 上，四川姑娘李子柒的视频收获了无数外国粉丝，一条视频的播放量甚至超过很多世界级媒体，说明中国故事的跨国传播不仅可能，市场还广大。遗憾的是至今未见专业的音频广播有类似的成功案例。

其次，在当下媒介环境中，广播并非无所作为，广播是最便捷有效的声音媒体，仍是广大农村和偏远地区群众接收信息的重要渠道。"即使在当今数字通信的世界里，无线电广播能触及的人仍多于任何其他媒体平台"。① 无论是我国为打通信息传播的"最后一公里"而着力建设的"村村通"工程，还是其他国家的电台广播，都"特别适用于传达到偏远社区和某些特定群体，如残疾人、农村困难人群，并为他们提供一个介入公共辩论的平台。特别是无线电在应急通知和救灾中发挥着强大且特殊的作用"。② 因此，让电台广播继续生存、"下沉"，帮助多种群体建立与世界的连接，"帮助建设一个更加和平和包容的世界"，将是融媒时代广播的一个方向。

最后，广播的国际化与地方性观念与实践的加强，需要组织化的广播机构与个体化、原子化的自媒体共同维系，还需要发动更多的人加入广播，形成一个有机互动的网状体系。而广播事业的多元多向度发展，也符合人类社会发展的总体趋势。

三、结语

广播问世以来，广播观念与制度随着广播技术的革新而变迁。广播声音

---

① 世界广播日：广播促进"对话、宽容与和平"［EB/OL］.（2019-02-13）［2020-05-01］. https://www.sohu.com/a/294784535_100152388.
② 联合国秘书长古特雷斯在 2020 年世界广播日的致辞［EB/OL］.（2020-02-20）［2020-05-01］. https://www.un.org/zh/observances/radio-day.

的伴随性、便捷性、低门槛，加上其向互联网移动媒体平台转移的便利性，决定了未来广播会有更大的发展空间，最终将构建出高度模拟人类社交状态的声音传播状态，使人与世界的"口口相传"在更高的技术平台上呈现，实现广播的向上攀升（以国家为单位变为全球布局）和向下扎根（社区广播、农村广播及个人电台），实现声音传播的交互与多元，加强彼此的沟通与了解。

"下乡""离场"与"返乡"*
——新中国农村有线广播发展"三部曲"

2020年春节前后,举国上下开始抗击新型冠状病毒肺炎疫情,广播、喇叭成了农村抗疫宣传的主力军。一些村干部在广播中苦口说教的视频被网友发在微博、微信、抖音、快手等自媒体平台,一时成了互联网上的热门话题。在报刊、广播、电视与互联网、移动新媒体百花齐放的当下,传播成本与接收门槛最低的农村广播、喇叭在这次重大公共卫生事件中一枝独秀实非偶然,而是有着复杂的社会政治、经济与文化背景。要理解这种媒介现象及其成因,还需要到它的历史中去追寻。

一、政治推动下的有线广播"下乡"(1949—1979)

有线广播在农村的大力推广,始于1949年新中国成立后。而它之所以成为当时广大农村的适配媒体,主要在于其技术特征满足了政治层面的迫切需求。

早在新中国成立前夕,具有临时宪法性质的《中国人民政治协商会议共同纲领》第49条就发出了"发展人民广播事业"的号召。1949年,全国只有34座人民广播电台,第二年即增加到53座,增速不可谓不快。但在占人口比例89%的广大农村,广播收听工具却是极为罕见的"先进"之物。"广播要为

---

* 本文原载于《福建师范大学学报(哲学社会科学版)》2020年第4期。

人民服务"和"基本群众没有收音机"构成了建国初期农村广播发展的一对主要矛盾。①

在新中国的广播决策者看来，此时"广播工作者的主要困难已经不是技术的而是政治的了。这就是说，主要的困难是如何去提高广播的思想性和加强广播与广大人民的联系问题"。②为此，广播事业局安排收音员携带收音机下乡，组织农民集体收听，并在政策与经费上向广播业倾斜。1950年4月，中央人民政府新闻总署发布了《关于建立广播收音网的决定》；1951年，广播事业局和地方政府专门划拨经费，把广播喇叭安装在边远的县份和农村，从而使"人民广播事业具有了确实的群众基础"。③吉林省九台市则率先实验有线广播站，由政府安装小喇叭，把广播范围扩大到区、村广大农民中，用于推动农业生产。由于这种有线广播是从播出设备到接收装置的一条龙服务，能够实现广播内容与农民听众的实体对接，加上"广播的材料都是区、村供给的，都是当地的真人实事，农民都很熟悉，所以收效比较大"。④

这一做法受到广播事业局的肯定，⑤并被认为是推广农村广播"最重要的和最有效的办法"，⑥到1953年，全国已有575个县城和区镇设置了有线广播站。⑦1955年，国务院发出《关于在农业、畜牧、渔业生产合作社重点建立收音站的指示》，提出："为加强对农业的社会主义改造的宣传，普及时事政治和农业生产技术的知识，预防恶劣天气和潮汛对农、牧、副业的损害，以及部分解决农民对文化娱乐的要求，有必要在全国一部分组织比较巩固和户

---

① 梅益.人民的广播[J].收音业务，1951（11）：1–2.
② 梅益.人民的广播[J].收音业务，1951（11）：1–2.
③ 梅益.一九五三年广播工作的方针和任务[G]//全国广播工作会议文件选编.中央广播事业局办公室编.内部资料，1982：5.
④ 面向农民的九台县有线广播[N].人民日报，1952-06-08（3）.
⑤ 1953年广播工作的方针和任务[G]//全国广播工作会议文件选编.中央广播事业局办公室编.内部资料，1982：12.
⑥ 梅益.大力发展农村有线广播[G]//当代中国的广播电视编辑部.中国的有线广播.北京：北京广播学院出版社，1988：117.
⑦ 左荧.我国人民广播事业在蓬勃发展中[N].人民日报，1953-05-07（3）.

数比较多的农业、畜牧业和渔业生产合作社建立收音站。"① 按照指示,广播事业局当年就为全国已建立的1万个收音站免费供给收音机,并向云南、贵州、西康②、甘肃等边远省份的农村拨付了1500部收音机。普及农村广播网的指示还出现在国务院发布的《1956年到1967年全国农业发展纲要》中。1958年"大跃进"期间,广播事业投资在国家文教各部门事业基本建设投资预算中的比重最高,占58%。当年的有线广播喇叭比1957年增长三倍多。1965年开始,广播站的经费全部列入财政预算,又一次促进了全国上下办广播的热潮,有线广播一路高歌猛进,到1978年,不仅农村有线广播站遍布全国,农村广播喇叭的入户率也达到了64%。有线广播成了农村群众接收外界信息的"第一媒体"。

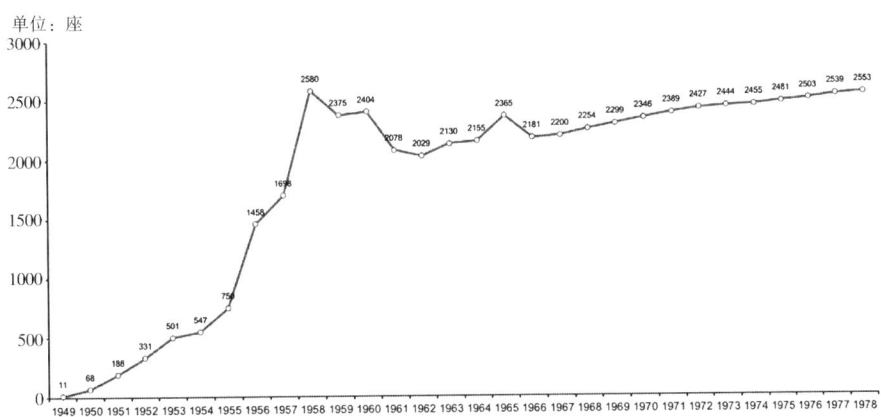

图2　1949—1978年全国县市有线广播站数量

---

① 国务院关于在农业、畜牧、渔业生产合作社重点建立收音站的指示［G］//当代中国的广播电视编辑部. 中国的有线广播. 北京:北京广播学院出版社,1988:15.
② 西康省是中国已撤销的省级行政区,于1939年设立,1955年撤销,前后存在16年,原西康省所属区域被并入四川省和西藏自治区筹备委员会(今西藏自治区)。其中,金沙江以东并入四川省,金沙江以西的昌都并入西藏自治区。

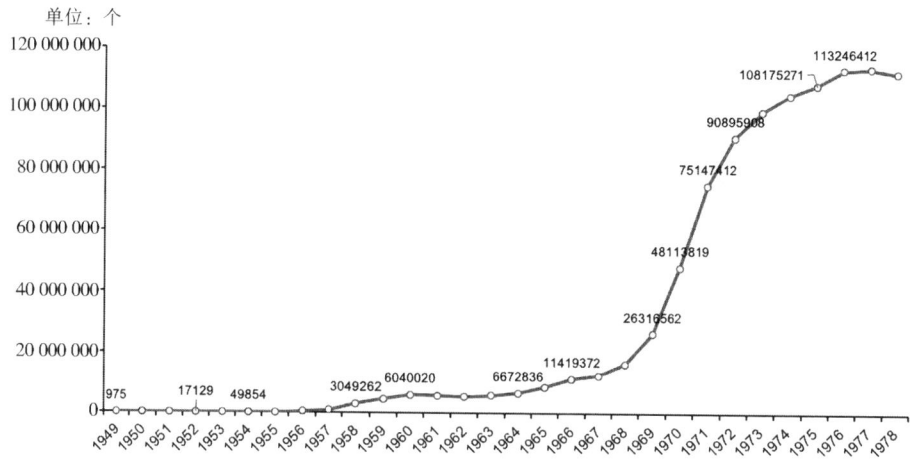

图3　1949—1978年全国县市有线广播喇叭数量

有线广播为当时城乡二元结构下缺少流动性的农民建构了新的国家认知。收听广播让一辈子没去过外乡的农民坐在家里就"什么都知道了",广播下乡成了农民眼中"社会主义下乡了"的标识,①甚至产生"条条红线通北京,毛主席教导天天听"②的神奇体验,并借此建构起共同的国家与民族想象。在一些农民看来,广播喇叭还是"社会主义的火车头,只要照着她说的办事,就一定能达到大家富裕的目的"。③遇到重大的政治事件,还会有村干部组织群众集体收听。如1976年周恩来、毛泽东逝世的广播,就使农村与城市一样,在广播哀乐中完成了举国悼念的仪式。

在广播宣传下,一生没出过国门的农民还构建起共同的国际"秩序"。广大农民对美帝国主义的痛恨和对苏联等社会主义国家的好感,基本是通过广播宣传形成的。如1953年3月6日下午,"北京郊区西苑村的农民们听到斯大林同志病逝的广播消息,许多人都哭起来。正在家里吃饭的三轮车工人吃不下饭了。军属马润田老汉难过得说不出话来。模范军属朱素芳的母亲听到

---

① 梅益.吉林省的农村有线广播工作[N].人民日报,1955-12-03(3).
② 条条红线通北京 毛主席教导天天听[N].人民日报,1969-04-26(5).
③ 马恩淇,宋长清.社会主义的"火车头"——记天水农村有线广播站[J].广播爱好者,1956(3):8.

消息，痛哭失声。一时全村所有的收音机都开放了，家里没有收音机的人都跑到有收音机的家去听"。① 这种对外国政治人物的强烈共情，若没有长期的媒介浸润，显然是不可能产生的。

有线广播深入区、村，不但鼓舞了农民的生产热情、推动了生产，在防灾抗震等应急信息通告中发挥了重要作用，也改变了当时农村文化生活匮乏的窘境，对提高农民的政治觉悟、培养其良好的健康习惯、形成其遵守时间的概念等，都发挥了极为重要的作用。

二、农民自主选择的有线广播工具"离场"（1980—2005）

1980年10月7日至18日，第十次全国广播工作会议在北京召开。这是一次对广播业发展尤其是农村广播具有里程碑意义的会议，也是广播事业局最后一届以"广播"命名的全国性会议，广播事业局则在两年后更名为广播电视部。会议首次提出了"把加速发展电视放在优先地位"②的战略目标。而随着1983年召开的第十一次全国广播电视工作会议进一步下放电视台的主办权（中央、省、市、县四级），各地方政府办电视台的热情高涨，仅用了不到三年时间，不仅全国电视台的数量猛增，电视人口覆盖率也首次超过了广播，且至今未被广播超越。③

再看电视机的社会拥有情况。电视机与广播小喇叭、收音机的价格悬殊，是需要相当的经济实力才能购买和拥有的。改革开放以来，农村推行家庭联产承包责任制，农民不仅解决了温饱问题，许多家庭的经济收入还略有盈余，甚至出现了"万元户"，电视机成为收音机普及后先富起来的农村家庭争相购买的奢侈品。从1983年开始，"电视机热"在一些省份的农村市场兴起，

---

① 北京郊区农民悼念斯大林同志[N].人民日报，1953-03-08（3）.
② 张香山.坚持自己走路，发挥广播电视的长处，更好地为实现四个现代化服务[G]//中央广播事业局办公室.全国广播工作会议文件选编.内部资料，1982：326.
③ 1980年后的广播电视发展数据均采自《中国广播电视年鉴》。《中国广播电视年鉴》自1986年开始编纂出版，其中除1992—1993年合出一本外，其他年份均每年一本。2001年后《中国广播电视年鉴》不再刊登广播综合人口覆盖率的相关数据。

农村青年结婚要求的"三转一响"的"响"也从收音机悄悄置换为电视机。1992年的一项社会调查显示,电视取代广播成了国人获知新闻的第一媒体。①

从电视机进入农村家庭的途径可以看出,它身上带有显著的商品属性,是农民自主购买的消费品,天然地属于私家之物,而不是政府指定或配给的"公共"用具。

由于电视与广播共有的声道传播属性,在同一时空条件下,一个人不可能既听广播也看电视。以此类推,电视机的社会拥有量增加,观众收看电视的时间延长,就意味着有线广播和广播喇叭的使用率下降。事实也是如此,数据显示,除1991、1992年外,全国市县广播站、乡放大站(后改称"广播站")和广播喇叭的数量持续走低,喇叭入农户率逐年减少。从1988年开始,全国平均每百人拥有收音机的数量也停止了连续几十年的增长,开始逐年下滑。②

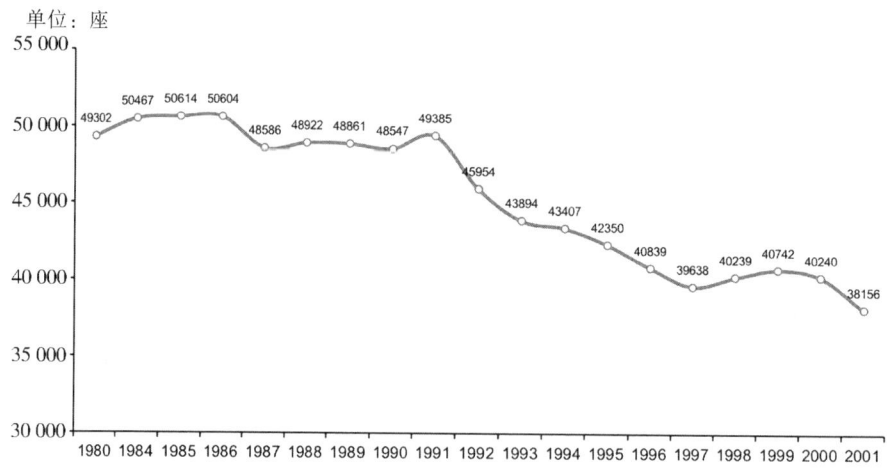

图4 1980—2001年全国乡放大站数量

---

① 刘建鸣.1992年全国电视观众抽样调查分析［G］//中国广播电视年鉴编委会.中国广播电视年鉴(1994).北京:北京广播学院出版社,1994:429.
② 1987年,中国平均每百人拥有收音机的数量是24.1架,比1986年增长0.4%。从1988年开始,广播收音机的人均拥有量连年下滑,听众来信也逐年减少。数据来自1986年至1999年出版的《中国广播电视年鉴》。

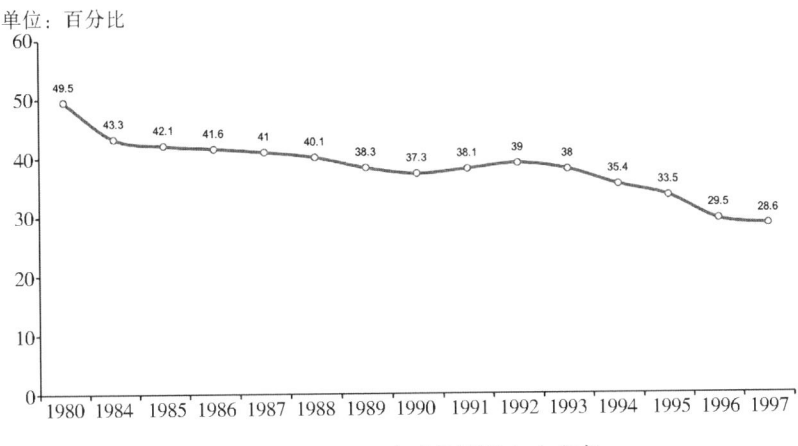

图 5　1980—1997 年全国喇叭入农户率

与之相映成趣的是，农村广播室的数量在 1994 年之前一直都在稳步增长，说明有线广播室布局的持续"下沉"。"这时候，包产到户，阶级斗争不讲了，农村政策、计划生育和通知开会成了广播的主要内容"。① 也就是说，此时有线广播声音的发出者，主要来自基层乡村组织。

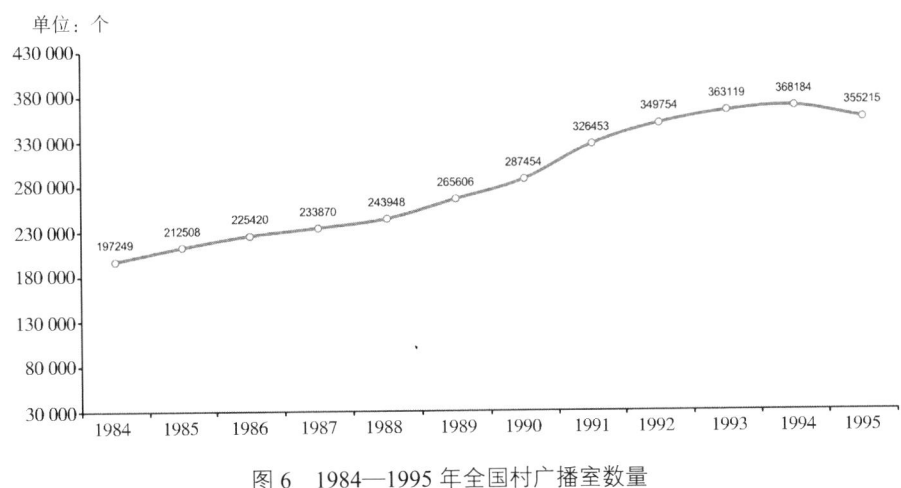

图 6　1984—1995 年全国村广播室数量

但对治国理政者而言，农村有线广播依然是基层治理不可或缺的工具，

---

① 农村广播要不要再响起来 [N]. 人民日报，2014-04-11（14）.

历次广播电视工作会议也都强调了这一指导思想。1980 年后，广播事业局提出，要整顿、巩固、提高农村有线广播，认为有线广播的不可替代性在于其本地化，是本地信息及县、社党政机关的宣传工具，并要求县及公社广播放大站可用当地方言播音，同时开展经销及修理业务，实行企业化管理。此后成立的广播电视部还设立地方广播电视宣传局，重点服务地方的有线广播。但强调归强调，地方广电系统依旧普遍不重视农村有线广播，对基础设施的维护不善，有线广播线路和设施持续萎缩。1995 年后，随着有线电视的普及，乡镇一级广播站开始撤并，大多数村广播室被撤销，共缆喇叭被废弃。各村社广播站专职岗位的陆续取消，更是对农村有线广播业的釜底抽薪之举。过去那种代表"中央"声音的有线广播，日益远离农民的家庭生活，大喇叭成了田间村头的摆设。

1998 年 10 月，中国共产党第十五届三中全会审议并通过了《中共中央关于农业和农村工作若干重大问题的决定》，要求"进一步加强农业的基础地位，保持农业和农村经济的持续发展，保持农民收入的稳定增长，保持农村社会的稳定"。为贯彻十五届三中全会和中央经济工作会议精神，国家广电总局推出了"村村通"广播电视工程，要求在 2000 年实现村村通广播电视。伴随着这一进程的，是对边远地区甚至高山村庄广播电视覆盖的持续推进。但这一阶段的重点依旧是电视，广播尤其是有线广播被放在次要位置，基层广播站还在持续减少。"到 2006 年，我们镇上的广播站也全部撤销了。近年来，有不少村民反映，现在能听到中央的声音，市里、区里的声音，自己所在的镇里、村里的声音反而少了。"[1] 全国绝大多数的农村广播站依旧处于半瘫痪状态。

政治层面反复强调农村有线广播的重要性，执行层面为何不能像过去那样贯彻到底？如果撇开政治的考量，站在农民自身的立场来解释，答案或许就清晰简单得多——在越来越多家庭拥有了收音机、电视机等更优质的替代性媒介后，在没有外力强迫的条件下，完全被动收听、让人失去掌控权的有

---

[1] 农村广播要不要再响起来[N].人民日报,2014-04-11(14).

线广播显然缺乏竞争力，无形中也就失去了继续存在的社会基础。优胜劣汰的市场力量大于政治与行政的干预力度，成为这一时期农村有线广播持续衰退的根本原因。

三、助力新农村建设中的有线广播"返乡"（2006年以来）

2005年10月召开的中国共产党第十六届五中全会提出，建设社会主义新农村是我国现代化进程中的重大历史任务，要求将其作为全党全社会的共同认识和共同行动。按照中央的统一部署，"村村响"广播工程于次年启动。消失多年的有线广播喇叭声，不仅再次回响在乡村的公共场所，还重现于一些农村家庭中。

与改革开放前一样，在"村村响"工程中，部分地方政府不仅负责基础设施建设，还免费为农户安装小喇叭。以上海为例，该市金山区2014年起在"廊下镇山塘村、中华村试点安装数字有线广播，免费为986户安装了小喇叭。除转播金山人民广播电台全天节目外，两个村每周固定时间插播村自办节目"。① 本着"为农民说话，让农民说话，说农民的话"的原则，金山有线广播电台每天在固定时间自动播音，受到村里一些老年人的欢迎。② 此时的有线广播所面对的，已是与过去完全不同的农村和农民。1990年之后，大量青壮年劳动力进城打工并定居，很多农村孩子通过高考进入城市。1990年，中国农村人口占全国人口的比重为74%；2000年减为不到64%；2019年则下降到不足41%。在大规模的城乡人口流动过程中，农村劳动输出成为持续多年的"新常态"，农村则在这一持续流动中悄然转型，成了妇女、儿童和失去劳动力的弱势群体的留守之地。这些驻守村民虽然多数过上了丰衣足食的生活，但也有不少还在贫困线下挣扎，不仅缺衣少食、不识字、无法阅读，且没有电视、手机等现代工具，无法融入现代生活，更无力改善自己的困境。

---

① 郝洪.上海金山区廊下镇为986户村民安装有线广播[N].人民日报，2014-04-11（14）.
② 村里拉响阔别多年的小喇叭[N].解放日报，2014-06-03（1）.

"现代网络虽然联通了村镇,但村里留守老人多,他们不上网也很少用手机,村镇信息真正传播到户还是有距离。""村里老人多,别说让他们上网,有些阿伯阿婆字也不识,看不懂书面通知,挺耽误事。"农村广播"村村响"工程正是弥补这一媒介空白点的有效手段。"年轻人难得回村,老人们听听广播,聊聊村里的新鲜事,就像多了个陪伴。""有了广播,村里的事小喇叭里说一声,大家一听就明白了。"①

而在近几年中央猛抓基层党建、派出干部下乡驻点扶贫的过程中,在地化的有线广播还成了下乡村干部扶贫济困的辅助工具。2019年海南省的扶贫干部就有类似的创新工作思路,有干部在自己负责的村子安装了"19套广播喇叭,开展日常政策宣传,解读村规民约、孝道文化等,不断推动志智双扶,激发内生动力"。②

可见,新世纪以来农村广播的回归,不仅是政府基于扶贫与应急信息传播搭建的系统工程,更是助力农村建设、扶助弱势群体的民心项目。

从技术层面看,如今的农村有线广播已不再像早期那样因陋就简,而是实现了系统升级,并与有线电视及当下的县级融媒体实现了互联互通。以往的广播需要放光碟和录音带才能播放节目,新的"村村响"广播系统则搭建于数字化、网络化平台之上,只要在配套的电脑上打开网页,通过网上搜索就能找到村民喜爱的节目。日常状态下的"村村响"广播系统可以为村民提供新闻、娱乐、农耕、天气等服务性内容;一旦出现地震预警或其他重大紧急情况,农村广播可即时转化为应急信息发布系统,做到无死角的全天候宣传。在突发事件应急通知上,小喇叭可起了大作用。在2020年抗击新冠肺炎疫情的宣传中,大部分省市的农村都借助有线广播,利用村里的大喇叭向群众统一播报疫情进展,一遍遍教给群众预防方法和注意事项,让相关信息跑完"最后一公里",确保每个人都能知晓并执行。由于疫情扩散,还出现了春季学期学生无法正常入校的次生"灾害",各学校纷纷通过网络开辟空中课

---

① 农村广播要不要再响起来[N].人民日报,2014-04-11(14).
② "关键少数"做表率,党建引领拔"穷根"[N].海南日报,2019-03-01(2).

堂，学生则利用手机或电脑上网课。但地处偏僻山区的贵州省遵义市凤冈县鱼泉村由于网络信号不稳定，加上一些家庭没有网络设备，于是老师便用村里的大喇叭给孩子们上课。危机之下，村广播在连接村民、守护乡村弱势群体方面再次发挥了不可替代的作用。

新时代的乡村广播，通过技术升级和内容转换，又回归农村。假如说改革开放前的农村有线广播是一种上对下的政治/文化引领，那它近年的强势复归，则更多体现的是国家对农村和农民的贴心陪伴与守望，关键时刻还是乡村救急救灾的应急报警系统。

四、农村有线广播的发展，是新中国乡村治理的一个缩影

与电视业由国家办台、民众自主购买接收工具不同，农村有线广播事业发展体现的是从传输设备到接收设备的全程国家主体地位。有线广播成了国家重塑农村和完善、拓展自身影响力的一部分，也成了70多年来中国农村媒体与社会发展的一个缩影。时至今日，在城市居民的日常生活中已几近消失的有线广播、喇叭，依旧是中国农村的标志性符号。在各种电影、电视及网络视频中，广播、喇叭甚至成了中国乡村的一种"标配"。

"现代传播方法进入传统村落后所能够产生的力量，是所有见到过的人都不会怀疑的。"[1] 尤其是对物质条件匮乏、不会读写且很难走出村庄的农村人而言，没有任何信息接收门槛的广播无疑是性价比最高的现代媒介，也是改善农村愚、贫、弱状况的最有效手段之一。正是由于看到了这一媒介独有的优势，早在1930年9月，由晏阳初等人发起的志在改变中国乡村的"中华平民教育促进总会"，便在河北定县（今河北定州市）设立了一座专门的对农广播实验台。这座电台通过在不同地方安装6座收音机并组织农民集体收听的方式，来测量传播效果，是一种规模较小的公益实践。但即使是这样的实验也

---

[1] 施拉姆.大众传播媒介与社会发展[M].金燕宁，等译.北京：华夏出版社，1990：21.

因抗战爆发而终止。直到 1949 年新中国成立后，才开始进入系统化、制度化的建设阶段。

新中国成立初期，最高领导层始终强调广播是"群众性宣传鼓动最有力的工具之一"。① 这类表述不仅出现在高级别的相关会议报告中，还登载在《人民日报》等中央级媒体上，从而有力地证明了新中国一开始对广播事业的定位就与西方资本主义国家不同——在市场导向的资本主义国家，政府发展广播业的职责范畴仅为规管或设立电台，并不具体负责民众的接收工具问题，是否购买或接收广播，属于民众个体的权利，政府无权干涉；但在走向集体所有制的社会主义中国的农村，民众的接收工具问题却成了政府工作的重中之重。建国初期的广播建设就属于典型的"两条腿走路"，即"如何扩充和改进我们的设备，以及如何使城乡广大的劳动人民获得收听的工具"。②

循着这一发展思路和价值取向，有线广播成了农村广播的必然选择。因为"它价廉，便于普及和长期使用；构造简单，便于使用、修理，节省重要金属和电力；它安全，可以保密；还有一个好处，县委和设有放大站的公社党委可以通过有线广播领导工作。就是在收音机在农村普及之后，农村广播网还有它的作用，因为到那时候，不可能每个县、每个公社都设立广播电台。农村广播网的作用是长期的，而当发生突然事变的时候，它的作用更加显著"。③ 第一代通过农村包围城市夺取政权的党和国家领导人不仅对农村、农民有着深厚的情感，显然也深谙农村社会的治理之道。1955 年，毛泽东两次批示要求"每个乡每个合作社都能收听有线广播"，④ 1965 年又发出"努力办好广播，为全中国和全世界人民服务"的号召。1966 年第九次全国广播工作会议在北京召开期间，周恩来、彭真和陆定一等中央高层悉数到场，周恩来

---

① 我国代表在国际广播组织理事会上的报告 [J]. 广播业务，1952（7）：2，1-2.
② 我国代表在国际广播组织理事会上的报告 [J]. 广播业务，1952（7）：2，1-2.
③ 梅益同志在第八次全国广播工作会议上的总结报告 [G] // 中央广播事业局办公室. 全国广播工作会议文件选编. 内部资料，1982：210.
④ 中国的有线广播 [G] // 当代中国的广播电视编辑部. 中国的有线广播. 北京：北京广播学院出版社，1988：1.

还向会议发出了"广播宣传要面向农村"的明确指示。[①] 在当时"全国一盘棋"的政治形势下，最高领导人的指示再加上国家财政的大力支持，自然会极大助推这项事业的发展。统计数据显示，农村有线广播发展的两个峰值与上述指示发出的时间高度吻合，出现在1955年至"大跃进"和"文化大革命"十年间。[②]

放眼世界，20世纪50年代我国开始轰轰烈烈办农村有线广播时，正是苏联农村有线广播的建设高峰期。仅1954年一年时间，苏联就计划在农村装设近200万只有线广播收听工具，几乎等于1953年的两倍。[③] 两国之间媒介选择与发展进程的契合，显然不是一句"学苏联"能够涵括的，更深层的原因恐怕还在于，国家当时启动的农村土地改革和一系列针对农民的社会改造，亟须与之匹配的信息沟通渠道。而有线广播传播的中心化与地域性、"闭路"性特征，无疑为这一社会改造铺就了一条圆心相同、闭合度一致的信息通道，为国家构建二元一体的城乡结构提供了辅助手段。

"农村广播网是复杂的现代技术系统中的一部分，它受制于社会经济发展水平，受制于现实，也受制于人们的想象力。但是人类的社会意图与社会期待，往往会激发突破结构、重塑结构的能动力量。"[④] 正是由于建国初期新生的人民政权对媒介资源的大胆想象和精心布局，农村广播成了社会主义新中国的基础设施和战略资源，受到了重点扶植，得到了超常规发展。它在建构国家认同与世界图景的同时，也给居住于农村、缺少流动机会的农民提供了从政治到经济、文化、生活的多方引导，建构了一条与传统乡村以家族为中心的传播完全不同的信息通道，实现了党和政府意志的传达从个体或组织的具身传播到无形却无处不在的声音传播的过渡。

[①] 国务院关于在边远省份和少数民族地区建立收音站的通知［G］// 当代中国的广播电视编辑部. 中国的有线广播. 北京：北京广播学院出版社，1988：17.
[②] 一九四九年——一九七八年广播事业统计资料汇编［G］. 中央广播事业局. 内部资料，北京：1981.
[③] 为社会主义农业服务的苏联广播［J］. 广播爱好者，1965（11）：5.
[④] 赵月枝. 为了多数人的传播学术［J］. 新闻记者，2019（10）：93.

如果说改革开放前有线广播的大规模"下乡"奠基于人民政权对基层农村的精准把脉和施政方向的"底层"思维,那么1980年起农村有线广播的退出,则为我们展现了中国政府在农村社会治理中的另一面向,即它因时因地制宜,不断调整"处方"时的灵活性和机动性。显然,农民家庭电视的普及是其媒介结构升级和媒介自主选择的结果,某种程度上也是国家权力退出农村家庭政治生活的表征。

而21世纪以来的有线广播强势"返乡",则更像政治权力主导的一次媒介分层。数字化、网络化的有线广播推广,不仅是对农村受众的再次筛选,也是党和政府"打通信息最后一公里"战略目标的一部分。在其中,政府作为始终不变的布局者与行动者,自身从过去以教育与引导为主的师者身份,转变为以告知和服务为主的朋友角色。承载着"打通信息最后一公里"的重任,"返乡"后的有线广播还作为农村应急信息传输体系,全天候服务于农业、农村和农民。这一应急体系与正在建设中的县级融媒体对接或整合后,还会在处理突发事件和服务基层民生方面有更大作为。

时光流转,农村也在变。但只要农村的土地与人口政策不变,就得有人留守家园,并通过现代媒介与外部世界连接。如前所述,这些留守者往往是失去劳动力的老、弱、病、残群体和妇女、儿童,其中有相当一部分还是未能脱贫的弱势群体,他们一生未走出山村,只能听懂当地方言。"语言的使用一直是族群受众分层的基础。"① 建国初期的县级有线广播台站大多使用当地方言和普通话播音,与农民无障碍交流,这是其他任何媒体都无法替代的,也是有线广播的优势所在。② 最近以来的一些特殊时期,单纯承担告知功能的乡村有线广播"十里不同音,百里不同俗"的特征更加凸显,新型冠状病毒肺炎疫情宣传中,风行网络的乡村广播视频的一个最大看点就是五花八门的方言。统一的标准语言既最大限度消除了交流的障碍,也过滤掉了方言中的独特文化基因。而大小喇叭中传出的乡音土语,在它实际传播的有限范围内,

---

① 库兰, 古尔维奇. 大众媒介与社会 [M]. 杨击, 译. 北京: 华夏出版社, 2006: 46.
② 农民欢迎方言广播, 配合幻灯推动工作 [J]. 广播业务, 1951 (创刊号): 53.

实现了对当地村民的信息提醒与告知；在被互联网二度传播的虚拟空间中，它唤起的是网友对故乡与他乡的记忆与联想。

消除贫困，改善民生，逐步实现共同富裕，是社会主义的本质要求，也是中国共产党执政的初心与使命。新中国成立初期，党和政府大力兴办有线广播，意在改善农村落后面貌，通过广播线路"一竿子插到底"，实现中央与农村、农民的"强"连接。而从农民家庭脱贫致富，陆续拥有收音机、电视机的20世纪80年代开始，农村有线广播持续衰落，某种意义上显示的是公权力对农民私权利的让渡，是农民经济自主和乡村自治的媒介表征。21世纪以来的"村村响"工程及农村应急广播体系、县级融媒体建设，是党和政府提高基层治理水平的辅助手段，是脱贫致富路上"一个都不能少"的人民广播观的直接体现，也是通过人的主体能动性，把一个个乡村、农民编织进集体与国家"命运共同体"的大型媒体实践。

广播在推广普通话中的角色与地位探析*

我国幅员辽阔,人口与民族、语言和文字众多,却使用统一的文字(汉字)进行书面交流。"有了统一的文字,有了依据统一文字发布和汇集政令公文的官吏,'礼乐征伐自天子出'的政治愿景,就在一代代王朝的持续实践中成为现实:一个和平、理性的,依据法令由政治/文化精英治理的,疆域人口均史无前例的统一大国。其中就有书同文的制度塑造。"①"书同文"有利于政治文化共同体的维系,但当社会流动性提高,熟人社会向生人社会转化,因"十里不同音"导致的方言分歧必然阻滞汉语发挥交际工具的作用。因此早在先秦时期,统治阶层就曾提出过雅言和通语,之后出现了各种广义的"官话"。清末至民国时期,还出现过拼音运动和国语统一运动,但囿于各种条件,推广的范围与效果有限。

中华人民共和国成立后,随着普通话推广工作在全国的展开(时称"推普"),广播事业作为当时政府着力投资兴建的文化宣传部门,责无旁贷地承担起这一重任。由于广播电台本身就有以普通话作为通用语的连续播音,加之各电台普通话教学讲座的陆续开设,还有如同"国家时间"的《新闻和报纸摘要》《全国各地人民广播电台联播》、广播体操、整点报时等固定节目,在"全国广播一个声音"的媒介场景中,以中央人民广播电台为代表的广播成了普通话标准发音的示范与样板,也成了持久而恒定的普通话"语音教师"。

---

* 本文原载于《中国广播电视学刊》2024 年第 1 期,与意如贵合作。
① 苏力. 大国宪制:历史中国的制度构成 [M]. 北京:北京大学出版社,2018:353.

一、广播要担任群众的普通话"语音教师"

利用广播进行统一语言的推广工作,并非始自中华人民共和国,但明确以广播普通话作为"群众的语音教师",并从国家政策到电台节目层层抓落实,却是中华人民共和国成立以来的一项媒介实践创新,且成就斐然。

中华人民共和国成立初期,百废待兴,经济落后,文盲众多。广播事业因其打破物理空间和老少皆宜的低门槛接收特征,成了党和政府进行群众性宣传教育最得力的工具之一。

为解决群众收音机不足的难题,1950年4月22日,国务院发布《关于建立广播收音网的决定》,要求全国各县市的人民政府、每个部队的政治机关都应设置收音员,全国各机关、团体、工厂、学校也酌量设置收音员。[1]1952年在北京召开的第一次全国广播工作会议确定广播事业建设的第一个五年计划是"先中央后地方""集中力量建设中央台""巩固广播站和收音站"。[2]即国家负责广播事业从传输端到接收端的全流程构建。这是当时社会主义阵营广播建设的一大特色。第一个五年计划期间,广播事业在我国文教事业中发展最快,投资占比最高。到1956年底,除中央人民广播电台外,全国各省、市都陆续设立广播电台,"三分之二的县(市)都建立了有线广播站,共装喇叭51万只,其中80%装在农村"[3],从城市到乡村的广播宣传网基本铺设完成。借助无线和有线、收音机和大小喇叭的声音"连接",广播成为中央沟通各地方政府、群众的重要桥梁。

"为了顺利地进行社会主义建设,为了充分地发挥语言在社会生活中的交际作用,乃至为了有效地发展民族间和国际的联系、团结工作,都必须

---

[1]《当代中国的广播电视》编辑部.中国广播电视大事记[G].北京:北京广播学院出版社,1987:32.
[2] 中央广播事业局办公室.全国广播工作会议文件选编[Z].内部资料,1982:7–12.
[3]《当代中国的广播电视》编辑部.中国广播电视大事记[G].北京:北京广播学院出版社,1987:94.

使汉民族共同语的规范明确,并且推广到全民族的范围。"① 在这一执政逻辑下,1955年10月,教育部与中国文字改革委员会联合召开"全国文字改革会议",将以北京语音为标准音、以北方话为基础方言的汉民族共同语名称正式定义为"普通话",并号召"组织社会力量,特别是广播电台和文化馆站,大力提倡学习和使用普通话","其中重要的一项是尽量利用广播"。② 因为"在课堂里教,听的人至多几百人、千把人,在广播电台教,听的人就可以多到无量数。广播电台一定要为这件大事尽力,担任群众的语音教师。凡是不参加固定的学习组织的,都可以从广播方面学习"。③ 接着教育部发出指示,要求各省、市教育厅、局将推广普通话列入工作计划,并邀请中央人民广播电台举办北京语言教学讲座定期联播。

更高层级的政令随后下达。1956年1月,中共中央发布《关于文字改革工作问题的指示》,指出"在全国汉族人民中大力推广以北京语音为标准音的普通话,是加强我国在政治、经济、国防、文化各方面的统一和发展的重要措施,是一个迫切的政治任务。教育部决定自1956年秋季起在全国中小学和师范学校开始教学普通话。军委总政治部亦已指示全军推广普通话。各地和各有关部门党的组织必须重视这个工作,加强对这个工作的领导和检查,使它能够迅速地顺畅地开展"。④ 同年《汉语拼音方案(草案)》和国务院《关于推广普通话的指示》发布,不仅再次强调广播在普通话推广工作中的重要性,还明确要求全国播音人员等相关行业的工作人员必须接受普通话训练。

很显然,把广播电台作为普通话推广的主阵地和"群众的语音教师",不只是电台播音的语言标准,还是党和政府对广播工作的战略定位之一。

---

① 为促进汉字改革、推广普通话、实现汉语规范化而努力[N].人民日报,1955-10-26.
② 全国文字改革会议决议[N].人民日报,1955-10-24.
③ 张奚若.大力推广以北京语音为标准音的普通话[J].语文学习,1995(12):3.
④ 中共中央文献研究室.建国以来重要文献选编(第八册)[G].北京:中央文献出版社,2011:77-78.

二、作为普通话"语音教师"的广播实践

遵照上述指示,从 1956 年起,教育部联合中央人民广播电台,举办了一系列普通话教学广播讲座。而广播"联播"制度的建立及广播体操、整点报时等节目的同时段广播,则强化了以普通话为"交流手段"的"全国广播一个声音"格局,促进了各方言区听众对普通话的认识、认知乃至认同。

(一)开设普通话教学广播节目,为听众学说普通话提供示范

中央人民广播电台的普通话教学节目陆续创办:1956 年 5 月,开播《普通话语音教学讲座》;1956 年 11 月,《普通话朗读教学广播讲座》创办;1961 年春,《小学语文课本朗读教学广播讲座》设立;1962 年 3 月,《中小学、师范学校语文朗读教学广播讲座》开讲;1965 年 7 月,开播《汉语拼音教学广播讲座》。上述讲座在内容安排上层层递进,各有侧重,从语音、语法、词汇、拼音教学到语文课本的朗读,每一讲座所承担的教学任务不同,对语文课本的朗读也涵盖了不同的体裁与题材,在具体的朗读中还会涉及并详细讲解很多需要注意的细节。各地广播电台也依据本地实际,对教育部和中央人民广播电台联合举办的讲座进行了转播。一些省市如四川、陕西、安徽、上海等地还结合方音自编教材,同当地电台联合举办普通话语音教学广播讲座[①]。实践证明,以广播搭建平台,开办各类普通话语音教学、朗读教学、拼音教学讲座,惠及教师群体、普通成人教育以及学龄少年儿童教学,是一个有效巩固并提高语言能力的渠道。

一些列车广播也举办了普通话教学节目。1960 年,上海铁路局将普通话推广工作列入职工教育计划,要求首先在同群众经常打交道的全局列车员、广播员、电话员、电报员和教员中普及汉语拼音的普通话,然后在其他工种

---

① 韦悫. 为贯彻"大力提倡、重点推行、逐步普及"的推广普通话工作方针而奋斗[J]. 文字改革,1957(9):20-23.

全面推行①。而济南车段 192/3 次"济南——哈尔滨"1 组也从 1960 年 5 月开始向旅客宣传和推广普通话，由讲解员进行广播讲解，解释学习普通话的重要性，再进一步用简单的方法讲授普通话。列车广播员每次的讲授内容并不完全相同，主要是根据乘车区间和大部分旅客的方音方言确定具体方案。如当运行至天津或东北附近时，就会通过"四和十"的绕口令来讲授声母 s 和 sh 的发音问题。当广播员领读时，有些旅客学习得比较起劲，甚至会为了看挂图更加清楚，自然地站起来学习②。同年在北京至太原的快车上，广播员也通过列车广播向旅客介绍学习普通话的好处。由一位乘务员指着预先设置的注音识字字母表，而另有广播员通过播音器带领游客读字母，1960 年 6 月 30 日《人民日报》第 4 版的一篇文章描述了这一刻，"旅客们兴趣很大，读声越来越高，有的人还边读边写"③，车厢仿佛成了临时的文化课教室。

从电台广播到列车广播，"广播"的内涵与外延有所不同，但利用"广播"这一虚拟广场进行普通话教学示范的初衷是一贯的。电台广播与人的听觉直连，滤除了中介（方言区人际传播）环节的变形发音，使政府厘定的发音标准以真人示范的模式广泛传播，等于是为普通话学习者提供了一个送上门的免费普通话教师。

（二）"联播"制度、广播体操及准点报时等节目，在"全国广播一个声音"的制度化建构中，实现了普通话的定时连续输出

在此之前，以中央人民广播电台为首的每日播音，已经以制度化的"联播"体系和多系统联合"作业"方式，使电台普通话冲破了物理的空间阻隔，令"全国广播一个声音"④的普通话信息持续不断地流向最远的地方。

---

① 上海举行庆祝汉语拼音方案诞生两周年广播大会[J].文字改革，1960（5）：24.
② 马如麟.在列车上宣传和推广普通话[J].文字改革，1959（12）：3-17.
③ 刘晓海.在车厢里学习普通话[N].人民日报，1960-06-30.
④ 刘园丁，刘书芳，朱世瑛，等.全国广播一个声音——《报摘》和《联播》50—70 年代的故事[J].中国广播，2010（5）：48.

中央人民广播电台的《首都报纸摘要》（1950年4月10日开办）与《全国各地人民广播电台联播》（1951年5月1日开播）节目，即后来享誉全国的《新闻和报纸摘要》与《全国各地人民广播电台联播》（以下简称《报摘》《联播》）前身。1956年10月，中央广播事业局发出通知，规定各地方台必须转播中央电台的《报摘》与《联播》。[①] 当年召开的第四次全国广播工作会议再次把转播中央电台的节目作为一项严肃的政治任务加以强调。随后国务院也明确规定全国各地的广播电台，包括省市电台和县以下人民公社和村里的大喇叭，每天都要完整、按时地转播《报摘》和《联播》节目。

为提高全民身体素质，1951年，中华全国体育总会筹备委员会和中央广播事业局共同决定，在中央电视台和各地电台举办广播体操节目，并在同年11月24日公布了第一套成人广播体操。广播体操"兼顾体育与政治的融合性"[②]，是国家经过多方考虑后推出的一项寄托了强健国民体质、增强国家实力之期待的全民大型体育活动。1954年3月1日，中央人民政府下达了《关于在政府机关中开展工间操和其他体育运动的通知》，各机关团体在工间休息时做广播体操成为制度。1954年、1955年又先后公布了第一套少年和儿童广播体操。周恩来总理也曾作出明确指示，要求全国各机关人员在每日上下午的工作时间中各抽出10分钟做工间操[③]。

由此，《报摘》《联播》与广播体操的"联播"制度在全国进一步推广普及，其中，"报摘"与"联播"制度延续至今。1980年10月在北京召开的第十次全国广播工作会议再次要求，"中央台（中央人民广播电台）的《报摘》《联播》，中央电视台的《新闻联播》，应为各级广播电台、电视台、县广播站必转节目"。[④] 在广播频率与节目琳琅满目的当下，《报摘》《联播》依然是各地主流频率的保留节目。

---

① 杨波.中央人民广播电台简史[M].北京：北京广播学院出版社；2000：40.
② 龙长安，马晨.民族国家建构视野中的广播体操探讨[J].洛阳师范学院学报，2018（2）：39.
③ 陈晓华，熊纯子.浅谈我国广播体操的发展演变[J].文史博览（理论），2011（8）：55.
④ 中央广播事业局办公室.全国广播工作会议文件选编[Z].内部资料，1982：324.

（三）播音员在推广普通话中的关键"节点"作用

作为普通话的"语音教师"，电台播音员无疑"是语言规范的宣传家，每天有无数的观众和听众有意识地或无意识地在向他们学习。他们在普通话的推广上，过去已经有过很大的功劳，今后在全国范围内有计划地推广普通话的情况下，他们将起到更大的作用，自然也就必须加强自己的语言的规范性"。"文化行政部门也应当采取一些措施加强广播、舞台、电影和出版物语言的规范化，特别是要注意利用广播电台教学普通话。"①

1956年2月6日，国务院发布《关于推广普通话的指示》，对各地广播电台和广播站的播音员、普通话广播节目的编辑人员、收音站收音员等广播工作者的普通话培训工作从正音训练、稿件的口语化、传授普通话等方面都提出了具体规定。②为此，从1950年起，中央电台就建立了定期培训播音员的制度。在日常的生活与工作中，播音员也需要随时随地注意学习，不断提升专业素养。老一辈播音管理工作者聂耶曾提到，当时的中央电台播音员训练不仅需要"锻炼语音基本功，练声练气，研究语音规范，逻辑重音"，还要"学习政治理论、时事政策和文化知识"，"博采众长，走出去拜师求教；深入工农兵，听取意见和要求，以便增强语言的表达能力"③。而1963年出版的《普通话异读词审音表》也为众多播音员的正音工作提供了便利，一些有争议的字音变得有据可查。

当时，各电台对播音员提出的要求就是做普通话的"领读员"。因为听众在收听广播时，主持人、播音员的发音是其学习普通话的主要渠道，"特别是听'纪录新闻'，播音员的说话速度很慢，字音也很清楚，跟着学，（学习普通话的）效果很大"。④中央电台也深知节目的"领读"示范作用，对播音员的知识水平和发音功底都提出很高的要求。据1956年开始担任《报摘》播音

---

① 为促进汉字改革、推广普通话、实现汉语规范化而努力［N］.人民日报，1955-10-26.
② 北京广播学院新闻系.中国报刊广播文集2［G］.第160-162页.
③ 聂耶.难忘的声音——播音部工作回忆片段［A］// 中华人民共和国广播电视编辑部.当代中国广播回忆录1.北京：中国广播电视出版社 1995：177.
④ 夏光.跟广播学习普通话是个好办法［J］.文字改革，1959（12）：17.

员的葛兰回忆，台里要求播音员"所有字音都得记住，每一次都得背表"，若播音员在播音时发生读错问题，其在"大表格"中的名字后面就会被画上一个小黑旗①。为杜绝播出差错或发音不准的现象，中央电台还编辑出版"一周播出情况汇报"，详细检查过去一周的稿件润色情况和播音差错问题，总结经验教训。

在此严格规范之下，《报摘》《联播》节目的播音员——20世纪50年代的齐越、夏青、林田、潘捷、费寄平、葛兰、林如、王欢等，60年代新增的方明、铁城、曹山、丁然、金锋、陈刚、雅坤、虹云、赵培、常亮、徐曼、钟瑞等②，都不仅有极高的普通话发音水准，还形成了各具特色的播音风格，如齐越、夏青、林田和费寄平分别以"朗诵式""宣读式""讲解式"和"谈话式"播音③，影响了此后几代播音员，也在听众心中留下难以磨灭的记忆。

一些电台还让受过专业训练的播音员任老师，对社交网络中与他人连接频次最高，也即"度中心度"最高的人进行现场普通话培训。1959年，中央电台派播音员培训北京市的公共汽车服务员，"帮助他们校正语音和表达感情"，培训后的服务员说话被群众赞为"和电匣子一样"。④上海黄浦区也通过对广播员的培训，使大型商店、电影院、剧场以及文化馆、文化站的广播台都成了宣传普通话的阵地。上海第一百货公司、永安公司、儿童用品商店，大光明、沪光和红旗三家影剧院，以及大世界游乐场的播音员，都参加了黄浦区的普通话学习班，他们在工作中会用普通话和方言交替进行广播⑤。这些播音员所处的社交中心位置，对示范和推广普通话的作用不可估量。

---

① 新浪新闻中心. 中国第一代播音员葛兰：永恒的声音 一代人的记忆[EB/OL].（2012-06-07）[2023-12-25]. https://news.sina.com.cn/z/zgdydbyygl/.
② 喻梅. 新中国播音创作简史[M]. 北京：中国传媒大学出版社，2016：64.
③ 阎玉. 中国广播电视学[M]. 北京：中国广播电视出版社，1999：548-549.
④ 对国内广播[J]. 中央人民广播电台内部刊物，1959（94）.
⑤ 有恒. 上海市的推广普通话工作[J]. 文字改革，1963（9）：2-4.

三、普通话广播的社会效果回溯

回看这场启动于 20 世纪 50 年代的"推普"工作可以发现，广播在其中处于极为关键的基础性地位，发挥了重要的示范性作用。所谓基础性地位，是指全国广播收音网、有线广播网的搭建，为标准普通话"一竿子插到底"抵达各方言区民众的耳畔，提供了底层的技术与媒介保障。这种媒介保障的意义还在于，相比现实社会中"推普"工作的时断时续、时有时无，电台的普通话播音持久而连续，且消弭了人际或组织传播中由于普通话发音不准而引致的信息递减。20 世纪 50 年代，对很多未出过远门的农村群众来说，"电喇叭，哇哇哇，没有嘴，会说话，听听北京好消息，我们也学会了普通话"。[①]而几年后，哪怕处于边远山乡的少年，只要日常与广播有所接触，就能轻易判断自己语文老师的普通话是否"标准"。

广播在普通话推广中的示范性作用也不言而喻。普通话教学广播节目在 20 世纪 50、60 年代的设立，是配合国家整体战略，尤其是教育部的"推普"工作而开展的。这种目标与指向明确的节目类型虽在民国时期就以《国语教授》的形式出现，但新中国的广播"推普"工作不仅借助迅速铺展的收音网、有线广播网获得更广泛传播，更因教育系统的参与和电台播音员的下沉基层而实现了更深入直接的触达。广播教学节目配合各地的课堂教学、识字班、扫盲班等教学，表面是一种辅助性手段，实质上却发挥了普通话教学最高标准的功能。而"按照当时中央的要求，《报摘》《联播》的定位是传达政令的主渠道、宣传教育的主平台。因为那时老百姓的文化水平普遍不高，收听工具不普及，《人民日报》下到农村很困难。因此，国务院明确规定：全国各地的广播电台，从省市电台一直到县以下人民公社的大喇叭、村里的大喇叭，每天都要完整地按时转播《报摘》《联播》，通过广播传达政令，将宣传教育一竿子插到底。因此每天晚上的《联播》和早上的《报摘》，全国的广播是一

---

① 电喇叭 [J]. 广播业务，1958（12）.

个声音"。① 配以行政命令的集体收听制度和户外定时播放模式在社会建构与沟通方面的作用是巨大而无形的，极大地缩短了新闻发生与各地受众知晓的时间差，每日收听《报摘》与《联播》成了全国各地、各单位了解中央最新精神和国内外最新动态的最权威、最快捷渠道，无疑也是基层民众直接接收"北京声音"的唯一来源——此处的"北京声音"，背后有着深刻的政治与文化内涵，但与普通话标准音的关联却是必不可少的。

也正因如此，20世纪50至80年代，每天早上听《报摘》、晚上听《联播》，成了很多国人雷打不动的生活习惯。《报摘》与《联播》也是农村很多民众"对时间"的标志性节目，其播音员标准的普通话发音引领了无数人。社会人类学者项飙在回忆自己的童年时谈道："上学后，每天早饭我爸爸让我听中央人民广播电台的《新闻和报纸摘要》，就像每周一歌，听了之后就懂得很多话语，还培养了我对朗诵的兴趣。"② 作为一名出生、成长于浙江温州的70后，项飙的"少年自画像"颇具典型意义。而据1989年中央人民广播电台在全国29省开展的一项抽样调查数据显示，每天早上听《报摘》、晚上听《联播》的听众分别有5.85亿和5.8亿。③ 中央电视台播音员徐俐在初入长沙电台时，也曾"特别下功夫地学过"《报摘》与《联播》播音员的播音，并最终走上了电视播音的职业之路。由此可见，普通话在广播电视新闻联播中的持续不间断播出，已如水滴石穿，在民众心中实现了从认知到认同这"一个声音"的过程。

最后，以普通话为工具、韵律十足的广播体操，从20世纪50年代开始就"不仅展现在运动场上"，而且"遍及田间、地头和工地"④，增强了农民群众的劳动纪律，提高了大家的劳动出勤率，发扬了集体主义的精神⑤；在城

---

① 刘园丁，刘书芳，朱世瑛，等.全国广播一个声音——《报摘》和《联播》50—70年代的故事［J］.中国广播，2010（5）：50.
② 项飙，吴琦.把自己作为方法——与项飙谈话［M］.上海：上海文艺出版社，2020：19.
③ 钟汀.中央电台听众逾六亿，收听《新闻和报纸摘要》人数最多［N］.人民日报，1989-03-04.
④ 身体锻炼好 生产劲头足 北票县田野和工地体育运动活跃［N］.人民日报，1958-07-13.
⑤ 体育活动深入陕西农村［N］.人民日报，1958-08-07.

市，作为一种新的体育形式，广播体操在"工厂、机关、学校和部队中"也得到广泛推行①。时至今日，带着普通话指示口令的中小学广播体操仍在课间回响。而广播电台中整点报时制度的推行，也在几代人心中刻下极深的烙印。

作为民众的日常生活"背景音"之一，广播在对听众日复一日的声音浸润下，构建起一个可感可学的普通话实践空间。尤其是广播中每日固定时段转播的《报摘》《联播》及"广播体操"等节目，以"国家时间"与普通话融为一体的整合叙事，形成全国人民同听一个新闻、同做一套广播体操的仪式化传播景观，持久地影响和塑造着国民的语言与身份认知、认同。

四、结语

"对于局促于给定时空的农耕社会的个体而言，'不可以语于冰'或'不可以语于海'不是问题，但对于农耕大国的构成、整合和治理，长期的和平和统一，各地方言语音分裂就是个难以应对的政治治理的麻烦。"② 中华人民共和国成立后，党和政府既面临整合上下的重任，又有发展民生的刚需。大规模经济建设需要更广泛便捷的交流互动，大量文盲和区域方言的存在阻碍科学知识普及和政府施政，这是推广普通话的社会需要和背景。基于此，政府通过内容选择、语音示范、标准施行、人才培养、行政推动、多方协同等多个途径推广普通话，广播则被赋予并承担起"群众的语言教师"角色，在广播普通话教学讲座、《联播》《报摘》与"广播体操"等典型节目的播音示范下，普通话广播在联通中央与地方、实现社会治理、构建想象的共同体方面发挥了巨大作用，加强了人民群众的向心力与凝聚力。

也应看到，当时广播及学校教育中的普通话教学都有特定的语言使用场景；脱离了具体的语言场域，方言区、少数民族语言地区的民众还是缺乏操

---

① 从城市到农村 从内地到边疆 群众性体育运动蓬勃发展［N］.人民日报，1957-11-12.
② 苏力.大国宪制：历史中国的制度构成［M］.北京：北京大学出版社，2018：358.

练普通话的机会和需求。普通话普及并被民众广泛使用，是在改革开放及其所带来的人员大规模跨区域流动之后。其中，广播及20世纪80年代以来逐渐普及的电视在普通话推广和示范方面同样功不可没，电台、电视台播音员、主持人的"领读者"角色依然不可取代。

技术、体制因素与中国广播电视业发展*

回溯中国广播电视业从萌芽到壮大的近百年历程，技术的引进与创新为其提供了物质基础，体制的建构和政策创新则为其搭建了发展方向和环境。在上述二者及其他要素的合力推动下，中国广播电视业走出了一条极具特色的发展之路。

一、技术进步：从限制性要素到推动性力量

与近代化中文报刊由外国人开启一样，中国的广播事业也是由外国人引进的：1923年1月23日，美国商人奥斯邦主持设立的"大陆报——中国无线电公司广播电台"在上海开播，标志着广播事业在中国的诞生。该台的所有器材都是从美国运入的，技术支持也来自在华外国人。这种对西方先进技术的引进本无可厚非，客观上也确实"标志着中国在通信技术方面迈出了一大步"，然而这一行为却违反了中国法律，践踏了中国的电信主权。因此，早期涉足无线电广播的国人在学习西方技术时，大都抱有无线电报国的理想，希望借此打破西方的技术垄断。在此基础上兴起的民族无线电企业和无线电研发机构，如上海亚美无线电公司、天津中国无线电业股份有限公司等，都迅速成长为先进电子技术研发或无线电制造与组装基地，质优价廉的国产广播器材陆续生产出来。

---

* 本文原载于《中国社会科学报》2018年10月12日第1551期。

遗憾的是，现代社会每一项高新技术的研发，除了专业人才外，更需充足的资金支持，二者缺一不可。无线电广播作为当时的先进科技，兴起与成熟都发生在西方发达国家，中国在其技术和产品推广阶段才涉足其间，先天不足显而易见，加上此后20多年间的政治动荡、经济不稳，中国广播的技术进步主要反映在对无线电器材的改造与局部创新层面，引领性的行业核心技术始终掌握在西方发达国家手中，这成为限制当时中国广播业发展的重要因素。电台如此，收音机也一样。

1949年新中国成立至改革开放前，广播界一面学习借鉴苏联等国的先进技术，一面努力提高本土技术研发力度。1952年，新中国第一台品牌收音机红星牌501在南京问世，这是利用美国RCA牌56X型收音机的套件配以少量国产元件组装生产的，也即沿袭了此前的改装之路。此后为了提高广播的受众到达率，国家不仅利用已有的无线电路发展无线广播，还大力推广技术简单、造价低廉的有线广播收音网和收音喇叭。通过技术升级和规模升级，广播业成为当时发展速度最快、影响最大的文化事业之一，到改革开放前，中国已成为名副其实的"喇叭王国"。

电视业属于高技术、高投入和重装备的产业，需要相当的技术和物质基础才能顺利发展。在西方国家电视事业早已风起云涌之际，1957—1958年，我国第一套黑白电视播控设备由北京广播器材厂与清华大学合作设计完成。1958年，国营天津无线电厂研制的中国第一台黑白电视接收机，实地接收实验成功。这套设备从摄像机到发射机，除某些关键器件外，均为国产。同年，我国第一座电视台——北京电视台（1978年5月更名为中央电视台）使用这套设备试播。这些自造设备在技术上虽然还未完全过关，不时出现故障，但在当时的国内外形势下，这一技术路径体现出的独立自主、自力更生精神，却成为相当长时期内广播电视业发展的基本逻辑导向。此后国产电视机、国产彩电演播设备和发射机技术的相继攻克，都是这一逻辑的合理推演。

改革开放以来，各广播电视台在大力引进先进技术的同时，相关研发工作也突飞猛进，不仅实现了电台、电视台的自主设计和装配，而且在信号传输等基础设施方面迅速更新迭代，步入世界先进行列；国产的收音机、电视机也在充足供应本土市场的同时,远销美国等世界其他国家。短短40年的时间,中国已发展成为名副其实的广播电视大国。至此,技术已不再是中国广播电视业的发展瓶颈,而成了其发展的助推器。

二、体制创新:创造广播电视业发展空间

广播电视传播的是一种电波信号,其台站设置、波长、周率等技术标准都需专门的统筹机构来协调和管理。因此,各国的广播电视业都是在政府统一管理下进行的,也在不同的理念下衍生出不同的体制类型。

中国广播电视业经历了三次大的体制变迁:第一次为1923—1949年的多种体制并存;第二次为1949—1978年的单一国营体制;第三次为1978年至今的事业单位、企业化运营。体制变革引发广播电视的生态改变,也直接或间接塑造了广播电视的传播景观。

1949年之前,由于早期的外商广播电台都是在租界创办,而租界享有一定的治外法权,北洋政府应付困难,未能建立起有效的管理制度。南京国民政府建立后,鉴于上述既成事实和发展民族广播的需求,实行了官办广播和民营广播并行的混合体制。加上日本侵华期间中国共产党在抗日根据地和解放区开办的广播以及日伪沦陷区的广播,南京国民政府时期的广播体制更加多样化。归根结底,这种多头共生体制的产生,缘于国民党政权无法统摄全国,从而形成一种整体无序的发展格局。

新中国在成立初期,借鉴苏联模式,建立起高度统一和集中的国有国营广播电视体制,即广播电视所有权和经营权都属国家所有,广播电视免费收听、收看,全国所有电台、电视台没有自己的经营收入,全靠国家财政拨款,"全国一盘棋",统筹规划广播电视事业。这一体制体现了"社会主义国家办广播的特点",能更好地传达中央声音,同时社会公共资源也可以被最大限度调配和使用。虽然电视台开办起来了,电视节目也有了,但电视摄像、发射等配套基础设备的技术落后和财力困难,导致节目不尽如人意,电视台只能勉力维持运转。

1978年以来，广播电视业告别没有经营性收入的事业单位模式，改为"事业单位、企业化经营"。由此广播电视界的活力被极大地激发出来。而广播电视部于1983年推出的"四级办广播、四级办电视、四级混合覆盖"政策和"扬独家之优势，汇天下之精华"方针，则进一步优化了广播电视传播环境，增强了其社会影响力。此后的一系列调整，都是在广播电视界实践探索取得成效后逐步获得体制确认的，如电台电视台的人事制度与管理制度改革，广播电视业被作为第三产业所进行的集团化、股份制、公司制运作等。

广播电视实践的发展，反过来又作用于体制结构，尤其是上层管理机构的变革。1982年，在电视业兴起的大背景下，中央广播事业局更名为广播电视部，负责全国广播电视事业的统筹与管理。1986年，广播电视部更名为广播电影电视部，合并管理电影事业；1998年更名为国家广播电影电视总局。2013年，国家广播电影电视总局与新闻出版总署合并，组建国家新闻出版广播电影电视总局，而2018年又成立国家广播电视总局，负责统筹规划和指导协调广播电视事业的发展。

广播电视体制的调整，还须充分考虑和适应现代科技的发展趋势。21世纪以来，在互联网等新兴技术冲击下，广播与电视的区别越来越小，交集越来越多，媒介融合被提上世界各国的议事日程。为此，我国政府于2001年3月通过的"十五计划纲要"第一次明确提出了"三网融合"概念。2009年7月《广电总局关于印发〈关于加快广播电视有线网络发展的若干意见〉的通知》发布，要求加快广播电视有线网络发展，推进三网融合，促进国家信息化建设。2010年6月底，三网融合12个试点城市名单和试点方案正式公布，三网融合终于进入实质性推进阶段。但迄今为止，这一融合还主要是在业务层面，相关的行业与部门融合仍未调整到位。

广播电视业还须进一步改革，需要在三网融合的框架内重新布局，需要建立更加高效和富有活力的体系与制度，为中国广播电视业的进一步发展提供制度性保障。

改革开放以来我国电视新闻结构转型的历史省察*

我国自20世纪70年代末开始的改革开放,使社会迅速步入了全面转型时期。在这一社会转型大背景下,作为"党、政府和人民的喉舌",同时又是时代的记录者与反映者,中国电视新闻以其从传播观念到节目内容和表现形态的常变常新,引领了一个时代的电视改革方向。本文拟通过对我国电视新闻20多年来改革与发展轨迹的考察,总结、概括出其结构转型的典型特征。

一

1978年开始的改革开放,是中国人自觉主动地调整社会主义制度及其生产关系,谋求现代化道路的开端。富于巧合意味的是,1978年1月1日,中央电视台在1976年试播的《新闻联播》基础上,创办了《全国电视台新闻联播》节目(即今《新闻联播》,以下用此称)。在节目播出的同时,即每晚19点整,全国十几个省市的电视台同时转播。不难看出,这种中央与地方携手办新闻、在晚间黄金时段实施大范围覆盖的传播方式,是借鉴了广播新闻的成功经验。

改革开放前,对中国普通百姓而言,电视无疑是极高档的消费品——一种价格不菲的"小众"媒体;而有线广播却因造价低廉、架设简易,在"文

---

* 本文原载于《山东大学学报(人文社会科学版)》2002年第3期。

革"时就已基本实现普及,并成为人们获知新闻的重要渠道。为了及时有效地传递信息,广播工作者们探索了许多独具特色的新闻传播手段,并在长期实践中打造出两个享誉全国的名牌节目,即中央人民广播电台的《新闻和报纸摘要》(简称《报摘》,1950年创办)与《全国各地人民广播电台联播》(简称《联播》,1951年创办)。《报摘》初期定名为《首都报纸摘要》(1967年改为现名),顾名思义,就是用广播报道报刊新闻。这既表明广播在内容与形式上借鉴报刊的特点,又是纸媒在电子传播领域的延伸。而《联播》则是广播新闻的首创,也因此更多地体现出广播"自己走路"的特点:每晚20点30分播出,时间半小时;主要任务为"发布新闻,传达政令","凡有党和国家的重要文件、法令、政令,需要及时向全国发布的,都首先在《联播》节目中广播。遇有这种情况,中央领导同志往往这样批示:'今晚广播,明日见报。''今晚广播'指的是在当晚的《联播》节目中播出"。[1] 广播在当时的受重视程度和社会影响力由此可见一斑。若以受众数量判断,把改革开放初期的广播视为"第一传媒",恐怕是不会有人提出异议的。而当时的电视却只能排在大众传媒最不显眼的位置。除了电视机的普及率低、节目覆盖面窄、设备落后等客观原因外,没有叫得响的品牌栏目受到社会关注,恐怕也是一个重要因素。在这种状况下,借鉴广播已得到普遍认同的"全国新闻联播"方式,实现电视新闻的大面积覆盖,无疑是最简捷也最易见成效的一条思路。从这一方面看,仿效《联播》的《新闻联播》的出台,不仅是声音广播向电视领域的自然拓展,更是电视新闻向广播"第一"地位挑战的信号。

《新闻联播》创办之初,播出的主要是中央台记者采编和各地方电视台放送的新闻节目,没有国际新闻,时长15分钟。由于报道手段陈旧、新闻时效差,所以社会反响不大。但从1978年12月起,中央台开始使用ENG电子采访设备,使电视新闻的时效大为提高。此后中央台又打破某些"禁区",对重大的国际活动和群众运动、科研、社会新闻、文化体育新闻等酌情予以报道,

---

[1] 中央人民广播电台简史编写组.中央人民广播电台简史(1949—1984)[M].北京:中国广播电视出版社,1987:36.

并每天增加一组最新国际要闻简讯。到 1980 年，《新闻联播》的播出时间已延长为半小时。党的十二大后，《新闻联播》开始独立发布重要新闻，比报纸消息早一天。作为面向全国的综合性新闻节目，《新闻联播》实际已成为党和国家发布新闻、传达政令的重要渠道之一，而在时效方面则位居报纸之上。从 1983 年中央人民广播电台所做的一项"首先获知六届人大一次会议召开新闻来源"的调查数据显示，首先从广播获知的占 83%，电视占 12%，报纸则仅为 5%。① 表明电视新闻的社会影响力虽位居广播之后，却已跃升至报纸之前了。

在节目编排结构方面，《新闻联播》开播不久，其"国内新闻+国际口播新闻+卫星收录的国际新闻（录像）"的"老三段"模式即已基本固定。而国内新闻一般又以"中央新闻+地方新闻+行业新闻"的顺序播出。1981 年 7 月 1 日，中央台开始有意打破这一模式，辅之以中央人民广播电台提供的国内新闻口播，按内容混合编排，同时单条新闻的长度开始缩短，加长了新闻提要的时间，还增加了《本台短评》《编后话》等小栏目，使节目样式更加丰富。

凭借中央台位居全国电视新闻之首的独特地位，《新闻联播》的节目选择标准与编排体制迅速成为富有中国特色的"样板"，在当时本来就不多的电视新闻中推广开来。各电视台形式类似，内容各有分工，在总体上形成中央台关注全国、地方台关注地方的一种"降序"传播格局，标志着一种地位独特的传播模式的确立。《新闻联播》所体现的电视新闻与党、政府意志三位一体的关系——即电视新闻必须是第一时段的政党和政府意志的发布者，也是国际新闻的集散地——表明电视不仅已成功嫁接了报刊和广播的新闻播报方式，成为党和政府的另一个重要宣传阵地，而且顺利实现了大众传媒在电子时代的历史转换。正如从中央党报版面可分析出国家的政治局势、人员变迁一样，从电视《新闻联播》的播出编排，人们也不难得出类似的信息。因此，《新闻联播》的独特地位就不仅体现在其发布新闻的权威性，而且其中所蕴含的政治价值也广为时人所瞩目。

---

① 杨伟光.电视改革论集［M］.北京：人民出版社，1995：62.

以接受上级指派的任务为新闻的主要来源，以俯视全国（全省）的视角关注社会——电视新闻崛起初期形成的这一主要为"上令下达"的单向结构延续至今，成为最具中国特色也最具权威性的一种电视新闻节目类型。

二

20世纪80年代初，电视新闻节目还比较少，除中央台的《新闻联播》《观察与思考》及各地方台新闻节目外，只有寥寥可数的其他几种节目，电视新闻的"少"与"窄"和社会变革的"深"与"广"已越来越不协调。

1983年3月，第11次全国广播电视工作会议确定了"以新闻为突破口，改革电视宣传"的方针，并突出强调新闻节目在各类电视节目中的主体和骨干地位。此后新闻界的改革意识进一步强化，电视是"以新闻为骨干的多功能宣传工具"的论断得到业内外人士的普遍认同。调整新闻结构，扩大报道领域，增大新闻信息量，提高电视新闻质量和其在整个电视转播中的地位，成为一段时期以来电视新闻改革的目标和方向。围绕这一目标，从中央到地方，各级电视台加快了改革步伐。

地方台的新闻改革走在了前列：1983年3月，湖南电视台率先创办《晚间新闻》，开国内电视台晚间新闻报道之先河。但改革力度最大的当然还属中央台：1984年1月，中央台增播《午间新闻》，次年3月又增辟了《晚间新闻》；1986年春开办《简明新闻》，同年12月试播《英语新闻》；1987年5月和1989年又适应社会需求，先后开办了《经济新闻》与《体育新闻》。如此一来，中央台每天新闻的播出次数已达9次，计3小时5分钟，早、中、晚三个时段的新闻节目空档基本填补完毕。与此同时，广东、上海等省、市电视台的新闻播出次数也大为增加，中央与地方电视新闻力量悬殊的状况得到改观，地方电视新闻成为新闻园地的一支生力军。模仿中央台，许多地方电视台纷纷开办了如《午间新闻》和《晚间新闻》之类的节目。地方台"地方新闻发布权威机关"的地位开始确立，地方电视新闻上升为当地受众了解本地信息的最主要来源。在突破中央台的传播模式方面，地方台也作出了很多有益的探索，其中，上海台 1983 年 10 月创办的《国际瞭望》栏目堪称代表。该栏目以具有较高文化素质的观众为主要对象，融新闻性、知识性、趣味性为一体，创意独特，受到社会各界的普遍好评。

80 年代中期，我国在承受着改革带来的内外压力的同时，也迎来了经济发展的黄金时代，电视机的普及成为社会进步、人民生活提高的显著标志之一。据统计，1983 年，中国每百人拥有电视机的数量为 3.5 台，收音机 21.6 台；到 1992 年，电视机就猛增为 19.5 台，收音机则减少为 18.4 台。电视机社会拥有量首次超过收音机。电视机的普及，不仅表明了电视受众数量的攀升，同时也说明大众传媒格局的变化：电视新闻已成为新闻传播的主导力量。"有调查数据显示，1984 年，北京的受众把电视作为获取新闻的最主要的渠道只占 25.29%，而到了 1986 年，就已迅速上升到 64.72%"[1]，这一年，诸如"挑战者号航天飞机爆炸""王锡爵驾机返回大陆"等重大新闻，最先从电视获知者的数量已遥遥领先于其他传媒。1985 年 5 月中央台所做的一项收视调查也表明，电视观众对新闻节目的兴趣远远高于其他节目。[2] 至此，我们可以看到，电视已稳坐中国大众传媒家族的头把交椅。

电视受众数量和节目数量、广度、深度与电视覆盖率的大幅度上升，使电视新闻的影响力迅速提高，逐渐压倒广播，实现了其"要闻总汇"和"全国最有影响的新闻舆论中心之一"的预期目标。也正是从这时起，人们逐渐习惯了通过电视收看新闻的生活方式。在各类新闻节目的引导下，电视观众的意见开始有了良好的反馈渠道。而电视新闻如地毯式轰炸般的不断报道，也使过去许多笼罩着一层神秘面纱的政治人物、政治事件与我们普通人的距离越来越近，政治透明度越来越高。通过电视新闻，人们感受到了政府推行改革的力度与决心。渐渐地，人们的社会承受力和对公共领域社会事务的参与意识增强了。

这一时期，虽然电视新闻的地位扶摇直上，但从全国总体状况看，电视

---

[1] 时统宇. 电视影响评析 [M]. 北京：新华出版社，1999：82.
[2]《中国广播电视年鉴》编写委员会. 中国广播电视年鉴（1986）[M]. 北京：中国广播电视出版社，1987：573.

台工作人员在新闻内容的选择上仍存在着以下一些明显的不足：重身份，轻内容；重上层，轻基层；重生产，轻生活；重动态，轻典型；重表扬，轻批评；重国内，轻国际。其结果就是"群众关心、喜爱的新闻较少，群众不爱看的新闻较多"。[①] 据1986年2月北京电视台进行的一项视听调查显示，广大电视观众对北京台的《北京新闻》中的5种新闻不爱看：一为一般性的会议新闻，说是"台上台下，横幅高挂，群众鼓掌，领导讲话"；二是一般性的经济新闻，说是"机器加人加数字"；三是各种广告性的新闻，如展销会、茶话会、产品经销鉴定会、开业等；四是"摆弄的新闻"；五是过时的"新闻"。[②] 其实，这也正是当时国内电视新闻普遍存在的现象。而出现这一现象的根本原因，仍然主要是受传播环境与传播观念影响，"上令下达"的传播格局并没有得到根本改观。

针对这一状况，1986年召开的全国优秀电视新闻评选会提出了"调整新闻结构，扩大报道领域，实现十增十减"的要求，即：增加领导人深入实际、调查研究的报道，减少领导人一般外事活动的报道；增加要闻，减少一般化新闻；增加建设成就的报道，减少会议、展销会新闻；增加同人民生活息息相通的经济报道，减少枯燥乏味的生产过程的新闻；增加重大典型报道，减少一般的动态报道；增加现场报道，减少图片加解说的报道；增加最新消息，减少生产新闻；增加短新闻，减少长新闻；增加虚实结合、尖锐泼辣的评论，减少应景的空泛的言论。[③] 这种具体到规定新闻应"多报道什么，少报道什么"的做法，虽在一定程度上纠正了当时电视新闻的某些弊端，但也不可避免地打上了计划经济条件下"指令性新闻"的时代印痕。

正是通过以上形式与内容诸方面的渐进"微调"，中国电视新闻的社会角色有了根本改变：无论是从时间安排还是实际传播效果看，电视新闻都已从过去的边缘地位走向了电视媒体和大众媒体的中心位置。不仅有以《新闻联

---

① 杨伟光.电视改革论集［M］.北京：人民出版社，1995：135.
② 中华人民共和国广播电视简史编辑部.当代中国广播电影电视大事记（1984—1995）［M］.北京：中国广播电视出版社，1997：71.
③ 杨伟光.电视改革论集［M］.北京：人民出版社，1995：141.

播》为代表的"上令下达"性新闻样式,以受众兴趣为价值取向的《体育新闻》也开始萌芽并生长。与此相应,对电视新闻的一种新的认识逐渐浮现:电视媒体不仅是"上令下达"或"下情上达"的工具,还可以是一种媒体取向与受众趣味保持同一视角的新闻传播工具。

值得注意的是,80年代末的那场政治风波,在一个时期里影响了电视新闻的改革步伐。电视人"不求有功,但求无过"的保守心态在新闻节目中袒露无遗。这时,对它的不满就不仅来自广大受众,也来自高层的中央领导。1992年,邓小平在"南巡"期间对电视新闻提出了尖锐批评:"电视一打开,尽是会议。会议多,文章太长,讲话也太长,而且内容重复,新的语言并不很多。"① 面临来自"下头"和"上头"的双重不满,中国电视新闻改革的步伐当然也就无法停止。

三

伴随着改革开放,在党和政府领导下的中国电视新闻事业,注定要迈进一个更为理性与开放的时代。1993年以后,中国电视新闻改革迈出了更加坚实有力的步伐。

从节目构成看,这一时期电视新闻在数量上仍呈递增趋势;从新闻节目的类型来看,由于新闻的选择标准日趋多元,节目的内容和取材范围也日益丰富,许多过去受到排斥的社会新闻、行业新闻逐渐进入电视新闻的报道视野;从发展趋势看,新闻与评论的聚合与分野两种趋势都在向纵深发展。这一时期,各地方电视台的新闻改革也异彩纷呈,不一而足。许多地方电视台摆脱了中央台影响,注意为本地区量身定做新闻节目,涌现了一批具有鲜明地域风格的节目与栏目,一系列甚至在全国都有名气的新闻与评论节目,大大丰富了中国的电视荧屏。

这一时期,电视新闻的结构转型主要体现在以下三个方面。

---

① 中央文献编辑委员会.邓小平文选:第三卷[M].北京:人民出版社,1993:381.

第一，通过增加新闻播出时间、次数，引进直播等手段，使电视新闻的时效性进一步增强。传播事业的基本功能是新闻报道，因此，追求时效永远是电视新闻改革的目标。在由计划经济向市场经济转型的过程中，社会对各种新闻的需求迅速增多，对时效性要求也越来越高。为适应这种变化，1993年3月1日，中央台对新闻节目实施了重大变更，第一套节目每天的新闻播出次数由4次增加到12次，实现了重要新闻的及时播出和滚动播出，新闻的全天播出总量由65分钟增加到165分钟。与此同时，把原有的新闻节目做深做细，也是这一时期结构调整的重要举措。1995年4月3日，中央台推出《新闻30分》，使午间新闻大大扩容。1996年1月，改版后的《新闻联播》以直播形式与观众见面，增强了该节目的新闻性。1997年5月1日，又在每天早6点增加一次《早间新闻》，与改版后的7点和8点早间新闻互相呼应，形成以新消息为主的完整新闻时段，新消息比重占60%以上。同一天，《晚间新闻报道》播出时间增加到45分钟，成为中央台跨时间最长、报道量最大、报道面最宽也最具特色的一档新闻节目。

第二，"用事实说话"，变过去一厢情愿的单向宣传为以事实为依据的潜移默化的舆论引导，成为这一时期电视新闻改革向纵深领域拓展的重大突破。1993年5月1日，中央台推出大型新闻栏目《东方时空》，其中的《焦点时刻》不仅以最快、最新的"热点新闻"吸引了众多观众，而且在新闻评述方面也颇有建树。1994年4月1日，中央台又在《新闻联播》之后推出《焦点访谈》，针对领导重视、群众关心的热点、难点问题进行翔实的报道和分析，在引导舆论的同时，注重"沟通""平衡"与"监督"，使之成为全国收视率最高的新闻栏目之一，受到社会各界的普遍欢迎。1996年5月，中央台国内最长的深度报道新闻栏目《新闻调查》开播，以记者的调查采访为主要形式，力求保持平实、冷静、客观、科学的态度，对社会普遍关注的事件或现象进行多侧面、多角度、深层次的电视调查，融社会性、故事性、调查性为一体，跟踪记录、剖析社会新闻事件或现象发生、发展的可能，并很快名列晚9点时段几个栏目收视率的榜首。

可以说，上述新闻评论节目的成功，不仅表明了电视新闻思想性、艺术性的提高,同时表明电视新闻社会干预能力的增强。《焦点访谈》以及地方台的类似节目,在播出一些揭丑性报道后,常引起强烈的社会反响,成为有关渎职部门惧怕、群众拍手称快的热门话题。1998年10月,朱镕基总理以四句话赠言《焦点访谈》栏目组:"舆论监督、群众喉舌、政府镜鉴、改革尖兵。"他认为,《焦点访谈》充分发挥了舆论监督作用,为国家确定改革措施提供了思路;作为群众喉舌,《焦点访谈》通过节目反映了老百姓的呼声,在人民群众中有着极高的权威性;作为政府镜鉴,国家领导人从《焦点访谈》节目中体察到很多细致具体的情况,也真实地了解到党和国家各项政策的贯彻执行情况;对推动和促进党的方针政策的执行,《焦点访谈》也充分发挥了改革尖兵的作用。①

第三,服务社会、服务受众,以符合观众兴趣、满足受众需求为宗旨来结构传播内容,变过去相对一元、单向的"传者本位"结构为二元互补、互动的"传者/受众本位"结构,是电视新闻改革呈现的又一重要特征。1999年7月5日,中央台的综合性新闻栏目《现在播报》开播。《现在播报》以首发新闻、时效较强的事件性报道为主,并注意播发一些有深度、有力度的批评报道。其中体现的"以'观众本位'来结构传播内容,决定传播形式""以受众对新闻的关切度和新闻对受众的吸引力为主要目标"②的价值取向,体现了电视新闻为受众服务的新尝试。而2000年11月《东方时空》的全新改版,不仅使新闻的时效性更加增强,而且更加突出了为受众服务的意识。

新闻播报首先必须为受众真正所需、所好,才能被他们接受。而尽量原生态地"用事实说话",把思考和判断的权力交还受众,就包含了对受众的充分尊重与信任。过多地介入事件本身,急于把某种结论而不是事实呈现给观众,无疑是一种越俎代庖、容易让人产生逆反心理的做法。因此,电视新闻的每一步改革都应该是向着这一目标无限趋近,而不是背道而驰。从这一意

---

① 《中国广播电视年鉴》编写委员会. 中国广播电视年鉴(1999)[M]. 北京:北京广播学院出版社,2000:58.
② 喻国明. 观众本位新闻关怀建设意识——亲密朋友的《现在播报》[N]. 中国电视报,1999-07-19(1).

义上说,突出受众服务意识,昭示着我国电视新闻改革的未来走向。

总之,一系列新节目的出台,使中国电视新闻的形象得以根本改观,由过去较为单纯的党和政府的喉舌,变为今日"贯彻中央方针,体现群众意愿,一脚在中南海,一脚在居民四合院"①,联结社会、沟通上下的重要力量。至此,中国电视媒体较大限度地利用了体制空间,从改革新闻形式入手,通过节目结构的转型而实现了整体创新。一种全方位、多角度、立体化、互补性,可适应多种需求的有中国特色的电视新闻传播模式初步确立。

---

① 时统宇.电视影响评析[M].北京:新华出版社,1999:95.

改革开放以来广播收听方式的变迁*

改革开放40年来,广播业飞速发展,广播收听方式也发生了巨大变迁:改革开放前,广播有线大喇叭在农村基本普及,在城市家庭以收音机为主;20世纪80年代初,便携收录机、迷你收音机开始普及;新世纪以来,车载收音机和手机成为人们日常收听广播的"利器"。广播收听工具的变化,反映了现代科技的进步和改革开放给百姓生活带来的巨大变化,也承载着几代广播人的努力和荣光。

一、1978—1988年:台式收音机的黄金年代

改革开放之初,伴随着从农村到城市的经济结构调整,基层百姓的生活条件得到很大改善。吃饱穿暖了的中国人,开始渴望更多的精神文化生活,过去价格不菲的台式收音机一时成了热销品。

1978年12月29日,湖北《荆州日报》以《"三转一响"闹深河》为题,报道了湖北省潜江市园林办事处深河村的变化,收音机广播就是其中的"一响"。但当时收音机价格昂贵,一台音质清晰的多波段收音机还是家庭奢侈品。此后几年,收音机社会拥有量剧增,有线广播和广播喇叭的数量则逐年下降,①

---

* 本文原载于《中国广播》2018年第10期。
① 1980年,全国广播喇叭9856万只,1984年减少至8603万只,1985年8271万只。《中国广播电视年鉴》编辑委员会. 中国广播电视年鉴(1986)[M]. 北京:中国广播电视出版社,1987:862,864.

普通人日常收听广播的场所也悄然发生变化,从盛行的户外大喇叭、家中小喇叭或大的台式收音机变为小型收音机。

与听众的收听场所转移相适应的,是广播从业者对受众认知态度的转变。1983年召开的第十一次全国广播电视工作会议提出,广播要"像知心朋友那样同听众亲切谈话",而不是高高在上地教育听众。"扬独家之优势,汇天下之精华"广播理念的形成,使此后收音机中传出的声音,更多的是寓教于乐的、让人感到亲切的话语。

在改革开放的时代大潮下,广播工作者认真践行"自己走路"的方针,通过快速播报、直播突发新闻等方式,实现了广播新闻与报纸有声版的告别。20世纪80年代初开始,中央人民广播电台的名牌栏目《全国各地人民广播电台联播》节目常播出"本台消息""独家新闻",吸引了听众的注意力。如1983年12月20日,中国总理飞抵埃及开罗访问,中央人民广播电台在访问团平安抵达的10分钟内就做了及时报道。同年的一项调查表明,广播成了中国百姓获知重要新闻的第一渠道,占受调查人数的53%,而报纸占比为34%,电视仅占13%。[①] 当时知名度最高的新闻节目之一,就是中央人民广播电台的《新闻和报纸摘要》和《全国各地人民广播电台联播》节目。1984年国庆35周年之际,中央人民广播电台推出的现场直播赢得了极高的社会赞誉。广播节目改革带来听众黏合力的提升、影响力的提升,又反过来助推了收音机销量的增长。

广播腾飞、收音机畅销的大背景是中国社会的日益开放和富强。在改革开放的前沿——广东沿海地区,广东人民广播电台推出一系列改革动作,以大板块、大时段直播及热线电话等新形式,创出了被学界和业界称为"珠江模式"的广播新形式,在全国范围内引发了持续的示范效应。

---

① 王巨光在《中国广播电视年鉴(1986)》中指出,1987年中国平均每百人拥有收音机的数量是24.1台,比1986年增长0.4%。从1988年开始,收音机的人均拥有量连年下滑,到1995年,人均拥有收音机的数量只有16台。听众来信也逐年减少。数据来自《中国广播电视年鉴》(1986—1999),中国广播电视出版社;王巨光.中央人民广播电台听众调查综述(1983—1985年)[J].中国广播电视年鉴(1986),1987: 571.

二、1988—2000 年：过渡时期的广播收听

本文中的过渡时期是指从传统的单向、固定收听时代向交互、移动收听时代的过渡。这段时间，广播的接收工具已从固定的大块头收音机变成便携式收音机；在收听节目的过程中，广播节目与听众利用热线电话实时双向互动。

从听众角度来看，1988 年无疑是中国广播业发展的重要拐点：从这一年开始，中国平均每百人拥有收音机的数量停止了连续多年的攀升，开始逐年下滑。[1] 1980 年后，先是日本收录机涌入中国，接着国产燕舞收录机风靡全国，加上各种三四个波段的立体声收录机，让人目不暇接，收录机成了那个时代街头舞蹈的标配，更是时尚的代名词。随着收录机的兴起，单功能收音机的需求量下降。以上海为例，晶体管收音机销量 1980 年为 102.56 万台，1985 年为 57.3 万台，到 1989 年只有 32.41 万台。电子管收音机逐渐被淘汰。特别是在调频、立体声、集成化等关键技术被一一突破后，收音机产品加速更新迭代，款式也从大台式转向组合式和袖珍式。

而随着电视机的普及和电视"第一媒体"地位在 20 世纪 90 年代初的奠定，广播的地位持续下降，收音机成了家庭闲置品。到 20 世纪末，功能单一的台式收音机在民间家庭中基本消失，物美价廉的袖珍收音机装进了人们的口袋，装进了越来越多的公共交通工具或私家车中。广播收听工具的变身，也标志着广播收听场景的转移，倒逼着广播内容的调整——日常的广播收听变成了相对私人的事情，一些咨询个人感情、家庭、事业问题的广播谈话节目出现了。

车载收音机为广播从业者打开了交通广播的新天地。最先试水的是交通越来越拥堵的上海，1991 年 9 月 30 日，上海人民广播电台设立交通信息台，

---

[1] 1987 年，中国平均每百人拥有收音机的数量是 24.1 架，比 1986 年增长 0.4%。从 1988 年开始，这一数据连年下滑，到 1995 年，降至 16 架。听众来信也逐年减少。数据来自《中国广播电视年鉴（1986—1999）》，中国广播电视出版社。

成为国内首家交通广播频率。该频率设立的初衷是为司机提供及时的路况信息，即时通报突发事件，疏导行人车辆，播出后收效良好，被听众誉为"无形导游"和"空中红绿灯"。[①] 到1999年底，中国东部和南部沿海地区已有15家交通广播频率，西部地区也相继出现了5家。交通广播频率的分布，可以清晰地反映出移动听众的分布，也反映了广播电台作为服务型媒体在大中型城市复兴的事实。不过当时国内互联网的发展还处于初级阶段，广播电台的网上迁移还较少，听众听广播还主要是依靠传统的收音机。但是可以确定的是，电台已开始注意让听众通过点歌、打热线电话、发短信等方式参与互动，部分实现了无线电广播的双向传播功能。

三、2000年至今：无时无处不在的移动多媒体收听（视）

新世纪以来，互联网迅猛发展，智能手机逐渐成为一个集成诸多功能包括广播的接收端，成了现代人须臾不离身的日常装备。截至2018年6月，我国网民规模达8.02亿，互联网普及率为57.7%；2018年上半年新增网民2968万人，较2017年末增长3.8%；我国手机网民规模达7.88亿，网民通过手机接入互联网的比例高达98.3%。[②] 统计数据还显示，近年来，台式电脑、笔记本电脑、平板电脑的使用率均出现下降，手机不断挤占其他个人上网设备的使用时间。

互联网和智能手机的一大贡献，是突破了原来的广播边界，使曾经由广播电台到收音机用户的清晰单向线性传播变成了现在漫无边际的网状传播。这点在中国的表现尤为突出，因为无论是音视频网站，还是音视频客户端、微信公众号，中国都走在了世界的前列，这既有传统广播电台的功劳，也是全民参与的结果。"随着融媒体时代的开启，广播已不仅仅局限于传统电台通过电波或导线进行定期连续的语音传播，而是包含了更多的制作与播出平台，

---

① 黄铭兴.空中"红绿灯"——记上海人民广播电台交通信息台［J］.新闻记者，1992（1）：14.
② 第42次中国互联网络发展状况统计报告［R/OL］.（2018-08-20）［2018-09-16］.http://www.cnnic.cn/hlwfzyj/hlwxzbg/hlwtjbg/201808/t20180820_70488.htm.

也分化出更多的接收终端",①除传统的收音机外,手机、电脑、便携式接收终端、车载接收终端、数字电视等设备均可接收电台广播信号。"广播接收终端的多元,不仅为听众收听增加了选项,也克服了传统广播转瞬即逝、不能回听等弊端。融媒体广播不仅弥补了传统电台节目的易逝和资源浪费,还可以轻易实现节目的储存和再播出。"②

移动接收终端的推广和普及,使人们收听广播的习惯彻底改变,新型智能手机与传统袖珍收音机、车载收音机等一道,组成了随时随地、任意组合、方便快捷的广播收听渠道,广播的时间限制、容量限制均被突破。一方面,全世界的音乐和新闻资讯等音频节目源源不断,取之不尽、用之不竭,让现代人大饱耳福;另一方面,随时随地接收或传送成了广播听众的日常状态,只要手中有一台上网设备,就随时可以打开搜索引擎,查找所需音频信息,过去定时收听广播的方式已一去不复返了。广播收听与节目上传、节目评价的同步交互,使广播电台随时可以了解听众情况,分析听众的组成和节目偏好,及时作出应对措施。

互联网技术支持下的移动收听,极大地便利了听众与电台的互动,使听众与内容生产者之间的转化成为轻而易举的事情。"收音机是我们能够想象的最美妙的公共传播体系,巨量的频道……可以让听众不再只是收听,而且也让他们能够说话,广播节目不再孤立听众,而是串联听众。"③广播事业初创时期,人们就赋予了其双向交互传播的美好愿望,也就是我们今日所乐见的"社交媒体"属性。互联网技术介入广播后,传统的广播概念、广播使用及广播收听等都需要重新审视、重新厘定。

从广播收听角度看,一类是同步收听,即节目播出与收听发生在同一时间,多数的广播从业者、广播调查公司所进行的调查对象,目前基本局限于同步收听的群体,而这一群体主要集中于堵在路上的司机和有充足闲暇时间的

---

① 艾红红,冯帆."广播"定义新探[J].中国广播电视学刊,2017(3):82.
② 艾红红,冯帆."广播"定义新探[J].中国广播电视学刊,2017(3):82.
③ 斯丹迪奇.从莎草纸到互联网:社交媒体2000年[M].林华,译.北京:中信出版社,2015.

中老年人；另一类是非同步收听，就是平时并不听收音机，但会在业余时间搜索手机里的广播音频节目。以笔者本人的经验，自己和熟悉的亲友都不是同步收听广播的受众，却是声音广播的忠实听者，平时经常通过"喜马拉雅FM""蜻蜓FM""得到""龙卷风网络收音机"等手机客户端收听广播音频节目，还在微信朋友圈里转发。可见，在互联网的影响下，广播的潜在听众范围是增大而不是缩小了。遗憾的是，即使在中国互联网络信息中心经常发布的互联网发展研究报告中，对这部分听众的情况也常常语焉不详。广播电台如果忽视这一部分听众的需求，无疑是自我设限，束缚了发展的手脚。对广播电台而言，拥抱新技术，接纳和呼应新听众的要求，是其未来发展的必然选择。

针对互联网的迅猛发展，广播界很早就参与"三网融合"的实践，力求打破传统媒体与新媒体之间的隔阂。2018年3月，为充分发挥广播电视媒体的作用，国务院机构改革方案中又提出组建国家广播电视总局的决定。其主要职责就是贯彻党的宣传方针政策，拟订广播电视管理的政策措施并督促落实，统筹规划和指导协调广播电视事业、产业发展，推进广播电视领域的体制机制改革，监管、审查广播电视与网络视听节目内容和质量，负责广播电视节目的进口、收录和管理，协调推动广播电视领域"走出去"工作等。这意味着广播、电视与互联网融合的加深及对广播传输内容尤其是互联网广播内容监管的加强。而对广播电台、电视台与互联网内容的共同治理，在一定程度上也是对诸多"听众"转变为广播内容提供者的积极应变。

四、结语

从中国听众听广播方式的变迁，也可以看到中国广播业的发展。在接收工具从固定收听的单功能收音机到移动收听的多功能"收音机"，听众从单纯听广播到听众、受众和广播用户"三位一体"的转换过程中，电台与听众都成了全媒体生态链中的一环，需要引起广播工作者的高度重视。而无论是广播从业者还是业余广播内容提供者，只有切实把为听众/受众服务放在第一位，才能真正办好广播，满足人民日益增长的美好生活需要。

试析典型报道的新趋势*

典型报道是指用报道和宣传典型的方式树立社会行为与道德的典范，是我国新闻媒体长期运用的一种重要的报道方式，近年来随着社会生活和民众价值观念的急剧变迁和多元化，媒体在关注和报道那些富于时代特色的典型人物和事件时，在报道路径、叙述视角和典型形象的塑造等方面也开始呈现出不同于以往的新特点。本文择其要者略述一二。

一、报道路径的拓展

传统的典型报道基本遵循的是自上而下的路线，即新闻机构为了贯彻上级的某一宣传精神，派出记者深入基层寻找对应的典型；或是上级主管部门（有时是主要负责人）认为某人某事某机构具有推广意义，而要求新闻传媒共同突出报道，目的就是围绕党和政府的中心工作，通过对先进人物和先进集体的宣传、推广来达到教育人民、改造社会的目的。[①] 从中可以看出，典型报道的实施过程实质上是新闻媒体以政府政党意志为导向，自上而下将其宣传意图具象化的一个运作过程。

典型报道的路径大致可以概括为：贯彻某一精神→记者下去寻找对应典

---

* 本文原载于《新闻界》2006年第5期。
① 张威．中国当代新闻业独特景观［EB/OL］．（2005-10-12）［2006-04-20］．http://media.icxo.com/htmlnews/2005/10125/696495_8.html．

型→媒体报道→高层倡导→多种媒体持续宣传,发动群众学习。①

这种自上而下以执政者的意志为指针,以媒介传播为号手和推手的线性接力型报道路径有一个明显的优势,就是可以在短时间内使其树立的典型的知名度和影响力达到峰值。但其不足也是显而易见的——这一路径本身隐含的是较为单一的政治价值取向。

当然,也有另外一种情况,就是在媒体报道之前,某个人或集体的感人事迹已在当地广为流传,后经媒体报道,再由政府强力推动使其成为全国范围内家喻户晓的典型,由于其基本路径与上述模式中的第一、二个环节略有差异,因而从传播效果看,这类典型往往比那些应时而生的英雄模范更能经得住时间的考验,历经几十年仍留存在人们的记忆中,感染了几代人,如做好事不留名的雷锋。遗憾的是,这类典型相对较少,始终没有占据典型报道的主流位置。

近年来,在沿袭传统路径的同时,传媒也在不断总结经验,并积极探索和运用新的方式,以适应变化了的时代和受众需求。中央电视台《感动中国》栏目就在民众参与推选和评价的基础上,探索出了一条迥别于传统路径的典型报道之路。

中央电视台自2003年起开始进行《感动中国》年度人物的评选活动,迄今已连续举办四届。活动以感动公众、感动中国为主题,把入选人物界定为推动社会进步、作出杰出贡献、获得重大荣誉;在各行各业具有杰出贡献或重大表现;爱岗敬业,在平凡的岗位上作出了不平凡的事迹;以个人的力量,为社会公平正义、人类生存环境作出突出贡献;个人的经历或行为代表了社会发展方向、社会价值观取向及时代精神;个人在生活、家庭、情感上的表现特别感人。② 很明显,这是央视倾力打造的一个宣传典型的栏目。先后入选《感动中国》年度人物的有奥运冠军刘翔、杂交水稻之父袁隆平、人民公仆牛玉儒、女公安局局长任长霞、大学生志愿者徐本禹、为母换肾的田世国、缉

---

① 张威.比较新闻学:方法与考证[M].广州:南方日报出版社,2003:417.
② 参见中央电视台2005年6月2日《焦点访谈:一个人的长征》。

毒警察明正彬、艾滋病防治专家桂希恩、驻伊拉克前大使孙必干、带着捡来的妹妹在苦难中不懈奋进的洪战辉、聋哑舞蹈演员邰丽华等。由于栏目引起的巨大反响，"CCTV 感动中国 2005 年度人物评选"荣登《今传媒》举办的影响中国 2005 最具影响排行榜第三名。

从其传播源头考察，《感动中国》首先是一种媒体策划行为，但它实际上又是一次体现社情民意的"海选"活动，是中央电视台借助互联网络等现代科技手段与民众共同完成的一次感动之旅，在这些感动人物由默默无闻的普通人到众望所归的模范榜样的角色转换过程中，以《感动中国》为代表的大众传媒的典型宣传活动，第一次把民众的选择作为典型推选和评判的首要标准，并把民众始终放在这一活动的主审和裁判位置。其典型人物出台的过程大致可以描述为：媒体策划、组织→民众与专家共同评选→媒体宣传。在这一过程的第二个环节，大众即作为有生力量参与进来；从候选人的征集到民众评选再到专家评审，最后到入选人物名单的确定，始终贯穿了强烈的互动精神和民主参与意识，尊重和张扬了多元的价值观。而且在这一过程中，参与评选的观众是完全自发的，由中央电视台组织的评审专家也是以民间而非官方的身份和立场出现。最有意义也最能说明问题的还是最后的颁奖环节，与传统的政府官员颁奖不同，《感动中国》的颁奖嘉宾都是上一年度的获奖人物。不难看出，这种路径设计既遵循了我国典型报道的传统，适应了构建社会主流意识形态价值观的需要，又通过民选的方式，体现了人民大众向善求美的精神追求；既是一次传播路径的大胆创新，又是一次依靠有效传播策略而实现的三方共赢——电视台赢得了丰厚的社会效益和经济效益，政府则以隐身方式实现了润物细无声的宣导意图，大众也在这一过程中体会到了自己的选择和价值观念受到尊重而获得一种心理满足。而在这一路径中出现的典型人物，也由于契合了时代和大众的心理需求而具有了更多普世价值。其中弘扬的奋进、追求、诚信、勇敢等精神，在任何社会环境下都是值得大力倡导的。

在个体意识不断张扬的今天，相对于传统的出于单一政治需要而选取的典型人物来说，以公众意愿和民间价值作为选取典型的另一标准，应当说是大众媒介在典型报道方面适应社会发展的一种创造性拓展。

二、叙述视角的转换

叙述视角是叙事文本中叙述者或人物观察、讲述故事的角度。按照法国文艺理论家杰拉尔·热奈特的界说，视角可分作全知视角、限制视角和客观视角三类，这三类视角在叙事文本中又往往产生交叉与转换，导致同一文本中存在两种视角，可将这种视角的变异称为转换视角。

借鉴小说作品中使用最多的叙事手法，传统的典型报道大都采用全知视角——叙述者对文本中的一切都了如指掌，在时间上不仅知晓现在，也了解过去和将来；不仅记录人物的对话、描写人物或事件的外部状态，还把笔触深入人物的内心世界。随便翻检20世纪80年代前有关典型人物报道的文章，我们经常可以看到其中描述人物内心活动或其独处时思想行动的情节，20世纪60年代由新华社记者穆青等人采写的长篇通讯报道《县委书记的榜样——焦裕禄》中，就有许多主人公内心所思所感的描写，如："他想，按照毛主席的教导，不管做什么工作，必须首先了解情况，进行调查研究。没有调查就没有发言权。要想战胜灾害，单靠一时的热情，单靠主观愿望，事情断然是办不好的……"再如"夜深了，焦裕禄躺在床上翻来覆去睡不着"等。事实是，在作者报道焦裕禄时，焦早已去世一年多。用这样的笔触来描述人物内心显然属于虚构。

当然，传统的典型报道中也有的采用了类似《谁是最可爱的人》《我的战友邱少云》等以第一人称"我"作为叙述人的限制视角——其中的"我"并非故事里的人物，而是文本的制作者——记者本人，是作者与叙述者的合二为一。但在这些文本中，"我"的第一人称视角其实是潜藏着的"上帝的眼睛"，因为它能在其视野范围内最大限度地旁观或俯视人物和事件的进程，而不至于像小说那样在多数情况下，仅仅为某个被叙述的虚构人物的有限视野所局限。因此，若从这一意义上说，这种第一人称的限制视角实际上应当属于"亚全知视角"，与真正意义上不追求把握整体/全局的限制视角还有着本质的差别。

近年来，限制视角广泛出现于典型报道中，有力地冲击了此前全知视角的主导地位。其中，用于限制视角中的第一人称叙述者或是作者本人，或是那个参与事件进程、见证典型事迹的人物（有的是一个，有的是若干个）。以后一方式组织的报道实质上就构成了一种多重限制视角——它们或是以多个人物的视角来叙述同一人物的不同事件，或是让多个人物的视角来观察同一事件，从而立体刻画典型人物的丰富个性。

以王顺友的报道为例。王顺友1984年顶替父亲的工作成为凉山彝族自治州偏僻山区的乡邮递员，负责该州木里县城至白碉乡、三角桠乡、倮波乡、卡拉乡的乡邮投递工作。这个地区虽然在1962年就修了简单的公路，但直到不久前，才算基本实现了乡镇级的公路通车。在20多年的邮递生涯中，王顺友靠着马匹翻山越岭，行程已超过26万公里。在完成投递本职工作的同时，王顺友还义务帮助大山里的贫穷百姓，或传送种子，或送病人去医院。2005年6月2日，中央电视台在《焦点访谈》中制作播出了《一个人的长征》，介绍了王顺友的事迹：首先主持人配合画面描述了王顺友和他的"马班邮路"，接着以隐身的记者视角，跟踪记录王顺友送信的过程；随后是记者对村民的采访，通过村民之口讲述王顺友送信途中的历险经历；然后通过记者之口，告诉观众王顺友从19岁开始走上马班邮路；再以记者采访、王顺友回忆、记者解说、王顺友妻子诉说的方式，多侧面展示王顺友邮路上的感人故事。画面切回到现场，和王顺友一起在马班邮路上行进的记者问王顺友手里拿的是什么，答曰：是酒。记者又问为什么出门要带酒，王顺友说："酒是打发寂寞的，打发孤独的，打发寒冷的，晚上有狼叫，有熊叫，就害怕，我喝点酒就睡觉，就什么都不怕了。"最后，以主持人评述完成了对这一形象的塑造。这种多侧面的展示和描述，客观上消解了以前那种高大全的典型模式，把一个靠喝酒打发寂寞、靠唱歌抒发感情，生活中不时陷入困顿，却一如既往献身事业的普通乡邮员栩栩如生地展现在我们面前。

不仅如此，近年来，限制视角还日益渗入传媒的血液，成为其认知判断事物和问题的基本手段之一。大众传媒在记录典型人物不凡业绩的同时，还从普通人的视角出发，以不断追问的态度去寻觅其与普通人相通甚至相同的一面。如在对洪战辉事迹的报道中,我们看到的是一个与命运苦苦抗争的人,一个在平凡生活中通过不屈的拼搏而显示出精神力量的"弱者/强者"形象。在报道的最初阶段,媒体向我们展示的是一个在"主流"社会看来属于弱势阶层的农家孩子,用12年不离不弃的深情养大了一个与自己毫无血缘关系的女婴。洪战辉的父亲患有间歇性精神病,母亲不堪重负离家出走,即使在这样的巨大变故下,他也没有退缩。而在洪战辉成名后,媒体又披露了他"成名之后有点累"[1]的个人感受,跟踪报道了他拒绝社会捐助、只想过普通人生活的真实想法……这些生活细节的层层展示,使得洪战辉的形象生动丰满,真实可信。对"马班邮路"上的信使王顺友的塑造也遵循了这一模式。在电视画面中,观众看到的是他夜间在深山里喝酒后的孤独自白和引吭高歌,让人动容。

与此类似,近年来,在对任长霞、牛玉儒等国家公务人员的报道中,也借鉴和吸收了这种模式。如对任长霞的报道,我们看到、听到的不仅是那个嫉恶如仇、敬天爱民的任长霞,还是那个没空说体贴话的妻子任长霞,那个总见不着孩子面的妈妈任长霞,那个不常回家的女儿任长霞,那个绝不服输的同事任长霞,那个刚直又爱掉眼泪的局长任长霞。[2]这种对人物形象的多视角展示,在很大程度上还原了他们作为普通人血肉丰满的真实一面,一定程度上屏蔽了典型报道自身带有的先天的宣传性特征,减少了受众在接受时的逆反心理和怀疑心理。其结果则是使得典型报道在对人物或事件的把握更加接近其原生态的同时,也更加具有信息来源的广度与个性思辨的深度。在这样多种视角的转换中,"双声话语"或"多声话语"交错出现,很大程度上弥补了传统的全知视角下典型人物形象不够丰满、真实性受到质疑的不足,突破了以往单一视角所形成的典型报道的线性与平面,形成了多方位、多层面的表达。

近年来,大众传媒通过拓展报道路径、引入多重叙述视角等方法,在一

---

[1] 洪战辉:成名之后有点累[N].齐鲁晚报,2006-01-03.
[2] 陈娉舒."不回家"的女人——追记原登封公安局局长任长霞[N].中国青年报,2004-06-05.

定程度上激活了带有强烈意识形态色彩的典型报道"市场",对于传统的主观性、宣传性过强而可信度低的典型报道起到了一定的改善作用。尽管目前典型报道中以偏概全、不适当拔高和典型宣传中不入脑入心、走过场等现象还比比皆是,但如果依循上述报道路径,至少可以在一定程度上改变领导指定、不代表民意的典型选拔制度;引入上述多元视角,则可以校正作者主观随意、以偏概全的倾向,更加客观地展示典型人物的真实人生,破除传统的"高大全"的僵化模式,不至于出现轻易下结论、越位判断和越位表达的弊端。

新中国广播电视业的体制确立与体系革新*

一种媒介体制的维系与发展,有赖于其内部体系与外部制度的协同合作。其上下传导是否畅通、内外关系是否和谐,则是检验这一体系设置有效性的重要标准。新中国成立以来,广播业经过短暂的社会主义改造,被纳入统一的国营体制。遵循"上下一盘棋"的方针,在"条""块"交织的分级管理下,广播业和后起的电视业在同一系统内既相互依存,又各自独立、并行发展,从而在一种动态的结构性关联中,一步步衍化为今日的"融合"格局。

一、"上下一盘棋":国营广播电视体制的奠立

新中国广播业的源头,可追溯至1940年12月开播的延安新华广播电台。开播之初,电台本身不设独立编制,而是由新华社和中央军委三局分工合作完成,即新华社编辑科(后改广播科)承担稿件编辑工作,播音和机务工作则由中央军委三局负责。1943年春,因电台机器故障,口语广播暂停。1945年9月电台正式复播后,机构设置与内部运行方式基本与前期相同。1946年4月,播音机务工作改由新成立的新华社总社电务处负责。至此,广播事业才真正开始为新华社所独立管辖。1949年6月,根据中共中央通知要求,原新华总社口语广播部扩充为中央广播事业管理处,管理并领导全国广播事业,意味着口语广播从新华社系统剥离,成为独立的宣传机构。同年11月,中央

---

* 本文原载于《西南民族大学学报(人文社会科学版)》2021年第10期。

广播事业管理处升格为广播事业局。① 经过治理整顿，到 1956 年，广播事业全部实现国有国营。

电视事业开始于 1958 年，与广播事业同属一个行政系统。在此前后，随着计划经济、"学苏联""大跃进"等运动的开展，"上下一盘棋"成为占据统领地位的国家治理方针。所谓"上下一盘棋"，是指一种全局观，在布局与发展一项事业时，应分清主次与轻重缓急，当局部利益与全局利益发生冲突时，局部利益应服从全局利益，杜绝"各自为政，各行其是"②。广播电视业本身就属特殊行业，不仅有赖于电力、通信等其他行业的支撑，其频率、波段等资源也需经政府统一调配，同时还要遵守《国际电信公约》等一系列国际规范。加上大一统的国营体制，"上下一盘棋"因此成为新中国广播电视体系运转的基本法则。

（一）事业建设的"一盘棋"

新中国成立初期，为快速恢复与发展国民经济，党和政府决定从 1952 年开始进行有计划的大规模的经济建设，同时明确提出需要广播电台更多更好地进行宣传教育。广播业被视作辅助国家经济建设的重要工具，其作为宣传教育"基础设施"的地位由此确立。

从电台、电视台建设看，新中国广播电视业主要经历了四个既前后相继又各有侧重的发展阶段。

一是 1949—1979 年的大力发展广播业阶段。由于城市的电力系统与广播电台基础较好，因此发展广播的第一步，是落实城市有条件地方的收听问题。1950 年 4 月 23 日，《人民日报》头版刊载胡乔木署名的《新闻总署发布关于建立广播收音网的决定》③。决定强调，"为了有效地普遍组织收听工作"，将在全国各县市人民政府、人民解放军部队、机关团体、工厂、学校及积极听众中建立收音员制度。而农村的电力基础与广播接收装置都极为薄弱，需要开

---

① 赵玉明. 中国广播电视通史［M］. 北京：北京广播学院出版社，2004：84-92，177.
② 进一步贯彻"全国一盘棋"的思想（社论）［J］. 前线，1960（18）：1-2.
③ 胡乔木为中华人民共和国首任新闻总署署长.

辟一条不同于城市广播发展的新路。1956年，中共中央政治局发布《全国农业发展纲要（草案）》，提出"发展农村广播网"的计划。[1]1958年"大跃进"期间，为了"让人人都能听到广播，让每个农业社都能听到广播"，[2]广播事业投资在国家文教各部门事业基本建设投资预算中的比重占58%。[3]1966年第九次全国广播工作会议的重点，依然是"面向农村，办好广播，更好地为五亿农民服务"。[4]为贯彻上述指示与精神，全国对广播电台、广播线路铺设尤其是农村有线广播的持续重金投入，使得广播业一路领先，成为改革开放前发展最快的行业之一。

电视台建设也是执行中央决策与指示的结果。1955年，广播事业局向国务院提出建台计划，经中共中央和国务院批准，北京电视台、上海电视台和哈尔滨电视台于1958年相继建成开播。[5]到1979年，29个省、自治区、直辖市（不含台湾省）除西藏在建外，都有了电视台。[6]但囿于技术水平、经济条件等限制，改革开放前，电视台建设虽也有过短暂的"跃进"之举，但很显然，电视节目接收无法像广播那样通过政府的单方面投入而在民众中迅速普及。

二是1980—1997年的重点发展电视阶段。1980年10月，中央广播事业局组织召开的第十次全国广播工作会议强调，今后在"事业建设上，要把加速发展电视放在优先地位"。[7]1981年，发展广播电视工业、发射广播卫星和筹建中央彩色电视中心大楼被列为"六五"期间的国家重点工程。1983年，

---

[1] 1956年到1967年全国农业发展纲要（草案）[N].人民日报，1956-01-26.
[2] 赵玉明.中国广播电视通史[M].北京：北京广播学院出版社，2004.
[3] 艾红红."下乡""离场"与"返乡"——新中国农村有线广播发展"三部曲"[J].福建师范大学学报，2020（4）：96.
[4] 中央广播事业局办公室编《全国广播工作会议文件选编（第一次至第十次）》（内部资料），1982年，第247页.
[5] 赵玉明.中国广播电视通史[M].北京：北京广播学院出版社，2004：248-249.
[6] 中央广播事业局办公室编《全国广播工作会议文件选编（第一次至第十次）》（内部资料），1982年，第318页.
[7] 参见：《坚持自己走路，发挥广播电视的长处，更好地为实现四个现代化服务——张香山同志在第十次全国广播工作会议上的报告（1980年10月7日）》，中央广播事业局办公室编《全国广播工作会议文件选编（第一次至第十次）》（内部资料），1982年，第326页.

第十一次全国广播电视工作会议将此前的中央、省（区）两级办电视和中央、省（区）、省辖市、县四级办广播，调整为中央、省（自治区）、省辖市、县"四级办广播、四级办电视、四级混合覆盖的政策，因地制宜，分级建设"①，从而极大调动了地方政府尤其是县政府办电视的积极性，电视台数量激增。1986 年，我国的电视综合人口覆盖率首次超过了广播；1997 年，我国的广播电视覆盖人口已跃升为世界第一。这一"中央和地方、城市和农村、国内和国外并重，有线和无线多种传输技术手段并用、星网结合的现代化的自上而下的广播电视传输覆盖网"，是当时"投入最少、覆盖面最广、社会效益最大的网络"。②

三是 1998—2010 年的消灭广播电视覆盖"盲区"阶段。1998 年，为进一步克服边远地区农民群众听广播、看电视难的障碍，党中央、国务院决定启动广播电视"村村通"的民心工程。2000 年起，中央财政又拨付百亿人民币，解决西藏、新疆、内蒙古、宁夏与青海、甘肃、四川、云南四省涉藏州县以及沿海部分地区的广播电视覆盖问题（"西新工程"），让党和国家的声音传入上述地区的千家万户。③ 在此基础上，广播电视系统还于 2005 年启动了"村村响""户户通"计划，推动广播电视接收工作继续向最基层的农村、牧区下沉。

四是 2010 年至今的媒体融合阶段。早在 1996 年，国内学者就提出了"三网融合"的概念，主张将公用电话网、计算机网络和有线电视网融合，"在这一个网中，不仅可以提供传统的电话、电视和计算机信息服务等业务，而且可以提供新型的多媒体业务"。④ 此后国家"十五"规划纲要和"十一五"规划纲要都将"三网融合"列为推动信息基础设施建设的重要组成部分。但

---

① 广播电视部政策研究室，《当代中国的广播电视》编辑部.方向与实践——第十一次全国广播电视工作会议文件和典型材料选编［C］.北京：中国广播电视出版社，1984.

② 我国广播电视网初具规模，已成为世界上广播电视覆盖人口最多的国家［J］.中国有线电视，1998（10）：38.

③ 刘阳.西新工程惠及边远少数民族地区，广播听得懂，电视看得懂［N］.人民日报，2011-01-29（2）.

④ 王晓平.公用电话网、计算机网络、有线电视网三网融合浅议［J］.计算机与通信，1996（11）：2.

由于各方利益纠葛，这一计划推进缓慢。2010年1月，国务院常务会议决定加快推进电信网、广播电视网和互联网的"三网融合"，并提出具体的阶段性目标，三网融合在技术上开始破局。党的十八大以来，随着中央作出推动传统媒体和新兴媒体融合发展的重大战略部署，广播电视系统积极落实，探索出了"台网一体""台网捆绑""台网融合"等不同发展模式。[①] 而为了打通媒体融合的"最后一公里"，从2018年开始的县级融媒体建设，目前正如火如荼地进行。

党和政府始终关心广播电视业发展，注重从国家战略高度，持续投资相关的基础建设。尤其是在财政困难的建国初期，还能优先配置广播资源，让广播基础建设始终领跑文化教育事业。这种让广播电视服务于最广大民众的坚定初心，已在历史的发展中产生了积极影响。

（二）"一盘棋"格局中的广播电视传播景观

广播电视业的"一盘棋"发展，不仅体现在事业建设的统筹规划，也反映在对广播电视业定位的清晰划一，更体现为重大事件报道与重要新闻节目安排的上下联动、全国转播。

新中国广播电视业的性质被界定为"党和政府的宣传工具"，[②] 在每一阶段都根据统一计划设置宣传重点，而计划本身又是根据中央与地方的宣传需要编成的。简言之，围绕党和政府的中心工作从事新闻宣传，是包括广播电视业在内的媒体机构的分内工作。

基于这一媒体的"外在"规定性，一些重大事件的报道和重要新闻节目的安排，就需要统筹规划、全国布局。在重大事件报道中，典型的如1949年10月1日开国大典时，当毛泽东在天安门城楼庄严宣布"中华人民共和国中央人民政府今天成立了！"，当天安门广场的礼炮奏响，伴随着中央人民广播电台齐越、丁一岚的现场解说和已解放的各地广播电台的实时转播，上述声

[①] 李建文，谭宇.广播电视全媒体融合的三种模式研究[J].视听，2018（9）：9-11.
[②] 中央广播事业局办公室编《全国广播工作会议文件选编（第一次至第十次）》（内部资料），1982年，第320页.

音同步传向了全世界。

重要新闻节目中,典型的有广播《新闻和报纸摘要》《全国各地人民广播电台联播》节目,还有电视《新闻联播》节目。

《新闻和报纸摘要》的前身是中央人民广播电台1950年4月10日开办的《首都报纸摘要》。1955年7月,节目更名为《新闻和报纸摘要》,内容是播送国内外要闻和中央报纸的言论。《全国各地人民广播电台联播》是中央人民广播电台1951年创办的栏目,1995年10月更名为《全国新闻联播》后沿用至今,很长一段时间里都是党和国家重要文件、法规、政令的首发平台。[1]每次需要披露重要新闻时,中央领导都会批示:"今晚广播,明日见报。""因为那时老百姓的文化水平普遍不高,收听工具不普及,《人民日报》下到农村很困难,因此国务院明确规定,全国各地的广播电台从省市电台一直到县乡人民公社的大喇叭、村里的大喇叭,每天都要完整地按时转播《报摘》《联播》,通过广播传达政令,将宣传教育一竿子插到底。因此每天晚上的《联播》和早上的《报摘》,全国的广播是一个声音。"[2]时至今日,《联播》与《报摘》依旧是国内广播电台中知名度与转播率最高的节目。

这种上下一体的节目设置,有其背后集体记者制度的支撑。1954年7月9日,中宣部批转中央广播事业局党组,同意在地方广播电台中设立中央人民广播电台的地方记者,并首先指定18个地方台担任中央人民广播电台的地方集体记者。1955年7月,经中宣部批准,中央广播事业局发展集体记者31个,说明全国绝大部分的地方电台都担负起了中央电台集体记者的任务。1965年2月11日,中宣部转发中央广播事业局党委《关于建立地方广播记者站和电视记者站的请示报告》,标志着这一制度被移植进了电视业。其直接受益者,就是中央电视台此后开播的《新闻联播》节目。

《新闻联播》的前身是北京电视台(今中央电视台)1958年9月开播的《电视新闻》节目,节目播出后,一直得到各省级电视台的鼎力支持。1981年

---

[1] 赵玉明.中国广播电视通史[M].北京:北京广播学院出版社,2004:199-200.
[2] 孙雷军.亲历与记忆:人民广播70年[M].北京:中国广播电视出版社,2011:5.

4月，全国电视新闻工作座谈会在青岛召开，会议决定，各省、自治区、直辖市电视台都是中央电视台的集体记者，有责任、有义务向中央电视台供稿；各省、自治区、直辖市电视台必须转播《新闻联播》节目，由此奠定了《新闻联播》作为电视新闻节目的"龙头"地位。即使今天电视覆盖已实现数字化甚至卫星直播的全球化，每晚7点，各省级卫视（综合）台依旧雷打不动地转播央视《新闻联播》。

在计划经济时代，中央台和地方台之间是完全不涉经济利益的，地方电台、电视台作为中央台集体记者，是实现重要新闻上传下达的必要制度。市场经济确立以来，地方台向中央台提供本地新闻，依旧被视作当地的重要政绩宣传平台，是一种互利共赢的节目方式。与之形成对比的则是全国卫视转播央视春晚的规定与实践，其矛盾与争议在于央视占用地方台除夕夜的黄金频道资源，影响了地方台的经济收益。

二、"条""块"有次序：国营广播电视管理体制的革新

广播电视业发展的"一盘棋"，是基于上下一体的行政安排，需要统一的"大脑"指挥；广播电视业行政管理机构很多时候就发挥着这种上传下达的重要功能。几十年来，因应时代变迁，广播电视管理机构数易其名，管理职能与隶属关系也几次变革。尤其是1983年启动的"央地"关系调整，一定程度上弥补了前期发展中暴露出的结构性弊病，但同时又带来了新的问题。

（一）广播电视管理机构的变迁

如前所述，人民广播事业是从新华社系统剥离出来的，其获得"独立"的标志之一就是管理广播的国家行政机构——（中央）广播事业局的成立。改革开放前的近30年间，除"文革"十年期间广播事业局的隶属关系发生变化外，[①] 广播电视管理体制相对稳定，广播事业局的管理职能与上下级之间权

---

① "文化大革命"期间，中央广播事业局被列为中央直属部门。

限与职责变化不大。

从 1982 年开始，广播电视业启动机构改革，之后内部体系不断升级改造，经历了从广播电视部到国家新闻出版广电总局，又被一分为三，组建国家广播电视总局、国家电影局和国家新闻出版署（国家版权局）的复杂变化过程。其中，国家广播电视总局仍为国务院直属机构，中央电视台、中央人民广播电台、中国国际广播电台则合并组建中央广播电视总台，与国家电影局、国家新闻出版署统一划归中宣部管理。

由是观之，传媒机构几十年来分分合合，广播业与电视业的上级管理机构却始终未曾"分家"。这不仅是由两种媒体的同根同源决定的，而且放眼世界，广播电视一体化的管理体制也具有相当的普遍性。而每当中央层级广播电视管理机构的职能与关系调整后，地方广播电视管理机构会紧接着调整，以与上级的相应部门职能匹配。以云南省为例：1964 年，云南人民广播电台经国务院批准，设立云南省广播事业管理局，实行局台合一，局长兼任台长。1982 年更名为云南广播电视局，1983 年改为广播电视厅，2000 年更名为云南广播电视局。① 其更名的时间、机构运行模式变化都与中央管理机构的变迁呼应，相关机构设置也大同小异。而这种步调一致、上下协同的纵向结构变迁，进一步印证了前述"一盘棋"的行业特征。

与国家治理过程中依靠提前规划设定未来框架一样，广播电视管理机构的主要职责之一也是制定可行的未来规划，以向行业和民众输出相对稳定的预期。这些规划会在下一个时间点受到兑付程度、实施效果等检验。如此一来，广电管理部门未来规划是否科学与合理，就成为下一个节点进行复盘时的考察重点。如果初始目标有偏，则下级部门在贯彻与执行过程中能否及时纠正，或因具备一定的自主决策权而避免犯错，则成为检验这套管理体制有效性的关键看点。

---

① 云南省地方志编纂委员会.云南省志 1978—2005 卷四十三·广播电视志［M］.昆明：云南人民出版社，2019：660-661.

(二)广播电视管理体制的改革

新中国在成立初期,为保证中央政令"一竿子插到底",在短时间内就建立起统一集中的计划经济体制,并建立了城乡二元的治理结构。此时"全国的广播工作者,沿着人民政府规定的道路前进",[①] "必须首先集中全力建设中央台,这不仅是从政治出发,而且是从技术出发得出的结论"。[②] 因为"不集中力量,不论是中央或是地方,都不能顺利进行建设,而在苏联专家协助下进行的中央台的大规模的基本建设工程,不但将成为今后地方广播台建设的模范,而且是训练地方基本建设骨干的中心"。[③] 在这一战略目标下,广播事业管理体制实行的是地方广播事业在行政上归中央广播事业局(条)和地方政府(块)双重领导,而以中央广播事业局的垂直领导为主,也即以纵向领导为主的行政管理模式。

以垂直领导为主,保障了中央投资及决策的最快落实。第一个五年计划期间,全国广播基本建设的财务支出中,中央广播事业局占77.39%。在执行第二个五年计划后,为了发挥地方和群众的积极性,地方投资建设广播台站的比例明显增大,不过在1979年以前的30年间,由中央广播局支出的基建费用约为6.6亿,全国各地广播电视机构的投资总和还不足11.7亿[④],说明中央投资占据了地方广播电视基础建设的大部分。

中央广播事业局的决策主体地位,使其在短时间内就搭建起产、学、研一体的广播电视发展链条。产业方面,建国之初,根据广播建设需要,广播工业的生产计划与技术指导被划归广播事业局管辖。1958年6月,中央广播事业局成立中国唱片社,这是改革开放前全国唯一的国营唱片出版机构。到

[①] 中央广播事业局办公室编《全国广播工作会议文件选编(第一次至第十次)》(内部资料),1982年,第3页。

[②] 中央广播事业局办公室编《全国广播工作会议文件选编(第一次至第十次)》(内部资料),1982年,第7页。

[③] 中央广播事业局办公室编《全国广播工作会议文件选编(第一次至第十次)》(内部资料),1982年,第7页。

[④] 中央广播事业局编《一九四九年——一九七八年广播事业统计资料汇编》(内部资料),1980年,第9页。

1978年底,中央广播事业局的直属工厂还有中国唱片厂、广播设备制造厂、广播录音器材厂和磁带厂以及苏州磁记录设备厂。这些工厂按照"专用、配套、科研、维修"的方针,生产广播电视天线铁塔、录音磁带、录音机、播控设备、中波发射机、调频发射机、电视发射机、唱片、唱机、投影电视接收机等一系列产品,为广播电视业服务。学校建设方面,1958年9月2日,北京广播专科学校成立,为中央广播事业局直属的第一所专科学校。学校前身是创建于1954年的中央广播事业局技术人员训练班。1959年,经国务院批准,学校升格为北京广播学院。科研方面,1958年10月,中央广播事业局成立了国内第一个以广播电视技术应用和研发为主的机构——广播科学研究所。很显然,这种以中央广播事业局为决策中心的"条"式管理体制,为调控全国广播资源、构建完整的广播产学研体系提供了制度保障。①

但凡事有利必有弊,这一管理体制在执行层面也曾出现很多矛盾和问题,如中央投资过高,地方投入不够,地方积极性和主动性被压抑,中央对内地和民族地区的地方困难估计不足、关心不够、帮助不多等。上述问题在几次全国广播工作会议上都有所检讨,也在后期执行中得到一定纠正,但由于各种原因,实际落实中效果并不明显。尤其是当中央决策出现失误时,地方在执行中不仅难以纠正,还会放大和凸显这些失误,如"大跃进"时期广播电视台站建设的一窝蜂,"文化大革命"时期农村有线广播的乱搭乱建等,都是不注重具体问题具体分析、盲目和机械执行上级命令的结果。如何走好"一盘棋",避免"一刀切",在中央决策与地方自主之间寻找最佳平衡,也就成了改革开放后广播电视顶层设计中需要研究的重点问题。

改革开放后,广播电视机构从原先的事业拨款单位逐步向企业化经营转轨。而随着经济体制改革的深入,各广播电视机构的财务制度、人事制度及片源制度等都进入改革的深水区,亟须相关部门转变思路,进一步释放机构的内在活力。

---

① 中央广播事业局编《一九四九年——一九七八年广播事业统计资料汇编》(内部资料),1980年,第7—8页。

在深入基层调研的基础上，1983年9月，广播电视部党组给中央提交了包括体制改革在内的一揽子改革计划。10月26日，中共中央批转并同意了这一汇报提纲，鼓励广播电视系统各级领导要敢于"碰硬"①，由此拉开了一场轰轰烈烈的系统性改革。广播电视事业方针在第十一次广播电视工作会议后被调整为"四级办"；广播电视管理体制则调整为"条块结合，以块为主"，即省、自治区、直辖市广播电视厅受该省、自治区、直辖市人民政府和广播电视部双重领导，以同级政府领导为主，同时省、自治区、直辖市广播电视局的宣传工作受自治区、直辖市党委领导和广播电视部领导，事业建设受省、自治区、直辖市人民政府和广播电视部的双重领导，以同级政府领导为主。上述原则也适用于省、自治区、直辖市广播电视厅与省下市县广播电视局之间的关系。

广播电视系统管理"条""块"关系的调整，是其经营层面转"企"改制的必然结果。因为在转为企业化经营后，各广播电视机构不只承担党和政府宣传机关的职责，还肩负起经营创收的重任，从而成为融行政事业性与企业化组织于一身的复杂实体。在双重属性规定下，广播电台、电视台作为不同的利益主体，彼此从过去的友好合作变为市场竞争。尤其是20世纪90年代，各广播电视台陆续上星，这种竞争甚至扩展到地方电台、地方卫视与中央电台、中央电视台PK的层级，如果仍以纵向管理为主，在事业规模已无比庞大、电台、电视台利益和关系日趋复杂的背景下，难免尾大不掉，摆不平。

下放权力、释放地方办台活力的结果是，一方面各广播电台、电视台使出浑身解数，不断丰富节目栏目内容，吸引受众和广告客户，出现了百花齐放的"多声部"传播格局；另一方面，过分强调地方为主，不注重统筹安排，又出现了"一地两台""一地多台"等重复建设、无序投资的乱象，广播电视业的整体布局更加不合理。而一些地方电视台在利益驱动下，乱播乱放低俗的境外节目，部分地方电视台竟然在《新闻联播》中插播文字广告，扰乱

---

① 刘习良．中国广播电视改革发展十年回眸（2001年—2010年）[M]．北京：中国国际广播出版社，2012．

"主旋律"的声音;一些电视台大量播放虚假医药广告,欺骗中老年患者,损害了广播电视业本应担当的主流正面形象。

三、指令与法令:广播电视业的法治化道路

党和政府对广播电视业性质、任务的界定与规制,不仅是新中国广播电视业的立身之本,也是这一体系高速发展的"合法性"基础。而对上述乱象的治理与规范,则需要不断提高广播电视系统内部的管理水平,也需要国家法律法规层面的跟进和更新。

如前所述,改革开放前,广播电视系统的制度化尤其是法制化建设相对不足,其整体调控手段以行政命令为主,是在一种相对稳定的人事与机构框架内运行的。其中,梅益自1952年任广播事业局局长,在任14年间,领导和主持了广播事业局召集的九次全国广播工作会议。而这九次全国广播工作会议及其精神,正是广播电视系统贯彻中央指示,制定、执行与检验广播(电视)工作进度的重要场域。

从九次会议的内容看,中共中央和国务院是广播电视业的整体布局者,广播事业局和地方各级政府、广播电台、电视台是具体事务的决策者与执行者。其基本特征就是以贯彻精神、指示、文件与计划为主,相关的法治建设却相对滞后,甚至付之阙如。

改革开放以来,一方面,党和政府基于"一盘棋"思维的战略规划及行政命令依然在发挥"定盘星"作用。如影响深远的"四级办"政策和"村村通""村村响"规划,就是国家基于媒体与国情的科学决策——前者是为了适应广播电视业大发展的"关系"调整,后者则是继续运用行政手段配置文化资源的有益尝试。再如1992年6月中共中央文件中把广播电视业列为第三产业后,广播电视改革继续走向深入。而1998年第九届全国人大会议作出的关于国家对包括广播电视在内的大多数事业单位将逐步减少拨款、三年后这些单位要实现自收自支的决策,则是对广播电视产业化改革的又一记猛鞭。还有诸如2000年8月在兰州召开的全国广播影视厅局长座谈会上,时任国家广

电总局党组书记、局长徐光春提出的"先着手组建中央一级和省一级的广播影视集团"要求，2001年中宣部、国家广电总局、新闻出版总署联合下发的《关于深化新闻出版广播影视业改革的若干意见》（即17号文件），2004年国家广电总局颁布的《关于促进广播影视产业发展的意见》，以及2006年中共中央、国务院发出的《关于深化文化体制改革的若干意见》，2009年国务院常务会议通过的《文化产业振兴规划》，2020年11月广电总局印发的《关于加快推进广播电视媒体深度融合发展的意见》通知，2021年2月国家广播电视总局办公厅发布的《应急广播标准体系》，等等。上述文件、政令的出台，都对广播电视业的发展产生了不同程度的影响。尤其是近一年广电总局大力推行的"媒体融合"战略，正在从根本上改变国内媒体的格局。

另一方面，顺应依法治国的潮流，围绕广播电视业的法律法规建设也在稳步推进，不断完善。1997年，国务院公布《广播电视管理条例》。作为我国第一部全面规范广播电视工作的行政法规，上述管理条例的出台，对促进广播电视业规范发展具有里程碑的意义。2015年3月，时任中宣部副部长、国家新闻出版广电总局党组书记、局长蔡赴朝公开表态，将启动《中华人民共和国广播电视法》立法工作。2021年3月16日，国家广播电视总局发布《中华人民共和国广播电视法（征求意见稿）》。其中规定"所称广播电视活动，是指采取有线、无线等方式，通过固定、移动等终端，以单向、交互等形式向社会公众传播视频、音频等视听节目及其相关活动"。[1]也就是说，无论是通过传统的广播电视台还是新媒体环境下的任何平台，只要传输的是音视频节目，都将在本法的适用范围之内。

可以预期，如果这一法律付诸实施，国家对广播电视行业的规管范围还将进一步扩大，融媒体时代不断"扩容"的广播电视及其体制改革，也依旧任重道远。

---

[1] 国家广播电视总局关于公开征求《中华人民共和国广播电视法（征求意见稿）》意见的通知[EB/OL].（2021-03-16）[2021-09-30]. http://www.nrta.gov.cn/art/2021/3/16/art_113_55407.html.

四、结语

所有好的体制结构或治理模式都是在解决一个个具体问题和矛盾的实践中逐渐演化出来的，是一套守恒与变化相统一的动态秩序。定位于"党、政府和人民的喉舌"的新中国广播电视业[①]，正是在国营体制不变的前提下，通过内部运作与外部规制的不断改进，发展为今天行政指令、内外需求与法律法规同时作用于事业发展的局面。它既是中国政治体制与经济体制变迁的一个侧面，也是广播电视业服务于这套制度的具体反映。而未来广播电视业能否延续过去的辉煌，还须看其规划与布局是否符合历史大势，决定于广播电视机构自身能否把握历史机遇。如何走好"一盘棋"、避免"一刀切"，唱好"主旋律"、展现"多声部"，则是这一体制下广播电视业改革创新的持久议题。

[①] 王敬松.我国广播电视管理体制及其改革[J].中国行政管理，2007（3）：87.

广播评书的历史回顾与特色分析*

评书是我国传统的民间曲艺类型，最初采用"撂地"的形式露天演出，后来才逐渐进入茶馆、书馆表演。广播评书则是指无线电广播兴起以后通过电台播出的评书。它最早出现于1937年11月3日，由北平电台首次实验，推出了著名评书表演艺术家连阔如先生播讲的《东汉演义》，一时引得"千家万户听评书，净街净巷连阔如"，社会反响强烈。之后，广播评书即成为一种极具中国特色的广播节目类型。

一

1949年新中国成立后，伴随着人民广播事业的发展，广播评书也进入一个新的历史时期。早在1949年9月，连阔如就开始在北京新华广播电台的"新文艺节目"中演播评书《红军万里长征渡乌江天险》。1950年6月25日，扬州人民广播电台在文艺节目中设置《评书》专栏，邀请扬州评话艺人供给故事材料，现场做直播表演[1]；1952年，唐山人民广播电台开始播出评书《吕梁英雄传》；1953年到1954年初，河北人民广播电台和北京人民广播电台播出连阔如演播的评书；从1954年5月5日起，中央人民广播电台在第二套节目中播送连阔如的长篇评书《三国演义》；1956年元旦，鞍山人民广播电台

---

* 本文原载于《中国广播电视学刊》2010年第10期，与张素艳合作。
[1] 扬州市广播电视局编志小组编《扬州市广播电视志（1950—1987年）》（内部资料），1991年，第18页。

正式开办评书节目，播出由鞍山市曲艺团老艺人肖浩然播讲的传统评书《水浒》；1957年7月，该台又率先播出由杨田荣播讲的新评书《三里湾》，为鞍山评书名扬全国奠定了基础。到1966年"文革"开始前，广播评书已成为许多电台的常规节目。

这一时期，广播评书发展的最大成就是"新评书"的兴起和推广。新评书包括新编历史评书和新创作的反映现实生活的作品。新中国成立初期，在党的"百花齐放，推陈出新"的文艺方针号召下，评书艺人们一方面对传统评书进行整理，取其精华，弃其糟粕，另一方面也积极编演新评书。从1950年起，连阔如不仅重新整理了长篇评书《三国演义》《东汉演义》，还把赵树理的小说《李有才板话》《三里湾》改编成评书，并原创了《夜渡乌江》《飞夺泸定桥》《强渡大渡河》《智取娄山关》等新评书，可谓较早进行评书革新的代表。而湖北评书演员何祚欢根据革命历史长篇小说《红岩》《烈火金刚》改编表演的《江姐上船》《双枪老太婆》《肖飞买药》等现代评书也曾风靡一时。

在推广"新评书"方面有突出成绩和贡献的还有袁阔成与李鑫荃。1952年，袁阔成在唐山人民广播电台播讲《吕梁英雄传》等新评书，受到了政府的奖励。1963年，他先后在电台播讲的《烈火金刚》《林海雪原》《赤胆忠心》《野火春风斗古城》等现代革命题材的新评书，获得了巨大成功。20世纪60年代初，中央电台录制播出的李鑫荃创作表演的长篇评书《红岩》《平原枪声》等，也深受听众喜爱。1962年，在中国曲协举办的"说新书交流会"上，李鑫荃与袁阔成同被誉为"说新书的带头人"。①

一些电台的编播人员也积极参与"新评书"的创作和改编。1962年，时任中央电台文艺部主任林琳要求《小说连续广播》节目要向评书学习，走向民族化。为此该台录播了《焦裕禄》《欧阳海之歌》等一些新评书，受到听众好评。

正当广播评书的探索取得可喜进展之时，"文化大革命"开始了。从目前

---

① 张啸涛.评书——中国国粹艺术读本[M].北京：中国文联出版社，2008：98.

掌握的材料看,"文革"期间,除鞍山电台于1972年恢复开办过评书广播外,其他电台都停播了这类节目。

"文革"结束后,鞍山电台于1979年9月录制播出了刘兰芳播讲的长篇评书《岳飞传》,产生了意想不到的轰动效应,相继被全国17个省的63家省、市电台播放,形成"万人空巷听兰芳"的热潮。同年,鞍山电台录播的单田芳演讲《隋唐演义》也在全国产生很大影响,重播数十次收听率不减。1984年,鞍山电台文艺部又同单田芳一起,改编并播出了一部反映中国近代革命历史的新评书《百年风云》,1988年8月1日起在中央电台播出,成为继《岳飞传》后再次在全国引起强烈反响的广播评书,后在全国140家市级电台播放,并摘得1988年中央电台优秀广播节目文艺节目头等奖。鞍山电台因在广播评书方面的突出贡献,获得了"评书之乡"的美誉。

1983年,由中央电视台和营口电台联合录制的长篇评书《三国演义》又是一部有影响的力作。播讲者袁阔成和电台编辑在忠于原著的基础上,用历史唯物主义的观点审视历史,对原作进行了适当的调整和增删,并大量加入个人观点,播出后受到广泛好评。陈云、王震等中央领导同志先后接见了袁阔成,鼓励他说好评书,弘扬民族文化。

由上述广播评书引发的热潮在全国蔓延,各地电台开始争相播送传统评书。20世纪80年代初,在许多市级电台,评书的收听率要远远高于小说,播出量几乎达到了40%～50%以上。① 天津电台在原来《评书连播》的基础上,于1982年9月开办《中长书连续播讲》,扬州电台于1984年开办《广播书场》节目,中央电台则于1988年7月开办了《长篇评书》节目。

80年代末,随着国内广播电台相继实行专业化、对象化和频率化设置,出现了诸如综合频率(台)、经济频率(台)、新闻频率(台)、文艺频率(台)、交通频率(台)等分工不同的频率(台)。文艺频道的出现,为广播评书提供了更为广阔的播出平台。如北京文艺广播的《评书连播》就精心选择播出评书名家的扛鼎之作,并努力尝试评书创作的新形式,成为北京台的名

---

① 陆群.长书十二年:一个历史的描述[J].现代传播,1992(1):87.

牌栏目。再如天津文艺台1993年推出的《古今传奇》节目，主要播放天津电台多年来自编自录的评书和鼓书，1994年2月开播的《曲苑大观》中也设有《微型评书》专栏。

这一时期，评书节目不仅在新开办的文艺频道中大展身手，在新闻、经济、交通等频道中也是常客。中央电台1998年改革后，在第二套经济频道、第三套文艺频道、第六套对台湾广播、第七套华夏之声中均设有《评书连播》节目。天津电台除在新闻台中设有《中长书连续播讲》外，还在经济台、文艺台、交通台、生活台中播出评书节目。

进入21世纪以来，在广播频率专业化背景下，专业的评书广播频率应运而生。

2003年7月1日，中央电台开播四套数字广播，第三套评书联播频率集中播出古今评书名作。2004年8月18日，中央电视台文艺之声定位为故事频率，主打评书等语言节目。2010年，该频率设置的评书节目有《评书开讲》和《名家书场》，一天播出四次，每次一小时，分别首播、重播一次。

不少地方电台也设立了专门的评书频率，如内蒙古电台的《评书曲艺广播》、辽阳电台的《评书戏曲广播》、青岛电台的《长书广播》等。廊坊电台的《长书广播》频率更是每天24小时不间断播出评书。

从内容看，近年来，各电台的评书节目仍以播讲传统评书为主。各台除了不断整理重录传统书目外，还积极录制新评书。如2008年6月30日单田芳播讲的红色广播评书《贺龙传奇》在北京文艺广播首播，在听众中引起了强烈反响。作为北京文艺广播为庆祝新中国成立60周年录制的大型广播评书《红色将帅传奇》的开篇之作，"据CSM央视索福瑞媒介研究有限公司市场调查，该节目平均收听率达到2.14%，平均市场份额达到26.8%，在北京地区同一时段的收听率一直稳居第一位"。①

---

① 胡妙德.精于"术"敏于"道"[J].中国广播，2010（2）：31.

二

自从广播出现后,评书的播讲主阵地就在电台。在媒介选择日益多样化的今天,广播评书虽然已很难再现当年盛况,但其受关注度依然高于一般的电台节目,却是不容置辩的事实。究其原因,主要是广播评书在发展的过程中形成了某些既适于广播播出,又与中国百姓趣味相契合的艺术特质。

首先,广播是听觉的媒介,评书是听觉的艺术。评书以广播为发布平台,其艺术性不降反增。

广播是靠电波来传送声音,供听众收听的。依靠声音,诉诸听觉,是广播区别于其他大众传媒的基本标志,也是广播的主要特点。而评书则是诉诸听觉的艺术。评书叙述故事,描绘景物,评论是非,再现各类人物形态,全凭演员一张嘴,正所谓"集生旦净丑于一身,冶万事万物于一炉"。[①] 人们之所以常说"听评书"而不说"看评书",就是因为评书是"说"的艺术,"说"在其中始终占据统领地位。评书进入广播,其听觉艺术的本性不仅不会削弱,反而会得到加强。因为评书是一种形式简单的艺术,是"一人一台戏",其所塑造的艺术形象并不以直接方式展现在听众面前。它的人物形象是实的,说书却是虚的,全凭演员用生动的语言把一切说得活灵活现,以诱导的方式慢慢唤起听众的联想,在他们脑海中逐渐产生对应的形象。在评书的"说、评、噱、学、演"[②] 五种表演手段中,前四种都是通过"嘴说",听众用"耳听";第五种的"演"也是以对话为主,再辅之以必要的表情、动作。由于广播评书只闻其声,不见其人,可以最大限度激发听众联想,使之对评书中的艺术形象进行再创造。因此,要实现评书艺术的成功传播,评书艺人的表演和听众的联想两个前提缺一不可。而广播不仅可以发挥声音感染力强、传播面广

---

① 汪景寿,王决,曾惠杰.中国评书艺术论[M].北京:经济日报出版社,1997:208.
② "说"是叙述故事,"演"是通过对话、表情、动作模拟人物,"评"指评论,"噱"是评书中的幽默,"学"是模拟自然事物和人的声音,主要是一些口技的运用,作用在于渲染环境、气氛,给人以逼真之感。

的优势,还可以更好地激发听众联想。听众边听广播评书,边在脑海中展开丰富的联想,获得如临其境、如见其人的艺术享受。

其次,广播是声音媒体,评书则是中国民间的口头艺术,二者嫁接可谓浑然天成。

"广播以有声语言为信息载体,以电波作为媒介,以听觉作为接收方式,这一传播特点决定了广播语言的性质,即广播语言是一种具有电声特色、符合听觉要求,写下来、播出去,让人听得明白、记得住,达到最佳传播效果的口语化有声语言。"① 广播听众只能凭借声音接收信息,不能像看电视那样借助画面理解信息。再加上声音转瞬即逝,听众又多处于半收听状态,因此,广播的口语化和通俗化要求是不言而喻的。

因为要面对平民百姓,所以相比于小说等书面文学,评书的口语化要求也是非常严格的。评书艺人通过长期的表演实践,深悟"一句不到,听众发躁"的道理,因此"使尽浑身解数,力求讲得通俗易懂,在出艺人之口、入听众之耳的极短的瞬间,做到完全的理解和沟通,才能牢牢地把听众抓住,从头到尾,不能有丝毫放松。不然的话,听众就会当场走掉,下次再也不来了"。②

当然,广播语言的口语化不是指群众口头语言的自然形态,不是群众怎么说,广播里就怎么播;评书的白话演说也不是生活语言的照搬。广播语言要求精心锤炼字句,广播评书的白话演说也是艺人们千锤百炼的结晶。如鞍山电台录制的刘兰芳广播评书《岳飞传》,就"通俗不失文采,易懂不失高雅,把文言和白话、韵文和口语巧妙地结合起来。书中既有诗词歌赋的说明,又有现代化语汇的评点",③ 播出后听众反响热烈。

最后,广播评书的情节和结构设置与广播的线性传播和顺序收听特性相符。

广播是一种线性传播的媒介,是按时间先后顺序编排节目的。电台编好

---

① 梁巾声.现代广播学[M].广州:暨南大学出版社,1999:66.
② 汪景寿,王决,曾惠杰.中国评书艺术论[M].北京:经济日报出版社,1997:116.
③ 汪景寿,王决,曾惠杰.中国评书艺术论[M].北京:经济日报出版社,1997:54.

节目内容和次序后，听众不能选择，既不能先听后面的、后听前面的，也不能只听自己感兴趣的、跳过不感兴趣的。对于没听懂的内容，也不能随意退后再听一遍。广播要想吸引听众，就必须站在听众的立场，考虑听众的欣赏习惯和审美心理，把握好节奏，避免听众"跟不上趟"，或是觉得枯燥厌倦。这就对广播的文本提出了两个要求，一是结构紧凑、脉络清晰，二是情节曲折、节奏活泼。评书的情节和结构设置在很多方面都与广播媒体的这些要求不谋而合。

为了赢得听众，评书艺人和广播工作者共同努力，逐步探索形成了广播评书适合于听的特殊结构。其结构基本上是线性结构与块状结构的结合。线性结构是指每段评书必须围绕着一个人物的活动线展开，可以生添枝叶，但不能同时有几个中心人物或几条活动线搅混在一起。块状结构则表现为故事中的一个个"柁子"，评书讲述故事时，把整个故事情节分为若干相对独立的"柁子"，也即故事中多种矛盾的高潮和纠结点。一部长篇评书，就是由一个个"柁子"构成的。每个"柁子"都围绕一个中心事件讲述，大胆舍弃次要情节，集中讲述主要事件，以使情节紧凑、脉络清晰，紧紧抓住听众的心。而"柁子"与"柁子"之间，故事情节则相对独立，可以单独拿出来讲述。一个"柁子"还可再分出若干大段落，也就是"回目"。每个"回目"的篇幅差不多，非常适合广播连播这种形式。因为广播是以时间为版面的，每天的播出时间虽然相对固定，但是广播可以连续播出，因此，容量也是无限的，可以承载上百回的长篇评书。

评书集中围绕一个中心讲述故事，如果故事情节拖沓沉闷，就会造成听众的厌倦，所以评书贵在曲折。评书一个重要的艺术手段就是用"扣子"，即扣人心弦的悬念。评书的一个"回目"有时能说几天，每天都是在矛盾冲突最紧张的时候结束，故意在此打上一个"结"，以使听众心中留下疑团，促使他们产生急切期待的心理和非听下去不可的强烈愿望，从而在下次连续收听。接下来，评书艺人会把出乎意料的结果展现在听众面前，然后再用巧妙的方法把"扣子"解开。评书用一个连着一个的"扣子"，造成情节的跌宕起伏。说书人则灵活运用这一技巧，使听众入"扣"，将其紧紧抓住，这是评书艺术

吸引听众连续收听的一种重要的结构技巧。

另外,广播评书的多种叙事方法,像补笔、伏笔、暗笔等的使用,都有助于加强情节的波澜曲折。

最后还应当看到,作为一种已拥有广泛听众基础的节目类型,广播评书目前虽然依旧优势明显,但也面临着一系列新的生存危机,如新书段匮乏、听众喜爱的风格演员断档等。广播评书只有不断创新,扬长避短,才能在精彩纷呈的广播节目竞争中立于不败之地。

中央电台国庆直播的回顾与展望[*]

在中央电台的历史上,直播次数最多、规模最大、规格最高的,当数历年"十一"国庆当天天安门广场举行的大型纪念活动。

1949 年 10 月 1 日新中国的开国大典,举世关注。在中央广播事业管理处的具体领导和周密部署下,北京新华广播电台(中央电台的前身)在天安门广场进行了持续 6 个多小时的直播(当时叫"实况广播"),全国所有地方电台同时联播。这是人民广播史上第一次大规模的直播,也是第一次在天安门城楼上进行的关于国家庆典的全国性直播。通过中央电台的报道,各地的群众共同体验了新中国诞生的喜悦;通过地方电台的转播,中央政府实现了开国大典传播范围和效果的最大化。

这次史无前例的大型直播创造了很多经验,也留下了不少遗憾。在直播过程中,由于前期认识和准备不够充分,尽管现场做了很多补救措施,但受命只能念稿、不能临场发挥的播音员还是经常"没词儿",导致大量直播的时段只有"实况",没有解说。直播结束后,广场上再度出现欢庆的热潮,但由于事先没有预案,无法接着直播,导致听众与这一精彩的历史瞬间失之交臂。事后电台人员深刻地认识到:"实况广播的作用,不但是要把现场的各种声音传播出去,而且要把现场的情景形象、具体地介绍给听众,通过他们的听觉,引发他们的想象力,使他们有身临其境之感。"[①]

---

[*] 本文原载于《中国广播》2009 年第 8 期。
[①] 杨兆麟. 开国大典实况广播的片段回忆 [A] // 中国人民广播事业史编辑委员会. 中国人民广播回忆录(续集). 北京:中国广播电视出版社,1986:106.

吸取上述教训，在1950年国庆直播时，中央电台周密策划，认真采访，广播稿的内容比上年丰富和充实了很多，播出形式也更为完备。电台还事先录制了音响，用来在直播时替代现场无法传递的"同期声"，取得了较好的效果。

20世纪50年代至60年代初期，中央电台每年"十一"都在天安门城楼进行直播。

"文化大革命"开始后，国庆直播活动更加频繁。由于这时的纪念活动主要是庆祝大会、群众游行和游园几种形式，因此中央电台的直播地点有时设在天安门城楼，有时设在中山公园和颐和园。虽然无论在哪里直播内容都大同小异，但在那个物质生活和精神文化生活都极为匮乏的时代，收听电台里传出的"来自北京的声音"是人民群众欢度国庆的基本内容。

1984年新中国35周岁生日，天安门广场再次举行大型的阅兵仪式和群众游行，中央电台"同步"直播。在报道手段上，这次直播大量使用现代化的技术装备，实现了实况广播与现场活动的完全同步；在播音方式上，用天安门城楼上、城楼下、观礼台和广场上的多点播讲代替了过去的单点（城楼上或公园）播讲，并加入大量生动感人的现场采访；在报道内容上，三次历史音响的成功插播，勾起了听众对共和国风云往事的回忆，激发了大众的爱国热情，给人以巨大的鼓舞和力量。

1989年的"国庆40周年首都群众焰火晚会直播"，则进一步纠正了过去那种政治口号多、过分强调政治内容的做法，突出了现场的欢乐气氛，详尽地介绍了国庆礼花的品种与特点，受到听众的赞誉。

1999年，中央电台在直播新中国成立50周年庆典时再度创新，现场主持人随着阅兵式的进行，穿插介绍了不少背景材料及相关的人物和事例、数据，大大丰富了直播内容，烘托了现场气氛，增强了阅兵气势。在节目结构上，改变了过去按行业划分游行队伍的惯例，以现场的庆典为主线，以历史与现实相结合的手法，不断强化主题。在这次直播中，中央电台还首次利用互联网，让世界各国的网民同步聆听了国庆阅兵式和焰火晚会的现场。这一尝试拓宽了中央电台的传播渠道，扩大了电台的有效覆盖。

今年又逢新中国 60 华诞，届时举行的广场阅兵和群众游行将吸引全世界的关注。对这一大型活动的现场直播报道，也成了中央电台今年工作的重中之重。

重温历史是为了启迪未来。经过几十年的历练，中央电台已积累了丰富的国庆直播经验，也储备了大批的优秀人才。在新的历史条件下，面对"国庆庆典"这一"老问题"，中央电台在继承优良传统的同时，还应在以下方面有所突破和创新：

1. 应在国际视野中把握这次直播的主题、基调和内容。

今年的国庆报道与以往最大的不同，就是电台的听众分布愈加广泛：一方面，中国的国际地位近年来大幅提升，世界对中国的关注日益增强；另一方面，借助日益普及的国际互联网，中国的声音可以即时传遍世界，到达想要了解中国的任何网民那里。这也就意味着，中央电台目前的受众早已不再是过去的国内群体，而是遍布世界、关心中国的所有人群。因此电台应针对这一变化的受众需求，分析其基本特征，找出其兴趣点和共鸣点，深入开掘相关主题，增强报道的力度和针对性。在认清传播对象的基础上，再深入思考电台国庆直播报道的目的、预计达到怎样的效果以及如何有效传播等问题。

2. 在报道手段和形式上还可更为多样。

几十年来，中央电台国庆直播手段和层次的不断提升，既是广播科技进步的产物，也是广播人不断探索创新的结果：从最初在天安门城楼固定位置播出，到后来多机位、多角度报道；从早期预制音响，到后来同步放送；从只有"现场"的单一报道，到历史音响与现实情景"叠加"；从广播的单兵作战，到广播和互联网联合作战……在全面优化和提升上述报道手段的同时，中央电台今后国庆直播报道以及其他直播活动中还可尝试运用多点连线直播、演播室直播和现场直播结合等手段，以报道场域的区隔来丰富直播形式，增强节目的层次感，还可利用热线电话或网站的互动功能，随时在电台中解答听众疑问。

3. 报道内容需进一步拓宽。

国庆大典是扬国威、振民心，对国民进行爱国主义教育的一个重要契机。

改革开放前,天安门的直播活动基本是一种仪式化、政治化的传播,除了激动人心的各种宣传,人们在广播中很少听到民众个体的声音。宣扬国威和爱国主义的内容倒是做足了,其他方面的内容却少得可怜。在新中国成立35周年国庆活动中,遵照中央"振奋民族精神,鼓舞爱国热情,检阅建设成就,增长四化志气"的要求,广播报道突破了过去单一的政治宣传框架,全方位、多角度地展示了祖国的建设成就和人民的精神风貌。1989、1999年的国庆直播在内容上强调国家政治和经济发展的同时,更加全面地展示了人民的生活内容。

值得注意的是,出于对以往过度政治化宣传的强烈逆反心理,近年来,许多人开始有意疏离国家、民族、政治信仰等重大议题,对与本国家和本民族历史相关的一些基本事实也置若罔闻。这固然是其自身矫枉过正的结果,但也与大众媒体的不作为有关。以国庆直播为主线,帮助公众树立正确的国家理念和爱国意识,显然在任何时候都是有必要的,也理应作为历次国庆报道的题中之义。

"十一"国庆直播既是中国媒体的一项重大宣传活动,又是举世瞩目的新闻事件。随着"十一黄金周"成为中国公民休闲度假的代名词,电台的国庆直播还应穿插大量的民生内容,通过捕捉百姓生活的精彩瞬间和百姓思想的变化,使媒体的爱国宣传与新闻报道互为表里,使展国威、振军威的政治宣传与爱和平、重民生的社会报道融为一体。只有这样,才能让世界看到一个政治清明、国防先进、民生繁荣的中国。

4. 制定详细的突发事件应急预案。

以往的国庆直播都有明确的时间限制,直播结束后,即使出现重要情况也不会接着转入直播。这在互联网兴盛以前或许还说得过去,但在手机、互联网高度发达的今天,如果电台的既定直播方案完成后接着出现突发事件,那么手机、互联网等即时媒介将迅速"覆盖"传统媒体的"声音",占领新闻和舆论的制高点。这对电台广播显然是非常不利的。只有制定科学合理的应急预案,才能确保在遇到重大突发事件时可以随时转入直播机制,以便原汁原味地展现事件进程,主导媒介的议程。

"七一"广播的源头与流变[*]

作为中国共产党领导下的第一座红色电台,延安新华广播电台首播于1940年12月30日,呼号XNCR。从目前掌握的资料看,1941年"七一"前夕,为庆祝建党20周年,延安新华台曾播出题为《在毛泽东的旗帜下前进》的重要文章。"这篇文章比较系统地总结了毛泽东根据马克思列宁主义理论对于中国社会和革命诸问题所作的深刻论述,强调指出:'马克思主义在中国问题上的发展,最主要、最明显的代表,是我们党的领袖毛泽东同志'",可算作人民广播"七一"宣传的先声。

中国共产党领导下的人民广播,从延安初创时即作为党的喉舌,在宣传党的主张、凝聚党心民心方面发挥了不可替代的重要作用。新中国成立后,每遇党和国家的大事要事时,广播电台依然扮演着新闻战线主力军的角色。这从"七一"期间的广播可见一斑。

所谓"七一"广播,是指人民广播电台的"七一"建党纪念日宣传。它既包括电台当天播出的相关节目,也包括围绕党的生日而在"七一"前后设置的系列节目。

一、"七一"广播第一声

众所周知,中国共产党的诞生日为1921年7月23日,但在建党后相当长时期内,却并未举行任何形式的纪念活动。直到1941年6月30日,中共

---

[*] 本文原载于《新闻战线》2011年第7期。

中央才正式下发文件,确定7月1日为建党纪念日,并要求"各抗日根据地应分别召集会议,采取各种办法,举行纪念,并在各种刊物出特刊或特辑"。①延安和各抗日根据地随即举行纪念活动,延安《解放日报》、重庆《新华日报》也刊发了"七一"纪念专文。此后这一天便成了"我们党最重要的纪念日,也是中国人民、中华民族最重要的纪念日"②。

开创初期的延安新华广播电台,其播出稿件是由新华社供给的。当时受人员和经验等各方面条件的限制,电台节目较少,内容和形式单一。由于发射电力不稳定等原因,电台的声音忽高忽低,甚至听不清楚。在如此艰苦的条件下,延安台虽然没有对"七一"宣传进行周密策划和安排,但在中共中央发出通知的第一时间内即播出题为《在毛泽东的旗帜下前进》的"七一"纪念专文,显示出人民电台作为党的喉舌的重要性和党对电台宣传工作的重视程度。③

1943年春,由于广播发射机出现重大故障,经过多次修理和试验均告失败后,延安新华广播电台停止了播音,直到1945年8月中旬抗日战争胜利后才恢复广播。

图7 延安新华广播电台播音室复原后的场景

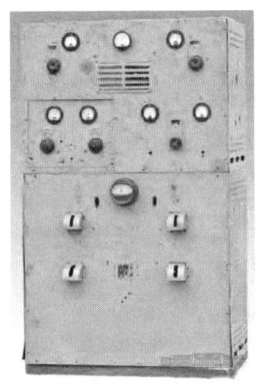

图8 延安新华广播电台使用的第一部发射机（中国国家博物馆藏）

---

① 参见中共中央《关于中国共产党诞生二十周年、抗战四周年纪念指示》,1941年。
② 刘少奇.刘少奇论党的建设[M].北京:中央文献出版社,1991:502.
③ 赵玉明.中国广播电视通史[M].北京:中国传媒大学出版社,2006:89.

二、解放战争时期的"七一"广播

抗战胜利后,中国共产党的声誉日隆,人民广播的阵地则随着解放区的扩大而不断增加,从最初的偏安一隅逐步延伸到全国许多大中城市。在解放战争的号角声中,每年的"七一"广播成为我党集中宣传党的政策主张和解放区军民生活的重要渠道。

1946年7月1日,为庆祝中国共产党成立25周年,延安新华广播电台播出了延安《解放日报》社论《中国共产党与中国》,同时播放了一组纪念音乐节目,内容有"纪念七一"打花鼓(男女对唱)、李兆麟将军遗作《露营歌》、陕北道情和陕甘宁边区民歌演唱以及器乐合奏《胜利进行曲》等。1948年6月29日,陕北新华广播电台播出了中共中央纪念"七一"和"七七"的办法通知。

1949年7月1日,北平新华广播电台(中央人民广播电台的前身)于纪念日前夕播出了毛泽东同志为庆祝中国共产党成立28周年撰写的重要文章《论人民民主专政》,并报道了华北各地职工增产节约迎接"七一"的消息。7月1日晚8点40分,北平先农坛体育场举行的3万多人纪念大会开始后,北平新华广播电台的实况广播也同步进行。当播音员宣布毛泽东、周恩来也来到体育场时,电台实时转播了现场群众的欢呼声。中国人民解放军总司令朱德铿锵有力的讲话通过无线电波传向四面八方:"我们党28年来的奋斗成果,只是在中国这块土地上铺平了新社会建设的基地。今后我们将在这个地基上建设成一个庄严的、富丽的、新民主主义的大厦来。"这次实况转播,真实再现了大会的热烈气氛,反映出共产党和毛泽东等领导同志在人民群众中的崇高威信。

此外,北平台还报道了各地分别召开纪念大会及各界人民欢庆"七一"的消息。当晚的文艺节目还播出了《国际歌》《纪念"七一"歌》《"七一"颂》等革命歌曲。

刚成立的上海人民广播电台则在当天的"处女采访"中,报道了逸园举行的"七一"纪念会,报道了中国人民解放军入城式的阅兵典礼和军民联合大游行。军民在大雨滂沱中欢笑歌唱,庆祝解放。

三、新中国的"七一"广播

新中国成立后,每年建党节期间,都有相关的广播报道和宣传;逢"五"或"十"周年时,各电台还会遵照相关指示,提前安排当年的宣传计划,并把"七一"宣传作为工作重点,在节目数量、种类和宣传的投入、规模上做相应提高。如1951年6月1日,中央广播事业局发出为纪念"七一"给各地人民广播电台的通知,指出:为庆祝中国共产党建党30周年纪念日,各台自即日起,应着手准备纪念节目,并于6月中旬起陆续播送。并要求"纪念节目应尽量照顾广播特点,内容应力求生动,但又必须注意严肃。文艺节目安排也须注意质量"。①根据通知精神,各地电台随即开展了多种形式的建党纪念宣传。6月30日晚,在北京先农坛体育场,首都各界人民庆祝中国共产党成立30周年纪念大会隆重举行,毛泽东等党和国家领导人出席会议,刘少奇在现场发表了《在中国共产党成立30周年庆祝大会上的讲话》。中央人民电台对此做了及时、详尽的报道。

1961年6月30日,中央人民电台从18点50分开始转播首都庆祝中国共产党成立40周年大会的实况。北京电台(中国国际广播电台前身)编发大会新闻,并摘要播送刘少奇的报告。中央人民电台21点20分在第二套节目中重播了刘少奇的报告录音,并在第二天早晨《报摘》节目中播送了报告摘要。

改革开放以来,广播界一面"集天下之精华",广纳博取其他媒体优长,一面践行"自己走路"的方针,逐步形成自身特色。每当遇有重大宣传任务时,都发挥着党和政府舆论宣传主阵地的作用。每年的"七一"建党宣传也不例外。1981年7月1日,中央人民电台转播首都庆祝中国共产党成立60周

---

① 《当代中国的广播电视》编辑部.中国广播电视大事记[M].北京:北京广播学院出版社,1987:43.

年大会，中央人民电台第一、二套节目和对台湾地区广播也并机转播，营造了热烈和谐的舆论氛围，也初步显示出电子媒体的独特优势。

10 年后的 1991 年"七一"前夕，各电台精心组织宣传，提前策划，从 6 月份即开始在新闻、专题节目中推出系列节目，"广泛、深入地宣传了党的光辉历程，歌颂了建党 70 周年的丰功伟绩，报道了各级党组织加强党的建设的典型经验和各条战线的优秀党员的先进事迹"。

2001 年，中央人民电台、中国国际广播电台和各地方电台根据中央部署，年初即制定计划，把建党 80 周年纪念宣传作为当年的头等宣传大事，通过新闻、专题、系列节目等多种形式，把各项宣传做得有声有色。这些节目围绕党的历史和现实做文章，用纵横交织的手法，讴歌在党的正确领导下社会主义建设所取得的成就，播出后社会反响不错。

在今年的建党 90 周年前夕，中央人民电台、中国国际广播电台及其他中央主要媒体和各省区市党报、主要都市报，从 2 月初开始联合推出大型人物专栏《"双百"人物中的共产党员》，为"100 位为新中国成立作出突出贡献的英雄模范人物"和"100 位新中国成立以来感动中国人物"中的共产党员立传，以时代先锋照亮百姓生活，提前打响了建党宣传的重大战役。随着时间的临近，宣传内容日益密集、形式日趋多样化，以达到"七一"当天把纪念活动推向高潮的效果。

四、"七一"广播的变革与坚持

正如人的成长是以经验和教训为阶梯一样，"七一"广播在 70 年的历史长河中，在内容与形式上不断探索，勇于实践，善于突破。

最早的"七一"广播宣传，只有新华社稿件。随着播音条件的改善，"七一"广播的宣传首先增加的是文艺演出活动，如通过播放一些脍炙人口的红色歌曲，渲染节日的气氛和人民群众的喜悦心情，收到了较好的社会效果。继之各人民电台还从广播的媒介特点出发，开辟出新闻、评论、文艺、演讲、知识竞赛、广播谈话、广播剧等各种题材，使"七一"广播的内容日渐丰富，为听众所喜闻乐见。

早期的"七一"广播一般时长较短,节目形式单一。随着节目内容不断增加,节目的时长也随之增加,尤其是现场直播、直播报道等广播形式的运用,使得"七一"广播宣传日益呈现出与其他媒体不同的个性特征,较好地体现了各地人民"七一"纪念活动时的现场感和喜庆气氛。而演播室谈话节目、大型专题文艺晚会、诗歌、音乐会、历史和知识型专题、政论片等多种形式的交互运用,则使得这一意识形态色彩鲜明的主题节目形式更加多样,可听性增强。近年来,各电台的"逢十"宣传都是在年初即制定周密计划,提前几个月即推出如《党史上的今天》等系列节目,到"七一"这天达到宣传高峰,把这一既定主题的广播宣传提上了一个新台阶。

虽然岁月荏苒,时势变迁,广播技术不断提高,节目内容和形式日益丰富多彩,但 70 年来的"七一"广播,却始终围绕一个主题,即歌颂中国共产党。因为从根本上看,广播(包括电视、报纸等大众媒体)纪念和宣传建党节,就是纪念中国共产党建党后带领人民奋斗不息、谋求国家独立和富强的历史,目的是进一步增强广大党员群众对社会主义的信念、对马列主义的信仰、对建设中国特色社会主义的信心和对党中央的信任。这也正是"七一"广播的价值与意义之所在。

二战时期广播演讲的省察与反思[*]

二战期间,中、英、苏、法、美等一些国家的政要和社会名流,纷纷通过电台发表演讲,帮助民众认清形势,为反法西斯战争进行宣传动员;而在法西斯阵营,希特勒则通过广播、报纸等大众传媒发动了战争,并借助广播演讲进行舆论鼓动。无论从参与战争的哪一方来看,广播演讲在其中都发挥了重要的作用。

一

1937年,中国的抗日战争终于全面爆发。为配合前方战事,国民政府的各大电台都组织了名人演讲节目:中央电台曾邀请抗日将领、国民党内的抗战派、爱国人士和国际友人如冯玉祥、李济深、郭沫若、陈独秀、沈钧儒、黄炎培、爱德华(印度援华医疗队队长)等到电台演讲,揭露日寇的残暴行径,号召广大同胞团结起来,共同抗日;呼吁世界反法西斯力量共同努力,坚决打败德、意、日法西斯侵略者。

1937年10月9日,国民政府主席蒋介石也通过广播发表"国庆"演说,表达了抗战必胜的信心:"愿人人立定决心,追踪着几十年来革命先烈的轨范,踏着我们前方烈士的血迹,一致奋起,为国努力。抗战是一定胜利的!中华民国一定有光辉灿烂的前途!"[①]

---

[*] 本文原载于《新闻界》2007年第1期。
① 《广播周报》(1937年卷)[N].南京:中央广播事业管理处,1937.

1938年春夏，由于上海、南京相继失守，武汉暂时成为中国的抗战中心，"保卫大武汉"的活动风起云涌。蒋介石、冯玉祥、周恩来、彭德怀、郭沫若、邵力子、黄琪翔、张厉生等各方面代表人士纷纷到电台发表广播演说，激励民众的抗日斗志。4月7日至13日，武汉举行抗战扩大宣传周活动。8日，周恩来在《新华日报》上就如何进行抗战宣传发表专论，强调指出，宣传周要扩大到前线，首先利用每天的广播讲演，鼓舞前线浴血奋战的战士。17日，周恩来应邀到汉口台发表了题为《争取更大的新的胜利》的广播演讲：

更大的新的胜利怎样争取呢？

我认为首先要更加巩固全国的团结。抗战九个月来，我们中国有了空前的统一的政府、统一的军队、统一的最高统帅和民族的觉醒，结成了不分党派、不分信仰、不分地域、不分种族的全民族的大团结。这是抗战必胜、建国必成的基本条件。尤其二期抗战后，全国各政治党派中心力量集于武汉，最近国民党临时代表大会又发布了战时的抗敌建国纲领及其宣言、决议等等，更能推动全国的团结趋于巩固。我们热望这种团结一直巩固下去，一直发展到全国，一直团结到抗战胜利以后。

次之，我们更加努力争取前线上的胜利……

再次，我们要努力争取时间建立新军，以准备决定性的战斗……有了这样的国防军，才能保障新的胜利的到来，保障最后胜利必属于我们。[①]

1939年5月31日，周恩来又一次作为中共代表，应邀到重庆国民政府的中央广播电台发表了题为《二期抗战的重心》的演讲。演讲一开始周恩来就明确指出，二期抗战的重心是在敌后；接着围绕这一主题层层展开论述：日军由于兵力、财力、物力、人心等因素的限制，绝不可能进行长期战争，在

---

① 周恩来.周恩来政论选（上）[M].北京：中央文献出版社，1993：183–190.

"速战速决"和"速和速结"的策略相继失败以后，便转向以战养战，企图利用我方人力、物力、财力来打我们，已由主动变被动，因此二期抗战的重心便是集中兵力深入敌后，争夺敌后，建立根据地，从而积小胜为大胜，取得二期抗战的最终胜利。演讲集分析、说理、叙述、议论为一体，对当时的抗战有重要指导作用。

在国民党的国际电台开播后，日本反战同盟的有关人士曾到电台发表演讲，劝告日本人民勿受军国主义欺骗，呼吁他们抵制侵略战争。宋霭龄、宋庆龄、宋美龄三姐妹的对美广播讲话，对于促进美国朝野了解中国、援助中国的抗日斗争也无疑起到了很大作用。

许多民营电台也积极组织、筹办了一些广播演讲节目：1937年8月10日至29日，由上海市各界代表组成的抗敌后援会，组织、邀请了上海各界名人吴蕴斋、王芸生、王云五、曾虚白、梅龚彬、洪深等80人轮流在上海、华美、大中华和中西4家广播电台举行筹募救国捐款广播演讲。9月，抗敌后援会又与中国特种教育联合会举办无线电名人抗日救亡广播演讲，每日两次，每次由两人分别在两家电台同时演讲，其他电台转播。

二

在欧洲，1939年8月31日晚9时，被称为"语言魔术师"的希特勒，一方面枕戈待旦，做好了侵略波兰的一切准备，另一方面却通过所有的德国电台，发表了混淆公众视听的波兰"和平建议"：

> 我曾一再做出努力，争取在奥地利问题以及随后的苏台德地区、波希米亚和摩拉维亚等问题上通过和平途径澄清事态，并取得谅解；但是，一切都归于徒劳……在我同波兰政治家们的会谈中，……诚恳建议……遭到了拒绝，……整整两天，我和我的政府在等待着，看看波兰政府是否方便，能够派遣一位全权代表前来，……但是，我再也看不到波兰政府有任何诚意同我们进行认真的谈判……

昨天夜间,波兰正规军已经向我们的领土发起第一次进攻。我们已于清晨5点45分起开始还击。从现在起,我们将以炸弹回敬炸弹。①

事实上,希特勒从未向波兰人提出过什么"建议",而波兰也压根没有对德国发动什么进攻。但就在第二天,法西斯德国却以此为借口,悍然开始了对波兰的侵略战争。

9月3日,英法两国被迫对德宣战,第二次世界大战全面爆发。

在此后的整个战争进程中,希特勒还发表了大量富有煽动性的演讲,每逢纳粹集会,这些咆哮般的演讲就会通过电台播放出来。不明就里的德国人,一次次被他的大话和谎言蒙蔽。也许正如加拿大传播学者麦克卢汉所言,是广播造就了希特勒。希特勒利用广播这个"热辣"的"部落鼓",唤起了德国人的原始本能,让"他们踏着这种部落鼓的节拍如醉如痴地手舞足蹈"。②

1940年6月17日,法国的贝当元帅向德国投降。次日,流亡英国的戴高乐将军在伦敦布什大厦的播音室里,向法国人民发表了《谁说败局已定》的著名演讲:

我们确实打了败仗,我们已经为敌人陆、空军的机械化部队所困。我们之所以落败,不仅因德军的人数众多,更重要的是他们的飞机、坦克和作战战略。正是敌人的飞机、坦克和战略使我们的将领们惊慌失措,以至出此下策。

但是难道败局已定,胜利已经无望?不,不能这样说!

请相信我,因为我对自己说的话胸有成竹。我告诉你们,法兰西并没有失败。我们完全可以以其人之道还治其人之身,并有朝一日扭转乾坤,取得胜利。③

---

① 解力夫. 二次大战三元凶——盗世奸雄希特勒[M]. 北京:世界知识出版社,1994:234.
② 麦克卢汉. 理解媒介:论人的延伸[M]. 何道宽,译. 北京:商务印书馆,2000:367.
③ 戴高乐. 谁说败局已定[A]. // 王建华,等. 世界名人演说精粹. 南昌:江西人民出版社,1995:442.

> 因为法国并非孤军作战。她并不孤立！绝不孤立！她有一个幅员辽阔的帝国作后盾，她可以同控制着海域并在继续作战的不列颠帝国结成联盟。她和英国一样，可以得到美国雄厚工业力量源源不断的支援。
>
> ……

正是这篇言简意赅、庄重雄浑、充满爱国激情和必胜信念的演讲，以一种不可抗拒的气势和力量，使法国人民在黑暗中看到了光明。

1941年6月，德国单方面撕毁《苏德互不侵犯条约》，大举入侵苏联。

在德国入侵苏联的当天，英国首相丘吉尔也于当晚在BBC电台发表对英国民众的广播演说。他开门见山地向英国民众发布了德国入侵苏联的消息，指出苏联与英美之间休戚与共的战略关系，并呼吁全世界人民投身到这场争取正义和自由的战斗中去：

> 我们只有一个目标，一个唯一的、不可变更的目标。我们决心要消灭希特勒，肃清纳粹制度的一切痕迹。什么也不能使我们改变这个决心。什么也不能！我们决不谈判；我们决不同希特勒或他的任何党羽进行谈判。我们将在陆地同他作战，我们将在海洋同他作战，我们将在天空同他作战，直至邀天之助，在地球上肃清他的阴影，并把地球上的人民从他的枷锁下解放出来。①

此后不久，美国也被迫卷入了战争。在战争的凄风苦雨中，美国总统罗斯福通过广播，用亲切的"炉边谈话"形式，一次次地与听众促膝谈心。他用风趣而亲切的话语，点燃了民众的希望之火：

---

① 丘吉尔.关于希特勒入侵苏联的广播演说［A］.//王建华，等.世界名人演说精粹.南昌：江西人民出版社，1995：437.

我们现在处于一场战争之中，不是为了征服，不是为了报仇，而是为了这样一个世界，在这个世界上，我们的国家和我们国家所象征的一切都将对我们孩子是安全的。我们期望能消除日本的威胁，但是，如果我们只做到了这点，却发现世界其他部分由希特勒和墨索里尼支配，那就对我们没有什么好处。

我们将打赢这场战争，我们将赢得战后的和平。①

在世界正义力量的共同努力下，1945年5月，反法西斯战争取得决定性胜利。5月8日德国投降的那一天，恰逢美国新任总统杜鲁门的61岁生日。上午9时，杜鲁门发表广播演说（与此同时，丘吉尔和斯大林的广播演讲也在进行），他的第一句话是："盟军在上帝的帮助下，经过牺牲和全力以赴之后……"守候在收音机旁的人们都不自觉地跑开了，他们欢呼、跳跃、拥抱、舞蹈、歌唱、哭泣……

同年8月15日，由日本天皇裕仁亲自宣读的"终战诏书"（也称"玉音放送"）通过广播向全世界播发。

广播，陪伴着人们迎来了反法西斯战争的胜利。

三

二战期间，各国政要和社会名流之所以纷纷把广播演讲作为与民众交流、沟通的主要方式，其原因不外以下几点：

其一，广播媒介消除了人际传播的空间障碍，把其所传达的信息加速扩散，从而大大彰显了其在舆论鼓动和舆情引导方面的作用。

诞生于20世纪20年代的广播，到30年代便在受众规模上远远超出了报纸。第二次世界大战爆发后，报刊的印刷、出版和发行受到了很大制约，但

---

① 罗斯福.炉边谈话[A].//叶童.世界著名演说家演说实录.天津：天津人民出版社，1996：420.

人们对于各种信息的需求却空前增长，此时广播无远弗届、传递迅捷的优势就充分显现出来。在美、英、德等发达国家，人们主要是通过广播了解战争状况的：美国国家调查中心的一份报告表明，第二次世界大战期间，对大众服务贡献最大的新闻媒介是广播，占67%；英国的报刊虽然一直拥有非常广泛的读者群，但广播才是战况的主要提供者，英国人总是先从广播听到战况，再从第二天的报纸上阅读相应文字信息。如1944年6月6日，英美军队在法国诺曼底登陆，开始大规模进攻，是广播最早报道了进攻的消息，当时广播的收听率达到了高峰。而德国1939年家庭拥有收音机的数量就已超过了70%。中国虽然经济落后，但在当时上层人士聚集的上海、北京、南京、广州、哈尔滨、武汉等几个大城市，收音机也已经相当普及。抗战开始后，中国的广播事业虽然遭受了一定程度的破坏，但国民政府中央电台的影响力却日益增大，发展势头强劲，1940年1月开播的国际广播，更是把中国人民的声音传送到地球的各个角落，把中国人民的抗日战争同世界反法西斯战争连在了一起。

由此可见，战争进程推动了广播的发展，也提升了广播的地位，使得广播在当时成为无可置疑的强势媒体，自然也成了各国政要发布政见、鼓动国民的首选媒体。

其二，由于政界名人普遍具有政治权威，很容易在大众心目中产生"光环效应"，因而当社会危机到来时，他们往往会利用这一普遍的社会心理现象，亲自出面进行广泛深入的舆论动员工作。广播演讲即为其中的一种重要形式。

各国政要、文化名流在广播中的演说，制造了一种虚拟的人际传播环境。借助广播，他们的思想、声音、语气和态度被立体地呈现给了广大听众。出于民众对领袖人物的崇敬心理和对战争进程的高度关注，这些名人演讲在此时所发挥的劝诱和施教功能是和平年代所难以企及的。

也应看到，广播演讲强大的信息扩散功能"一方面造就友善的全国性政治人物，另一方面也可能成为被煽动家利用的手段"。[①] 如前所述，二战期间，

[①] 布尔斯廷.美国人：民主的历程[M].谢廷光，译.上海：上海译文出版社，2009：586.

希特勒控制了包括报纸、广播在内的德国传媒，为他的不义战争做动员，从而蒙蔽了大多数的德国民众，使他们心甘情愿做了他的战争工具。再如东条英机也曾在日本放送协会（NHK）发表关于妇女的广播演说，强调日本妇女在"圣战"中所起的重要作用，希望她们在"国家处于危难之际，要通过家庭为国家效力"，发挥"日本的家族制度的优良传统"，建立"内助之功"，培养有忍耐精神的孩子等。正是在媒体的不断鼓吹下，日本妇女在侵略战争的泥沼中越陷越深，成为侵略战争的积极支持者，最终又成为侵略战争的受害者和牺牲品。

而战争初期处于明显劣势的戴高乐、丘吉尔等人掷地有声、震人心魄的激情演说，则使艰难处境中的人民看到了希望，认清了大局，从而树立起必胜的信念。事后证明，正是依靠广播演讲的威力，戴高乐把流散各地的法国抵抗力量凝聚在一起，并从流亡海外的将军走向了法国领导人的位置。1944年诺曼底登陆前夕，戴高乐用他的广播演讲有力地配合了盟军登陆。6月2日，他通过BBC向分散在法国境内的各抵抗组织发出统一的动员令，又在5日和6日夜间向统一后的"法国内地军"下达立即行动的通告，与盟军登陆部队里应外合。对此，盟军最高统帅艾森豪威尔的评价是：戴高乐此举的贡献等于增加了盟军15个师！而这位总是在广播中发表演讲的将军，也因此获得了"麦克风将军"的雅号。

其三，作为当时继海、陆、空之后的"第四战线"，无线电广播成为各交战国的重要军事宣传渠道。政府通常在战时对媒介事业采取特殊体制，如对全国广播实行集中管理、统一运营等措施，以控制它们的信息发布。因此对于电台来说，自觉地转换为宣传战争的工具，为政界、军界或文化界名人提供宣讲阵地，既是扩大其影响的优选"项目"，事实上也是在完成政府赋予的一项任务。

如今，那场交织着血与火的战争已过去了60年，二战时期广播与广播演讲缔造的传媒神话却在历史上留下了永恒的烙印。

民国时期基督教广播特色初探*

在当今世界各国的基督教传播体系中，无线电广播一向备受重视。人数和规模日益增长的世界基督教广播联盟（WACB）、基督教广播协调委员会（CCCB）和一年一度的基督教广播公司会议即是有力证明。中国也是较早利用广播传播基督教的国家，且在 1949 年以前产生了较大影响。然而，随着中华人民共和国的成立和基督教广播事业在大陆的消失，这一史实目前已甚少为人所知。基于此，本文将尝试从梳理民国时期基督教广播的产生与发展进程入手，并以上海福音电台为个案，对其进行传播学视角的审视和分析。

一

1920 年，广播事业在美国被政府正式确认为一项社会事业，从而开启了人类电子传播的新时代。为了"将上海带入世界先进城市的行列"，1923 年 1 月 23 日晚 8 点，美国商人 E.G. 奥斯邦（E.G.Osborn）在上海违禁创办的首家无线电广播台"大陆报——中国无线电公司广播电台"开播了。① 此时，在上海基督教青年会罗伯森（C.H.Robertson）教授装设的一架收音机前，500 多名中外听众聚集一起，认真聆听了包括福音歌曲《金门四重唱》（Golden Gate Quartet）在内的所有节目内容。不仅如此，罗伯森教授还现场发表谈话，讲解无线电广播知识，足见基督教团体对这一现代媒介的重视。

---

* 本文原载于《国际新闻界》2010 年第 7 期，与朱丽丽合作。
① 上海市档案馆，北京广播学院，上海市广播电视局. 旧中国的上海广播事业 [M]. 上海：档案出版社，1985：2.

继之于 1924 年开办的上海美商开洛电台也设有基督教节目：一份 1925 年 6 月 1 日的开洛电台节目表上显示，每周日上午 11 时至 12 时为美国教堂讲座及赞美歌节目。①

早期美商开洛电台的节目安排显然是借鉴了美国本土广播的初期样式——美国第一家获得政府执照的 KDKA 电台就有教堂仪式转播，稍后开办的其他电台也大都有基督教节目。这种并不高明的节目"克隆"方式，使得基督教这一外来宗教在中国率先实现了与广播媒体的联姻。

上海作为我国基督教广播的发祥地，到抗日战争前，不仅办有基督教节目的电台有所增加，而且出现了国人自办的基督教电台。《中国无线电》杂志刊登的抗战前夕上海各广播电台（1937 年 1 月 5 日）情况显示，当时已有四家电台设有宗教性节目，分别是中西广播电台、福音广播电台、国华广播电台和华侨广播电台。其中，福音广播电台为纯宗教电台。另据福音广播电台经理王完白回忆，"因余（王完白）之介绍接洽，请著名教会负责讲道，由电台长期义务播送者，已有多家，如中西，国华，航业，利益，友联等"。

在北京，1932 年初，由美国基督教公理会创办、由中国人陈昌佑任校长的通州区潞河中学广播实验电台建立，呼号为 LVH06。1933 年 5 月 6 日，育英中学设立的育英广播无线电台试播，②月末正式播音，呼号 XLKA，③发射功率起初为 30 瓦，1934 年因电力不足暂停广播，1935 年秋恢复播音。该台每周二、四、六晚七时至八时半由学校负责，周三、五、日则由华北福音广播社负责。④

---

① 上海市档案馆，北京广播学院，上海市广播电视局. 旧中国的上海广播事业［M］.上海：档案出版社，1985：24.
② 北京市方志编纂委员会. 北京志·新闻出版广播电视卷·广播电视志［M］.北京：北京出版社，2006：23.
③ 北京市方志编纂委员会. 北京志·新闻出版广播电视卷·广播电视志［M］.北京：北京出版社，2006：23.
④ 齐耐敌. 四年来育英广播电台之概括［A］//北京市第二十五中学校史编委会. 育英史鉴. 2004：15.

1937年"七七"事变后,电台由学校自行拆毁。①

此外,据现有资料,浙江绍兴市1934年也曾出现播送基督教节目的广播电台——越声广播电台,该台于民国二十三年(1934)建立,台址始设绍兴城区净瓶庵前,1936年3月迁至北海桥,呼号XLIO,功率25瓦,距城区15公里左右的平原地带可清晰收听。电台设置的节目除了《基督教义》之外,还先后有《本县新闻》《德育常识》《总理遗教》《科学常识》《卫生演讲》《无线电常识》《商业常识》等。1940年停办。

抗日战争的爆发,许多电台节目停播使得基督教广播事业受到很大冲击,直到抗战胜利后才再度短暂繁荣。除原有的一些电台继续播送基督教内容外,陕西等地的一些电台也曾设有讲道节目。

其中,上海福音广播电台作为纯粹的基督教广播电台,可谓当时基督教广播中发展成熟的典型代表。福音广播电台于1933年12月2日在上海博物馆路一二八号正式播音,呼号为XHHA,发射功率150瓦,频率840千赫。发起人是王完白等一些热心的基督徒。1936年元旦,福音广播电台建成启用1000瓦新电机,呼号改为XMHD,并组建上海福音广播社,公开征求社员及会费,凡年捐2元以上者皆为福音广播社社员。1938年,日本侵略者在上海设立"广播无线电监督处",勒令民营电台前往登记,上海民营电台工会在王完白主席的带领下拒绝登记,福音广播电台遂由教会中的美籍人士向美国领事署登记以求保护,转为美商电台继续播音。1941年12月太平洋战争爆发后,该台被日军报道部以"敌性电台"为名接管,改为大东广播电台,由日伪广播事业建设协会管理。1946年7月抗战胜利后,国民政府在取缔外商电台过程中,涉及福音广播电台国籍问题,该台董事会名誉董事长孔祥熙(时任国民政府行政院院长)为其作国籍证明。同年9月8日获准复业,与合众电台共用频率1120千赫播音。

上海解放后,福音广播电台因违反军管条例和人民政府法令而于1951年1月24日被明令禁止播音。中国的基督教广播事业就此告一段落。

---

① 董恩.我们的电台[A]//北京市第二十五中学校史编委会.育英史鉴.2004:256.

二

可以看到，中国基督教广播的创办经历了由外国人引入到中国人自办的过程。它不仅反映了中国基督徒自主传教的意愿，而且为基督教广播在内容和形式上的"中国化"提供了先决条件。

在传播者的选取上，基督教广播电台常邀请中国政界、文化界知名基督徒和基督教领袖在电台发表演讲，利用"名人示范效应"来吸引中国听众的关注，进而走上信教之路。

以福音广播电台为例。该台最初的发起人是王完白、李观森、赵晋卿、谢颂羔、丁佐成、梅立德夫妇，后来又有李耀邦、卢信恩等人加入，王完白被选为电台经理，管理电台一切事务。后来由于王完白工作繁忙，改由梅立德和卢信恩[①]负责，因梅、卢两位先生皆为外国人，与组织法规有抵触，于是王完白1937年7月复任电台经理一职。王完白生长在浙东的一个佛化家庭中，受热衷佛学的父亲影响，也曾信仰佛教，后来转而信仰基督教，并成为家乡崇信基督的"首熟果子"。[②]作为电台的经理和《福音广播季刊》中文部分主编，王完白对福音广播电台的发展起了至关重要的作用。他创立过福音医院和礼拜堂，也开办过女学校，还曾发起许多地方公益慈善事业，并担任过一些全国教会、医学会的名誉职务，还曾任上海民营无线电播音业同业公会主席职务，社会活动极为频繁。"一二·八"沪战后，王完白来到上海避难，在中西电台进行基督教教义与医学常识的演讲，反响良好，许多听众就是听过他的演讲后而"归主"的。后来，王完白感觉只在商业电台插播一些宗教节日不能尽全力发展基督教广播，因此约集数人，另创了基督教福音广播电台。在福音广播电台，王完白的节目仍大受欢迎。他负责每晚七点到七点半的医学卫生节目，还曾在电台播讲急救防毒知识。

---

① 《福音广播季刊》英文部分的主编。
② 陈文文，徐翠.上海福音广播电台——中国空中福音的先声[J].科技信息，2009（25）：549.

当时上海的教会领袖也常来福音广播电台演讲,"主每日早晚之各项节目,皆全沪教会领袖热心赞助,义务演讲,每星期之讲员几达百人之多"。① 王载、赵世光、戚庆才、竺现身等知名牧师都曾经担任主讲,其中竺现身牧师长期担任驻福音广播电台讲员。

政界的一些基督徒也是福音广播电台的常客——"蒋夫人宋美龄女士演讲""外交总长张岳军夫人马育英女士演讲基督徒对于社会的责任""圣约翰大学卜方济校长英文演讲""沪江大学刘湛恩校长演讲奋战、团结、牺牲",② 都在当时引起了很大反响。1947年,福音广播电台还邀请蒋介石于12月21日晚9时发表题为《效法耶稣精神,奋斗到底,坚定信心,克服一切艰难》的耶稣圣诞节广播。可以想见,这些知名人士以基督徒的身份在福音广播电台的播讲,必定会起到一定的示范作用。

在传播内容上,福音广播电台既有针对病人、儿童、妇女等弱势群体设置的特别节目,又关心时事政治,及时报道和反映国家大事,在形式上则采取"医药传教"和音乐、新闻等多种"载道"方式,从而在一定程度上拓展了基督教广播在中国的适应面与普及面。

"科学的传播靠的是以理服人,靠的是逻辑力量,靠的是可靠的事实和实践证明。信仰传播靠的是先入为主的灌输,尤其是人生早期的灌输。科学强调真,信仰强调信。科学存在和得以传播的基础是真实,信仰得以存在和传播的基础是信以为真。"③ 基督教是一种来自西方的信仰宗教,要想使以传播基督教义为目的的广播使中国人相信,摆脱单纯说教是十分重要和必要的。福音广播电台在宣传基督教义中那些被认为永恒不变的"真理"时,为了能使"老生常谈"能够"常谈常新",其节目内容非常注重针对性和实用性,也具有很强的现实指向。

在该台的新闻节目、宗教性节目、文艺节目及医药儿童节目四大类别中,宗教性节目占的比例最大,为43%。宗教性节目主要是面向基督徒,使他们

---

① 王完白.前奏曲[J].福音广播季刊.1936,1(2):1.
② 陈文文,徐翠.上海福音广播电台——中国空中福音的先声[J].科技信息,2009(25):507.
③ 赵建国.终极关怀——信仰及其传播[M].北京:中国传媒大学出版社,2008:158.

通过收听广播，更加理解基督教教义，同时跟随节目参与祈祷等宗教仪式，从而更加"接近"耶稣基督，来增强信仰，增加"灵性"而获得"重生"。这也佐证了该电台的宗旨："辅助造就基督人格，救助未得真理者，及辅助各需要者。"①

其次是医药、儿童节目，占总量的23%，主要针对病人及儿童这两类特殊听众群体，目的是实现"医务传道"和培育"儿童基督化人格"。

根据中国社会落后的医疗卫生状况和中国民众对外来宗教的态度，19世纪来华的传教士们逐步探索并形成了一系列独具中国特色的传教方法，"医药传教"（Medical Mission）即为其中之一种。②马礼逊、米怜、郭士力等早期来华的传教士，都是一边亲自布道，一边通过创办宗教杂志和行医送药来接济中国百姓。"医药传教"的方法不但有利于打破中国人对于基督教这一"洋教"的怀疑和排外心理，同时使那些被医治痊愈的病人对基督教产生好感，最后接受他们的教义。福音广播电台也沿用了这一方法。电台"主播"之一王完白就是以一名医生的身份，每天在节目中播讲半小时的医学和卫生常识节目："编者每晚七时起所任之演讲，自本台创设迄今，从未间断，虽以医学卫生为名，实以后半段之道德贡献为主体，听众之由此信主者，为数殊多。"③"完白在无线电台演讲，题材是以医学为宝，宗教为主，意在引人入胜，历年因收音而信仰基督的，已难屈指计算。"④《福音广播季刊》几乎每期都有病人的来信，信中叙述他们在听了医学和宗教演讲后如何得到身心上的健康。如一位宁波的徐先生来信表示："我最敬爱的完白大医师，鄙人在五个月前曾经要求医师答复医药问题，后因经济不继，回家调养，现居之地，空气与环境俱佳，依照先生所讲之四项肺病调养法，皆悉心遵守，新近购得收音机，得重聆宏论，对宗教已决意信仰，实行日夜祈祷。"⑤

---

① 福音广播季刊.1936，1（2）.
② 吴义雄.医务传道方法与"中国医务传道会"的早期活动［J］.中山大学学报论丛，2000（3）.
③ 福音广播季刊.1938，2（3）.
④ 收音机畔的女信徒［J］.福音广播季刊.1938，3（1/2）.
⑤ 福音广播季刊.1938，2（3）.

在积贫积弱的旧中国，虽然拥有收音机的家庭大多为城市中上层人家，但若因"收听"广播节目而使病体康复，似乎在今天看来都是一种经济而安全的选择。而大量医药知识等内容的播讲，也吸引了许多非基督教信徒的收听，① 事实上等于培养了一批潜在的基督徒。

罗素曾指出："绝大多数人信仰上帝，是因为他们从儿童时代起就受到了这种熏陶，这才是主要的原因。"② 实施儿童教育，培植儿童基督化人格，介绍他们接近教会，从而引领他们"归主"，是很多基督教组织极为重视的。福音广播电台每日下午五时三十五分，由专家担任儿童节目主播，除教唱诗外，还演讲故事，"本社对于该项节目儿童来信所问一切，皆不嫌麻烦，一一解答，以谋儿童福利"。③《福音广播季刊》从创刊起就办有《小朋友信箱》，刊载一些儿童听众的来信，10期的季刊中共刊登了18封儿童听众来信。

基督教从创立之始就把妇女看作社会中平等的一员，对其给予了极大的同情和关注。福音广播电台的读者来信以及一些见证中，也有大量关于妇女听众的内容。《福音广播季刊》在第三卷一、二合刊中还专门辟出一个板块"收音机畔的女信徒"，其中有王完白的介绍文章："就通信和会面的听众看起来，多数固属男性，然而女界收听感受的，确乎占着很高的数目，因为家庭中日常能坐在收音机旁的，似乎女性居多，无论识字与否，无不易于领受，我以为电台胜于报纸的地方，这也是很有利的一点。就本社已出版的八期季刊中，检查女界信主的记载，已经不少，现在专就已经知道的女信徒，再提出十位，证明主的奇妙救恩。"④

最后是新闻节目和文艺节目，各占17%，这说明基督教广播并未选择一味说教，而是同时结合了"曲线宣教"的策略，通过播送人们世俗生活中比较喜爱和关心的内容来吸引听众，然后慢慢浸润，改变那些普通听众。

福音广播电台还关心时政新闻，积极与当局展开互动，谋求基督教传播

---

① 这从《福音广播季刊》中的听众来信可以看出。下文有相关案例介绍。
② 罗素.为什么我不是基督教徒[M].北京：商务印书馆，1982：18.
③ 福音播音信箱[J].福音广播季刊.1936，1（2）.
④ 收音机畔的女信徒[J].福音广播季刊.1938，3（1/2）.

与政治意志的合拍共振。如在电台开幕时有上海市市长吴铁城、督办张之江的演讲；1934年举行新机落成礼时曾请蒋介石夫人宋美龄、张外长夫人等政界名人演说；针对1936年12月的重大政治事件——西安事变，福音广播电台还在1937年初发表了蒋介石的《耶稣受难之教训》，并指出"本电台素以基督教之信仰与实行为职志，与蒋委员长的主张如出一辙"。① 福音广播电台还曾专门发起为蒋介石广播祈祷的活动。1934年至1949年，中华民国政府发起"新生活运动"，基督教广播也利用基督教教义来比附这一活动，扩大自身影响。如竺现身牧师1938年曾于福音广播电台发表演讲，支持"新生活运动"，指出："自从信主耶稣以后，每晨读经祈祷，他（指蒋介石）受了圣经的话感动，多年来竭力提倡新生活运动。这是我们中国最大的希望。这新生活，换句话说，就是要弃旧换新，'作新人'。"②

三

基督教广播是否有助于听众信仰基督教和更好地从事基督教活动呢？从《福音广播季刊》中所刊载的听众"见证"中，我们可以看到基督教广播所带来的明显效果。"见证"是基督徒认为的一个十分神圣和荣耀的工作，主要是将他们如何信仰基督教和在信仰基督教后自己身心的改变过程叙述出来，以"证明上帝奇妙的恩惠"。《福音广播季刊》中刊载了大量的"见证"事迹，这些作"见证"的人都是在听了福音广播电台的播音后，转而信仰基督教的。他们以写信或亲自到福音广播电台见面的方式，将他们的信仰经过告诉播讲人员，如《听众五人同日受洗》《全家六人同时受洗》《三位女徒同时进教》等等。

统计显示，《福音广播季刊》在每期有限的篇幅内都发表了大量"见证"文章，最多的是第一期第二卷，达到了近20个"见证"故事，最少的时候

---

① 王完白.前奏曲［J］.福音广播季刊，1937，1（4）：1.
② 福音广播季刊．1938，2（3）．

也有 10 个。其中除少数几篇是电台讲员（如戚庆才、王完白、竺现身等）所作，其他都是普通听众的"证道"故事，几乎所有人都提到自己听了福音广播电台播音后感到"获益甚多""欢欣快乐"，"极想亲近上帝"；有的叙述自己因信仰基督教而"每星期日到礼拜堂去""研究圣经"，更有听众来信说因此而"恢复健康"和"解除稀有之毒瘾"。

"见证"故事在季刊中大都被归在一个版块内，起初版块命名为《几位空气中蒙召唤的人》，后又陆续改为《天空中所撒福音种子的结果》《有兴趣的听众轶事》《收音获益之证函》等，从第二卷第四期起，该版块被固定名称为《见证录》。1940 年和 1946 年，王完白又分两次把听众在福音电台的"见证"故事结集出版，书名为《见证如云：无线电听众之自述》[1]和《续见证如云》[2]，汇集了几十位基督教信徒在无线电广播中的自白，讲述他们在各自的人生过程中所体验到的基督教义和灵力的经验。这些"见证"背后，是一个个听众在收听福音广播电台广播后信仰和行为上的变化，是福音广播电台对他们影响效果的有力证明。

福音广播电台非常重视与那些基督徒目标受众的沟通，常免费为他们寄送根据电台播音稿编写的各种宗教性书目；并善于听取意见和建议，及时作出修改，显示出可贵的"受众本位观"。如王完白在每周五的播音时间，都会针对来信听众的问题作详细解答，其中有些是医学问题，更多的则是宗教问题，如告诉听众怎样祈祷、读什么神学书籍等。能够在播音时间回复听众来信，使听众感到受了很大重视，更加愿意与电台互动，也促使他们更愿意接受电台的传导信息。一位听众就表达了他在听到电台中的答复时的激动心情："的确是一剂良好的药剂，在电台中这样诚恳答复我，这非但是一种极大的安慰，并且表现出上帝的荣耀。"[3]

在这里，不信仰基督教听众的意见也会受到充分重视。有一位署名"秋帆君"的听众写信给王完白倾诉说："我并不是个耶稣教徒，可是因为身体

---

[1] 王完白.见证如云：无线电听众之自述［M］.广协书局，1940.
[2] 王完白.续见证如云［M］.通问报社，1948.
[3] 王完白.天空中所撒福音种子的结果［J］.福音广播季刊.1936，1（2）.

的衰弱,几年来被疾病缠磨着,弄得精神上苦痛非常,时常无缘无故地会起厌世思想,所以我很喜欢听福音电台的播音,由于是先生的医学与宗教,我希望宗教能够解除我的苦痛,但是对于布道之一节目,我感到非常失望(恕我坦白地说),因为他们的言论,不能叫我贸然来信仰耶稣,过去我尝看过一些哲学书籍,那里的唯物论,给了我很大的影响,因为宗教理论没有办法来说服唯物论,所以我也没有办法来信仰耶稣,所以我希望今后布道的先生们,能够侧重于宗教理论的讲解,想法子使一般未会信仰耶稣的也来信仰,不要单为已经信教的一味讲圣经就完了,要知道像我一样想信仰耶稣却没有办法相信的青年,不知道多少呢?他们站立在教堂外面,期待着你们理论的说服。"[1]面对这样尖锐的质疑,王完白立即作出了回应:"按我已允许秋帆君,在五月起,于每晚七时后讲医学与宗教时略讲唯物论与基督教,一经报告,立即收到许多青年学子的来信,表示欢迎此项题目。"[2]

在节目的组织上,福音广播电台采纳了很多非基督徒的意见,如王完白的演讲节目原是前半段时间讲医学、后半段时间讲基督教义,后来有听众来信反映说,他们由于并不是教徒,所以只听前半段,当播到后半段时就转台或关闭收音机了。王完白便立即修改播出计划,在前半段讲医学的时候也穿插着讲一些宗教知识。

此外,福音广播电台还向听众征求播音时间,因为有听众要求将王完白的医学讲座延迟一个小时,于是王完白在播音时间向听众公开征求意见,并决定"凭多数解决",为此电台收到了70多封信件。

由此可见,在致力于"中华归主"的宗教传播过程中,中国的基督教广播工作者作出了可贵的探索。这些深入千家万户、陪伴听众身边的"盒子传教士",为中国基督徒(和潜在的基督徒)建构了不同以往的空中"教堂",也为民国时期的大众传媒业增添了一道新的景观。

---

[1] 王完白.前奏曲[J].福音广播季刊,1937,1(4):1.
[2] 王完白.前奏曲[J].福音广播季刊,1937,1(4):1.

全面抗战爆发后广播业的结构变迁与功能拓展[*]

全面抗战爆发后,无线电广播快速及时、"无远弗届"的优势更加显著,当时"各军事消息的来源,差不多完全仰赖中央广播电台与国际广播电台的广播"[①]。广播可轻易越"界"传播,是战时争取民心、打击对手的理想工具。基于此,中国政府和日伪政权都将电台广播视为舆论战的前沿阵地,依据战争进程规划电台布局,广播对自己有利的消息,散布对敌方不利的新闻。广播成了战争的宠儿,战争也因广播的介入而发展出诸如攻心战、情报战等新式战术,形成继海、陆、空三大战线之后的"第四战线"。

一、对峙与互渗:广播电台的布局与结构之变

随着平津沦陷,京沪失守,华北、华东、华中、华南等沿海地区的广播业几乎被"摧残殆尽"[②],一些未及时撤离的电台也落入敌伪之手。为了"号召全国人民群起抗战,鼓起敌忾同仇的作战情绪"[③],国民党当局一面加紧推进广播电台的西迁工作,一面大力添设短波电台和流动电台,以优化广播布局,

---

[*] 本文原载于《学术交流》2017年第12期。
[①] 蒋中正.政训工作与普通宣传之要点(1941)[M]//秦孝仪.先总统蒋公思想言论总集(卷十八演讲).台北:中国国民党中央委员会党史委员会,1984:133.
[②] 赵玉明,艾红红,刘书峰.新修地方志早期广播史料汇编(下)[C].北京:中国广播影视出版社,2016:958.
[③] 吴道一.胜利还都与我国广播事业[M]//赵玉明.现代中国广播史料选编.汕头:汕头大学出版社,2007.

扩大电波覆盖,将中国的抗战之声传至最远方。

以天波传播为主的无线电短波电台"射程远,收效宏,而设备又较中波为简省也"①,是当时欧美国家对外广播的首选。但国民党政府直到1936年1月20日才开始在南京试播第一座500瓦短波电台(2月23日正式播音),以汉语、英语和马来语向海外各地侨胞传播祖国的消息,受众定位属于广义的"对内"广播(海外华人)。

然而,战争打破了这一专注对"内"的广播格局。日军飞机从1937年8月14日开始频繁轰炸南京,国民党中央广播电台不得不撤离南京,部分广播器材被紧急运往长沙。同年11月23日夜时,中央广播电台停播;刚投入使用不久的10千瓦中波电台长沙台接续播音,保证了国民党中央的声音不中断。当时与长沙台联合播音的,还有一部5千瓦汉口广播台、一部250瓦汉口短波台、一部3.5千瓦报话两用短波台(隶属国民政府交通部汉口电信局),后者成为国民党中央的临时对外宣传喉舌。值得注意的是,此时加开短波电台不只是为了增大发射功率,更是为了影响国外听众,让他们接收到中国的声音,以便"更有力地获得国际同情"②。

1938年3月10日,移驻重庆的国民党中央广播电台启用播音,功率起初为10千瓦,除汉语外,还用蒙语、藏语、回语广播,后又借用重庆电信局7.5千瓦电报电话两用机作短波广播,增加了厦门话、广州话节目。1938年11月,功率35千瓦的重庆中央电台短波台建成试播,1939年2月6日正式播出。1940年1月,中央电台短波台移交国际宣传处使用,同时更名为中国国际广播电台(VOC,Vioce of China),③正式对美国、欧洲和亚洲广大地区广播,对美广播呼号为XGOX,对欧洲和亚洲呼号为XGOY。中国国际广播电台的开播,极大改善了中国国际传播力不足的问题。1941年珍珠港事件后,远东反法西斯各盟国电台尽落日本之手,这座电台一度成为盟军在远东唯一

---

① 南京短波电台正式播音[J].无线电,1936,3(2):29.
② 吴道一.胜利还都与我国广播事业[M]//赵玉明.现代中国广播史料选编.汕头:汕头大学出版社,2007.
③ 吴道一.中广四十年[M].台北:中国广播公司,1968:86.

可用的联络枢纽,重庆的外国记者也都利用它转播和发稿。

为优化西部抗战广播布局,增强西南边陲国际广播的力量,1938年2月,经国民党中央常委会批准,中央广播事业管理处又支付美商西方电器公司30600磅,约合国币51万元,① 另拨出76.9万元作为筹备费,在云南昆明建起一座功率50千瓦的防炸电台,于1940年8月1日也即中央广播电台成立12周年纪念日当天开播。该台建制庞大,是抗战时期国内功率最大的广播电台,开播时就配备职员60余名(含兼职)。而之所以取址昆明,在于"以昆明地区地处西南边陲,且为通过国际路线之要隘"。② 从开播至抗战胜利,昆明电台总计播出的语言有普通话、粤语、厦门话以及英语、法语、日语、越南语、缅甸语等12种,还用自制的2千瓦短波电台播音,与日方电台展开了激烈的空中电波战。

配合前线作战及宣传需要,中央广播事业管理处还陆续添设了西康电台、西昌电台、甘肃电台和流动电台四座广播电台,1943年起又筹办军中播音总队,并在各战区建立分队。流动电台和军中播音总队均担负对前线战区和对敌广播的任务,且与国际电台、中央电台、昆明电台、贵州电台、福建电台、西康电台一起,形成了一个纵贯南北、深入西部内陆的国际广播网,用英语、日语、法语、俄语等多种语言向世界发声。其对敌广播的电台在1944年2月达到23座,总电力154.09千瓦,③ 主要分布于中部、中南部和西南部城市及战区,规模略超战前。

在共同的抗日目标下,共产党抗日根据地的广播建设也在紧锣密鼓地进行着。1940年12月30日,延安新华广播电台开播,成为抗日民主根据地对外宣传的重要渠道。

日伪政权的广播业则随着其占领区域的增多而不断扩张。在沦陷区,日伪电台逐渐从原来的中国东北、台湾地区向整个中东部、南部和东南沿海扩

---

① 吴道一.中广四十年[M].台北:中国广播公司,1968:81.
② 戴美政.抗战救亡的时代强音:昆明电台与西南联大对抗战广播的重大贡献[J].云岭声屏,2015(7):3.
③ 吴道一.中广四十年[M].台北:中国广播公司,1968:97.

张,"不但数量上远超过中国的官办广播电台,而且发射功率十分强大,仅伪满广播的发射功率即达300千瓦左右",①从而形成与抗战广播对峙的格局。

基于电波传播的强大穿透力和跨界互渗特点,日伪政权也针对国统区电台布局的变化而调整布局,在干扰对方电波的同时,提高自身的传播力。如伪满电台在1937年7月13日进入战时体制后,"对外方面,为了封锁当时日益激进化的南京广播电台,全满洲各个要地设立特别设施,坚决地要断然实行排击行动",除了在伪满边境设立电台外,还在大连增设短波广播,"从电波封锁的防卫性手段演变为积极开始对中国进行宣传广播"。②1939年,伪满首都新京(长春)20千瓦的短波广播建立起完全的双语广播体制,中国听众的人数也迅速增加。而汪精卫政权在南京建立伪国民政府不久,为了混淆视听,蒙蔽民众,竟然将伪"南京广播电台"改称"中央广播电台",呼号也定为XGOA,与重庆国民党中央台的台号和呼号完全一样。

一国之内,交战双方的无线电广播竞相发声,可谓前所未有。通常情况下,交战双方会在第一时间传播有利于自己的信息,为此甚至不惜制造谣言以损毁敌手。"广播战""电波战""第四战线"等理念及实践的盛行,正是这一媒介情势演化的必然结果。

对收音机用户来说,将"己方"广播与"敌台"广播对照收听,无疑可更好地辨别信息真伪。然而执政者又显然不希望民众获知对自己不利的信息,因此国民党当局和日伪当局都在加强区域内广播宣传、放大自己声音的同时,严厉禁止区域内民众收听敌台节目。在国统区,针对收音机用户有时暗自接收平津等敌方播送之无线消息并"相互传告,至足摇惑民心,影响抗战前途"③的现象,国民政府曾于1939年短暂出台《广播无线电收音机取缔规则》,试图取缔民间的私人收音机,同时对于"装置收音机之民户,切实指导晓喻,

---

① 赵玉明.日本侵华广播史料选编[A].北京:中国广播影视出版社,2015:278.
② 川岛真.伪满洲国的广播政策[Z].近代中国东北部文化国际研讨会论文(2004.9.13—15、长春):3.
③ 训令:湖南省政府训令第九二〇号[J].湖南省政府公报,1938(51):9.

以正听闻"。① 在沦陷区，日伪当局一方面强令收音机用户重新登记，另一方面还强令剪去可以收听短波广播的设备，迫使听众只能收听当地广播；发现收听非日伪广播者，则以"国事犯"论处。日伪当局还极力推销只能收听到当地广播的廉价收音机，强制中国居民购买，同时严厉取缔六档以上的电子管收音机，借以限制收听重庆和苏联、欧美的广播。

二、"分众"与"聚众"：广播节目的定位与主旨之变

在错综复杂的战争形势下，在"你中有我，我中有你"的广播格局中，无论是国民党广播电台还是日伪电台，都注意研究听众，根据听众的收听特点设置对象化节目，以聚拢民心，打击敌人。

如前所述，迁都重庆后，国民党电台的广播就不再像战前那样只关注中国受众和海外华人，而是国内宣传与国际宣传并重。"大抵中波趋重对内，短波兼重对外。"② 中国国际广播电台的设立与开播便是其国际广播建制化、体系化的结果。

对内广播的主旨自然是抗战救国。为了鼓励后方支持前线抗战，令沦陷区人民免受汪伪政权和日本政府的欺骗，国民政府和共产党抗日政权利用广播进行了持续不懈的抗日宣传。

"七七事变"不久，中央广播电台即转入战时宣传体制，"除了新闻和演讲外，其他专题节目全部停止；音乐节目只保留军乐，但更多的是播放抗日歌曲"。③ 1937年9月25日南京遭遇日军大轰炸那天，中央电台播出的却是平型关大捷的消息，给惊魂未定的听众带来胜利的希望。但是不久，日军攻占上海、常熟、太仓的坏消息也通过电台不断播出。11月20日，中央电台

---

① 审查收音机登记 [J]. 广东省政府公报，1938（395）：79.
② 十五年来我国广播事业之鸟瞰 [M] // 广播通讯（特刊第十期）. 赵玉明. 现代中国广播史料选编. 汕头：汕头大学出版社，2007：166.
③ 汪学起，是翰生. 第四战线——国民党中央广播电台掇实 [M]. 北京：中国文史出版社，1988：22-23.

奉命广播了一条重大新闻《国民政府移驻重庆宣言》，宣告政府为长期抗战着想，移驻重庆以作持久战斗。

1938年春夏武汉会战期间，冯玉祥、周恩来、彭德怀、郭沫若、邵力子、黄琪翔、张厉生等各方面代表纷纷到电台发表广播演说，激励民众的抗日斗志，在广大群众中引起了强烈反响，"保卫大武汉"的口号一时响彻全国。绿川英子（长谷川照子）、鹿地亘等著名日本友人也站在反侵略战争的立场，参加了武汉电台短波广播的对外宣传活动，并断言这场侵略战争必将以日本帝国主义的失败而告终。同年12月，国民党中央广播事业管理处拟定《抗战时期广播工作计划》，强调在抗战期间，举凡思想意志之统一、准确传递消息，以及唤起民族精神、健全民众组织等，无不依靠广播宣传，可见当局对战时广播宣传的倚重。

国民党、共产党广播还针对国统区、沦陷区听众设置不同的议题，实行"分众"传播，鼓励人民树立必胜的信心。

对沦陷区民众而言，原本的同一片国土，此时却与国统区比邻天涯，报纸已无法正常递送，而日伪的各种宣传却甚嚣尘上，混淆着沦陷区民众的视听。国民党中宣部国际宣传处一面负责编发每日"敌方广播新闻纪要"，供国民党军政要员参考，并提醒收阅者注意甄别，同时又在其内部工作周报上刊登"商讨关于驳斥汪逆组织之广播宣传事宜"[1]，利用电台讨伐汪精卫；一面又在深夜2时至4时对沦陷区进行广播，为沦陷区听众送去"精神维生命"。[2] 沦陷区听众"虽然遭受敌人统治，不得用短波广播机收听重庆广播，可是稍具国家观念的人，都在设法秘密收听。为收听重庆广播而被入狱受刑的民众，时有所闻。政府在战时的若干决策，沦陷区的民众完全是从广播中得来，就是胜利的消息，也是由重庆中央电台首先传播到沦陷区的"。[3]

---

① 宣传[J].中央党务公报.1940，2（14）：27.
② 麦克疯.崩溃前夕的党营广播事业（1948年9月）[M]//赵玉明.现代中国广播史料选编.汕头：汕头大学出版社，2007：260.
③ 麦克疯.崩溃前夕的党营广播事业（1948年9月）[M]//赵玉明.现代中国广播史料选编.汕头：汕头大学出版社，2007：259.

针对日伪的一些反动宣传，国民党中宣部对敌宣传委员会由国际宣传处的对敌科负责，主要工作就是收集和研究日本对华宣传的内容，制定反宣传的广播稿件。该会在1942年9月中旬组织过"对敌广播宣传周"，邀请众多研究敌情方面的专家和韩国、日本的反战人士进行对日广播演讲，如日本反战同盟成员青山和夫用日语播讲《"九一八"11周年纪念告日本国民》，潘公展用上海话播讲《"九一八"11周年纪念告江浙沦陷区民众》，韩国临时政府外交部长赵素昂播讲《"九一八"与韩国独立运动》等。此外还播送过《最近日寇的应战挣扎》《敌伪强拉壮丁的诡计》《敌方增强生产的暗礁》《再谈东条内阁局部改组》《敌寇所谓"国内决战体制"之分析》《所谓东亚共荣圈的内幕》等影响较大的稿件。这些稿件旨在揭示日本的虚假宣传，向敌占区民众揭示战局真相，增强他们抗战必胜的信心。再如1943年7月墨索里尼的下台引发了日本内阁的震动，对敌宣传委员会积极利用这一有利时机，向日军展开攻心战，对动摇在华日军的信念、唤醒他们反对军国主义的情绪起了重要作用。

延安新华广播电台的规模虽小，功率只有300瓦，但播音对象却是日伪沦陷区的听众和日本听众。从1941年12月3日起，"每星期五的17点到17点30分……用日语对日本广播一次。根据对日广播频率附近突增的干扰推测，这种广播已有相当的成效"。①

对外广播的主要任务则是团结盟友，分化日伪同盟，揭露和打击侵华日军。

抗战全面爆发初期，为了争取国际同情和增进外国对中国战场的了解，中国国际广播的数量与内容陡增。"据国际宣传处工作报告统计，从1937年1月13日至10月24日，设在汉口的广播电台每天播放日语新闻22分钟，共计3146分钟，仅次于英语广播；1938年7月15日至1939年2月18日，设

---

① 中国国际广播电台总编室.中国人民对外广播开播日期确定为1941年12月3日[A]//赵玉明.现代中国广播史料选编.汕头：汕头大学出版社，2007：284.

在重庆的电台每天播出日语节目15分钟,共计1890分钟。"①1941年(12月7日)"珍珠港事件"之前,因为美国持中立政策,忌讳官方宣传,国际台播音所用语言只有9种。1941年美国的参战使得整个"二战"的局势发生了逆转,这时的中国国际广播台完全成了远东战场最具鼓动性和影响力的舆论工具,播音语言增至17种。除常用的英语、普通话、粤语、闽南话及客家话、沪语外,还增加马来、越、荷、泰、缅、俄、法、德、日、朝等语言。每日播音12小时左右,听众遍及全球。1942年,中国国际广播电台对敌日文广播增加到每天40分钟。借助广播,宋氏姐妹和于斌、胡适等人的抗战演讲令美国朝野震动,对推动美国援华抗日起到了积极作用。

日本反战同盟的有关人士也在重庆发表广播讲演,劝告日本人民勿受军阀蒙蔽,呼吁他们起来反战。而针对日本广播的造谣污蔑,国际广播电台也予以驳斥和揭露。国际电台还曾播送过被俘日军的讲话,利用在战场上俘获的日军日记及家属来信制作节目,对侵华日军进行广播,收到了较好效果。此外国际台还设抗战节目,作为"战时国家宣传的主体",包括"广播信箱"节目——凡在中国自由区(大后方)之中美人士,均可简单通信,由美方收听,抄录转送;"杂志论文"节目——由在重庆以及各地的外国记者就时事及地方新闻作报道,由美方收听刊载杂志;"密码广播"节目——由海外部、外交部对国外作指示,由国际台用密码播出至国外,由各地党部及使领馆收听;"对远东盟军广播"——太平洋战争爆发后,由驻华美军部及大使馆在国际台播送新闻及音乐等,由各地盟军收听。另外还有一些特约广播节目,作战后期,因敌方干扰太甚,有时音波不清,英美各地人士不能清晰收听,所以特约美方NBC、ABC、CBS、MBS等广播网及WLW、WMRA、WHO等广播电台代为转播,借以增强盟国广播战线的局面。②昆明电台也从成立之日起即与盟国宣传机构合作,进行反侵略的电波战和广播文化交流。其中同美国的合作最为长久且形式多样,包括开办对驻华美军广播节目,播出美国新闻处

---

① 易振龙.被湮没的抗争:抗战时期国民政府的对敌宣传[J].湖北广播电视大学学报,2008,(8):89.

② 广播事业[M].行政院新闻局印行.1947:25.

编排的节目，每周日晚 7：30 定时转播旧金山电台（KWLD）"对祖国报告"节目，以及中美合作演播等。

为抗衡中国的抗战广播，侵华日军牢牢控制着对内广播的发送与收听权，对内广播中充斥着诸如"中日亲善""建立东亚新秩序"等欺骗性宣传，意图混淆沦陷区居民的视听。每当有日伪头目的广播讲话，各地伪政权就"强行组织学校、机关、团体的人员，集合于指定场所，集中'收音听训'"。为了欺骗国际舆论，日伪广播还天天处心积虑"散播对中国的谣言，世界人士所知道关于中国的，除掉一贯的小脚、辫子之外，便是什么无组织、无秩序、残酷的天性等等一套敌人的造谣"。

由此，中国广播与日伪电台共生角力，形成了中方／日方二元对抗声音的广泛传播。

三、情报与外交：战时广播的功能拓展

抗战期间，广播节目在提高民众战时生存能力、增强胜利信心、分化瓦解日伪同盟、呼吁欧美国家支持等方面均发挥了巨大作用。"无线电的奇妙使得对敌宣传工作的展开比以前更为容易。从前所使用的从飞机和气球上掷传单的老法子，在地域范围和影响力量两方面，都受着极大的限制，但是无线电可以毫无困难地深入敌人的国土，事实上，无线电在每一秒钟之内能绕遍地球七次。"战争时期，除了日常的传播新闻、引导（制造）舆论和提供娱乐外，广播事业的情报与外交作用受到高度重视，其相应功能也被加倍放大，呈现出与和平年代广播的显著不同。

首先是情报功能。由于战时广播的内容具有敌我双方交互印证、彼此互补的特点，当时，国民党、共产党和日伪政权都高度重视收听敌台广播，并设有专门的侦听机构，收集对方广播中的重要新闻，将其作为情报来分析和使用。为此，重庆国民党国际新闻局曾设立专门机构，从事广播宣传与侦听工作。日军在华"报道部放送班"则严密监听中国抗战广播的内容，记录和分析战事动态讯息，甚至还征用中国播音员，混淆视听，扰乱中国军事部署。

1942年美军进入中国后，一些军事行动有时连蒋介石本人都是从广播中才获知的。

如前所述，向隐藏在敌区的秘密情报工作人员传送加密信息，是当时国民党广播电台的一项重要工作。而通过广播传递迷惑敌人的信息，也是当时广播电台的惯常做法。如1940年，时任常桃警备司令兼湖南第二区保安司令的唐生明，受蒋介石指派卧底汪伪，目的是拉拢汪伪要人，窃取日伪情报，并掩护在江浙一带抗战的忠义救国军。汪伪政权为了树立这样一个"归顺"榜样，在报刊和广播中大为宣传。为了让汪伪政权对唐生明真正放心，重庆政府假戏真做，借用其兄长唐生智的名义，在重庆《中央日报》等连续刊出"唐生智启事"："四弟生明，平时生活行为常多失检，虽告诫谆谆，而听之藐藐。不意突然离湘，潜走南京，昨据敌人广播，已任伪组织军委会委员，殊深痛恨。除呈请政府免官严缉外，特此登报声明，从此脱离兄弟关系。"[1] 国民党也发布对唐生明的"通缉令"，连续在重庆中央广播电台播出。声明和"通缉令"的连续播放，进一步解除了汪伪大小汉奸对他的怀疑。

战时昆明电台还承担了为国民党空军和美国援华空军导航的特殊任务，其"空军作战定向广播"是当时该台承担的一项重要军事情报工作。作为抗战的重要工具，昆明电台还以其强大的播出功率和地处世界反法西斯战争中缅印战场接合部的有利战略地位，直接参加了抗战军事行动。1941年12月22日，空军第五路司令部派参谋周洪涛前来昆明广播电台联系，商请该台按空军总指挥部要求，适时打开广播发射机播送该台呼号，为空军作战导航。双方商定了广播导航方案，约定了联络方式和广播开机密码等。[2] 在日机频繁轰炸昆明的紧迫关头，昆明广播电台按照对日空战要求，适时打开广播发射机，播出昆明广播电台呼号，为中国空军和陈纳德将军的"飞虎队"对日作战导航，为击败敌机、保护昆明作出了重要贡献。

也正是由于战争状态下交互广播的情报功能，针对敌台的干扰工作成为

---

[1] 卢世龙.蒋、汪夹缝中的唐生明（上）[J].文史春秋，2003（1）：11.
[2] 戴美政.昆明电台与西南联大对抗战广播的重大贡献[Z].2015"勿忘历史：抗战新闻史研讨会"论文.

战时广播业新常态。当时无论是国民党政府的电台还是日伪电台，都在播出自己节目的同时，通过设立流动电台、改变本台波段和波长、增大播放功率等做法，大力干扰敌台播音，以消弭对方广播的影响。

其次是外交功能。抗战期间，国民党电台和日伪电台均发挥了极为重要的外交功能，广播事业战时的布局与流动，很大程度上也是基于外交的需要。当时世界各国的外交舞台，除了现实的国际来往外，另一个重要的场域就是广播电台。"在宣传战中发挥着最显著效能的无线电工具已和外交策略、经济压力、军事力量并存不悖，成为对外政策的必备武器之一。"[1] "至于直接的无线电波，那就是每天从东京、罗马、柏林、巴黎、伦敦、华盛顿、莫斯科的电台散播在天空中的电浪。这些电浪代表着每一个政府的意见，报告着以这意见为立场的各种消息。"[2]

基于此，宋氏姐妹、蒋介石等在中国国际广播电台或美国电台频繁地发表广播演讲，表明中国的抗战立场，呼吁欧美国家给予支援。驻美大使胡适、国民政府外交部长王宠惠等人也曾数次在国际电台和外国电台发表演讲，揭露日军暴行，宣传中国抗战对世界的意义。历史已经表明，广播宣传在争取美国从中立国转向支持中国抗战方面的作用极为重大。

日伪政要的电台演讲也多有外交的考量。如汪伪外交部长褚民谊于1941年12月发表的《东亚的解放与中国的立场》。1943年6月日本为山本五十六举行国葬期间，汪伪宣传部部长林柏生还在南京"中央广播电台"发表演讲，向其致哀。

四、结语

全面抗战爆发后，无论是国民党政府、延安抗日根据地还是日伪沦陷区政权，都把广播作为战时宣传的主力军，依据战争进展而对电台布局进行调

---

[1] 无线电宣传战［M］.中国国民党中央宣传部，1942：1.
[2] 陈原.抗战与国际宣传［M］.中山文化教育馆编印，1938：12.

整，设置相应的节目栏目。中国广播界"分担了抗战的沉重职责，分担了随抗战而来的困苦艰辛"，[①] 与日伪电台积极争夺"制空权"，宣传全民抗战，揭露日寇谎言，争取世界舆论的同情与国际援助。在"你中有我、我中有你"的传播格局中，无线电的情报与外交功能加倍凸显。上述功能虽然并非战时独有，却是当时广播最为显著的两大功能，也是战时广播区别于和平时期广播的主要标志。

---

① 吴道一.胜利还都与我国广播事业［M］//赵玉明.现代中国广播史料选编.汕头：汕头大学出版社，2007：190.

铁蹄下的"协和"之音*

——略论抗战时期日伪电台的广播演讲

日军侵华期间,日伪电台曾占据中国广播业的半壁江山,是沦陷区收音机用户的信息主渠道。在日伪当局的严密控制下,这些电台开设了大量名人演讲节目,鼓吹中日友好,宣扬"东亚共荣"和"王道文化",大肆诋毁重庆国民党政府和共产党政权,刻意营造日"满"、日伪合作的和谐图景及民间舆论与当局意志重合的假象,并试图以新的意识形态,塑造"大东亚"的归顺臣民。但在日伪当局精心布设的"协和""共荣"广播之声中,却是血与火的残酷现实。日军从侵华到"亲华"、伪政权从卖国到"爱国"形象的扭转,并不是仅凭口头标榜就能实现的。

一

卢沟桥事变后,蒋介石通过国民党中央广播电台发表演讲,公开宣示抗战决心。此前还遮遮掩掩的日军侵华行动,至此演变成赤裸的武力征服与血腥屠戮。但是,权威的建立显然不能只靠武力。要实现"天下归心",就需要用有力的道理和事实说服民众。为了给罪恶的侵略战争寻找思想和现实的掩体,日军在占领一片区域后,很快就扶植当地汉奸,成立傀儡政权。先后于1932年扶植清王朝的末代皇帝溥仪在长春成立了伪满洲国政权;于1935年

---

* 本文原载于《新闻春秋》2016年第1期。

11月扶植原国民党冀东行政专员殷汝耕在河北通州区成立伪冀东防共自治政府（1938年并入伪华北临时政府）；又于1936年5月扶植蒙古王族德穆楚克栋鲁普，成立伪蒙古军政府（1939年9月改称伪蒙疆联合自治政府）；1937年12月13日，在北京成立伪中华民国临时政府；1938年3月，在南京成立伪中华民国维新政府；1940年3月，扶植汪精卫在南京成立伪中华民国国民政府。日军还在上述地区抢占、新办报纸、杂志和广播电台，利用各伪政权的政客和文人，在媒体上大肆推销"东亚文化"和"王道文化"，宣称"笃诚亲善，共同协力"，以实现"东亚和平"和"大东亚共荣"，为其殖民统治寻找合法依据。尤其是老少咸宜的无线电广播，更是成了日伪政权对国人进行思想收买和政治奴化的不二选项。而具有很强人际交流意蕴的广播演讲，自然成了日伪电台青睐的宣传手段。在当时的日伪电台中，除了新闻"报导"和各色娱乐节目外，便是大量知名人士的广播演讲。

参与电台演讲的，除了伪政权的各级要员，就是在日伪特务机关"指导"下组建的"民间"团体，还有一些被迫为日伪当局站台背书的民间人士。其中，以溥仪、殷汝耕、汪精卫为代表的伪政权高官，是当时广播演讲的主力军。每当有大事或重要节日、重要活动时，都会有伪政权的头面人物亲自出马，到电台发表"特别演讲"。如伪满洲国皇帝溥仪的"天长节"广播讲话、伪冀东防共自治政府委员长殷汝耕的《冀东的防共使命》广播演讲、伪中华民国国民政府主席汪精卫的《对全国国民广播》等。其他如伪中华民国维新政府司法行政部部长许修直、汪伪政权宣传部部长林柏生、南京市伪特别市长周学昌、伪外交部部长褚民谊、伪侨务委员长陈济成等，也都曾在电台发表演讲。1941年12月，汪伪政权举行的特别演讲见表1。①

---

① 余子道，曹振威，石源华，等．汪伪政权全史（下）[M]．上海：上海人民出版社，1996：915．

表 1　1941 年 12 月汪伪政权举行的特别演讲

时间	演讲题目	演讲者
12 月 1 日	《缔约一年来交通事业之调整及其进展》	彭年（伪社会部常务次长）
12 月 2 日	《缔约一年来军事方面之进展》	杨揆一（伪参谋本部部长）
12 月 18 日	《对全国国民广播》	汪精卫
12 月 22 日	《东亚的解放与中国的立场》	褚民谊（伪外交部长）
12 月 23 日	《再进一言》	林柏生（伪宣传部长）
12 月 26 日	《为大东亚战争爆发告青年》	罗君强（伪边疆委员会委员长）
12 月 27 日	《弱小民族的解放战争》	樊仲云（伪中央大学校长）
12 月 28 日	《大东亚战争与中国民族自觉》	周学昌（伪国民党中央党部副秘书长）
12 月 29 日	《艳电三周年》	汪精卫

而仅在 1942 至 1943 的一年时间内，汪伪南京市政府特别市长周学昌就在南京"中央广播电台"发表对全国广播演讲达八次之多。①1943 年 4 月 18 日，山本五十六去世。日本为其举办国葬典礼期间，汪伪政权宣传部部长林柏生还通过南京"中央广播电台"向其致哀。

为了最大限度地发挥广播宣传优势，从 1940 年 8 月开始，汪伪政府宣传部又在每周三邀请伪政府高官和著名汉奸文人到"中央广播电台"举行定期演讲。1942 年 9 月参加定期演讲的人员见表 2。②

---

① 包括：1942 年 2 月的《战时文化广播事业》，1942 年 8 月的《新国民运动与青年训练》，1942 年 10 月的《访日感想，大东亚广播词》，1942 年 11 月的《大东亚战争一周年纪念大东亚共荣圈市长交换广播》，1942 年 12 月的《声援印度独立》《新市特别市成立十周年纪念广播祝词》《青年的自觉与自治》，以及 1943 年 11 月的《中日同盟与中国之独立解放》。
② 余子道，曹振威，石源华，等.汪伪政权全史（下）[M].上海：上海人民出版社，1996：915.

表2 1942年9月汪伪政权举行的定期演讲

演讲题目	演讲者
《肃清英美侵略势力必须强化军事力量》	刘郁芬（伪军委会参谋总长）
《管理物资与物价根本方针》	袁愈佺（伪实业部常务次长）
《九一八的回顾与新认识》	褚民谊（伪外交部长）
《欢迎答访使节与协力大东亚战争》	郭秀峰（伪宣传部常务次长）
《如何协力大东亚战争》	鲍文樾（伪军政部长）

一些日伪当局操控的"民间"组织也成了广播演讲的常客，如成立于1938年7月的大民会就是日伪广播的宠儿。该会宣称其成立宗旨是"一振兴实践'民德'主义，确立新中国国民精神；二政教普施，民情上达；三革新生活，强化民力；四中日提携，以图东亚之自主兴隆"。①

但实际上，汪伪政权成立前，大民会的活动经费全部由日本军特务供给，既不像一个政党，也不是一个民众团体，而是一个连自己都承认为"畸形而特殊的组织"②。维新政府成立后，大民会的活动经费改由"友邦日本军特务部和维新政府各任其半"③。南京汪伪政权成立后，由伪政府"行政院"财政部拨给大民会巨额经费，大民会的具体工作由日本军特务部滨田中佐和军报道部马渊大作"指导"，身份却变成了更为隐蔽的"民众团体"。但正如大民会自己坦陈的那样：

> 本会的创立当初，大部分是出自友邦日本人士之意的。这种意思，我们相信，目的在于要中国的民众走上亲日和平的路线。这一个目的，可以说，完全和我们的意思相同，所以，本会的机构虽然改组了，但是依旧是要使中国的民众走上亲日和平之路线的。我们深信，在世界政治的现势之下和东亚整个大局着想，唯有中国要亲日，日本要亲华，中日要和平，才能求两国的各自独立和两国民族

---

① 大民会纲领[J].侨声，1939，1（3）：91.
② 赵如珩述.中国大民会的过去及将来[M].1940年7月印行：8.
③ 赵如珩述.中国大民会的过去及将来[M].1940年7月印行：4.

的相互永久生存。……本会今后的方针，不但本身要走向亲日之路线，而且，进一步的，还要领导中国的多数民众，以大亚洲为基础走向亲日的目标。①

从1938年8月开始，大民会"本救亡图存之决心，实行思想建设精神建设，唤醒一般前被蒋政权麻醉之同胞，努力复兴礼教民德，群起反共倒蒋，倡行东亚自主兴隆之主义，以期拯民于水火，收效于万一"②，先后在上海和南京伪"中央广播电台"进行了数百次广播演讲。

而此时极为活跃的另外一个组织——同样受日方操控的"北京华侨协会"，也在北京、南京等地的日伪当局广播电台频频发声。其会长许修直身先士卒，在日本和汪伪政府签订同盟条约后，于1943年11月15日在北京"中央电台"发表演讲，认为这是"空前平等的条约"。③ 另外一个会员梁亚平则发表了《信赖盟邦，协力友军完成大东亚战争》的演讲。④

与大民会和北京华侨协会甘心附逆不同，很多民间组织和个人是在身不由己的情况下做了日伪机关的宣传工具。如青岛沦陷后，日伪当局曾几度邀请市商会会长邹道臣到电台发表演讲。后在爱国民众的强大压力下，邹道臣被迫逃到外地，不敢再为日伪当局服务。还有如1942年日伪当局发起"治安强化运动"后，曾组织中学生到电台发表演讲，要求学生们协助当局的治安强化运动，实现"求学要刻苦化，服务要勤劳化，行动要纪律化，思想要纯正化"。⑤

二

为了协助日伪政权建构所谓的"大东亚文化"，营造"日满协和""日中

---

① 赵如珩述.中国大民会的过去及将来[M].1940年7月印行：10.
② 大民会播音演讲集（第一集）.序[M].大民会宣传部编印，1939.
③ 许修直.庆祝中日同盟，拥护大东亚宣言[J].侨声，1943，5（12）：4-5.
④ 载于《侨声》1943年第5卷第12期。
⑤ 怎样革新我们的生活[J].三六九画报，1942，17（15）：27.

友好"的舆论氛围,赢得沦陷区民众认同,各路广播演讲者可谓使尽了浑身解数。他们从国父孙中山先生的言论中寻找"东亚共荣""日中亲善"的证据,从国民党政府的抗战失败中,寻找日伪当局执政的合法性,并颠倒黑白,为日伪当局的一系列暴行涂脂抹粉。一个个有名有姓、有头有脸的人物相继到广播电台发表演讲,为日伪当局摇旗呐喊,无形中营造了一个万民拥戴日伪统治的虚假舆论环境。

汪精卫作为伪中华民国国民政府主席,可谓广播演讲的行家里手。从1937年到1942年期间,广播演讲甚至成了汪精卫政治生涯的组成部分。全面抗战爆发不久,汪精卫就在1937年7月29日发表《最后关头》的广播讲话,散布抗战失败主义的论调。1939年7月9日,汪精卫又在上海发表题为《我对于中日关系之根本观念及前进目标》的广播演讲,劈头就是孙中山先生那句"中国革命的成功,有待于日本之谅解"。他以孙先生遗言引起话题,是为了表明自己才是总理遗教的继承者。接着他又说:"如果要强盛起来,日本必然要知道中国的强盛对于日本会产生什么影响,于日本是有利呢还是有害?如果有利,日本当然愿意中国强盛,愿意与中国为友;如果有害,日本必然要将中国强盛的动机打消了去,决定与中国为敌。以一个刚刚谋强盛的中国与已经强盛的日本为敌,胜负之数,不问可知。"他接着启发听众思考:"试问以一个刚刚图谋强盛的中国,来与已经强盛的日本为敌,战的结果会怎么样?这不是以国家及民族为儿戏吗?"顺着这一思路,他强调战必亡国;言下之意,只有跟着他投降和投靠日本才有出路。他甚至混淆概念,拿清政府的覆灭与国民党政府的抗战相比较,说:"甲午战败,是一件极不幸的事,然而当时的满洲政府,还算是有爱国心的,战败了,就承认战败,讲和的结果,虽然割地赔款,却还保住大部分未失的土地和人民主权。如今呢,战败不承认战败,和一个赌鬼似的,越赌越输,越输越赌,宁可输个精光,断断乎不肯收手。这不是比起当时的满洲政府还没有爱国心吗?"演讲把卖国投降行为说成"爱国心",把"全民族抗战"比喻成了"赌鬼赌博"。他还信誓旦旦地表示:"我时时刻刻准备着以我的生命,换取同胞的生命;以我的自由,换取同胞的自由。"

之后，每当有重大事件，汪精卫都有在电台的"精彩表演"。1940年4月16日，汪伪国民政府举行"还都"典礼，汪精卫发表对日广播词，声称支持日方提出的"建设东亚秩序"，与日方"善邻友好，共同共防，经济提携"。①同年6月24日，访日期间的汪精卫又在东京NHK广播电台对日本全国广播，表达与日本之间的深情厚谊。汪伪国民政府"还都"一周年时，他再度发表广播演讲，强调"和平反共建国之根本方针"。②汪精卫显然很明白，与野蛮残忍的日本侵略者合作，是要被世人唾弃的。为了摆脱在舆论上的不利地位，他充分发挥了他能言善辩的长处，通过广播苦口婆心地阐释伪政府的意见和主张，解释本届政府的所作所为。他口口声声是继承总理遗教，强调"大东亚共荣"的概念和理想，与中国传统文化和道德的同质性、连续性与继承性，试图在道义上和法理上显示出某种正义的特征。

通过对电子宣传工具的全面掌控，汪精卫的广播演讲产生了广泛影响，对于他的形象塑造也起到了一定作用。当时，他不止受到日本人尊崇，而且表面上在国内也有不少拥趸，这与他频频利用广播等大众媒体塑造自己的公众形象是分不开的。为消除其投降言论的不利影响，重庆国民党政府数度出书、刊登报纸文章、发表广播演讲，揭露和反驳汪精卫的言论，希望清除汪精卫汉奸言论的影响。

与汪精卫类似，各地伪政权官员的广播演讲，也多围绕着时政与经济话题而展开。如日伪当局发动清乡运动的同时，也发动了"思想清乡"运动。汪伪政权在江苏、浙江、上海等地电台开辟了"清乡讲座"特别节目，向民众灌输"清乡"意识。他们邀请专人到电台，讲述这一运动的目的与意义，呼吁当地民众支持。各地开展的治安强化运动，也都邀请会长等相关政府要

---

① 汪精卫.国民政府还都对日广播词［G］//汪主席和平建国言论集.中央电讯社编印，1944年9月出版：115.
② 汪精卫.国民政府还都一年——国府还都周年纪念于国府大礼堂对全国广播演词［G］//汪主席和平建国言论集续集.宣传部编印，1942年12月出版：103.

员亲临电台,向听众阐释其意义。①

以汪精卫为代表的伪政权高官言论毕竟代表的是官方,其言论之可信度和权威性,主要依存于执政者在民众心目中的形象。要想真正"代表"民众,必须让民众自己开口。日伪当局不惜花费血本扶植大民会等"民间"团体,就是希望借这些所谓的"民众"之口,表达他们自己的意见和主张。从大民会广播演讲的题目,即不难看出其主题和内容之所指:《自私祸国的蒋介石》《共产党的阴谋》《反共倒蒋的意义》《我们需要和平》《救国必先救民》《蒋介石自相矛盾》《一党专政的祸国》《国共两党的合作势力必破裂》《蒋政权所操纵的亡国舆论》《蒋政权的罪状》《中国人的责任》《国人对日本认识的错误及应有的改正》《爱国同胞的任务》《大战后中日工业上之合作》《武汉陷落后中国同胞应有的觉悟》《怎样救国》《建立中央统一政府》《各地贤明之士应担负建立新中国的责任》《希望新兴政权共同团结起来反共》《理想的新中央政权是怎样的?》《我们应当严密注意共产党的阴谋与活动》《共产党更进一步地愚弄蒋政权》等。这些演讲者以自己或亲友的经历,来说明国民党执政的种种不堪,表明日伪执政的成就和日中友好的必要性,无疑具有很大的迷惑性和煽动力。

在日伪电台演讲者的叙述中,坚持抗战的蒋介石是"自私祸国",国民党政权则是"绝对残暴"。②演讲者还以亲身经历,把民国以来的连年战乱归结于国民党的暴政,把日本侵略说成是国民党政府的责任。他们还污蔑共产党是"穷凶极恶的大烧大杀",③是"勾结苏联出卖民族利益","只知有第三国际,不知有中国"④。而对于日军的入侵,各演讲者却又充分发挥其颠倒黑白的本事,极力美化日军形象,为其野蛮侵略寻找借口。如他们把日本在东北发动的九一八事变称为"东北更生",并说是由于"东北边防军的一队,在沈阳西

---

① 关于举行第五次治安强化运动请会长广播演讲的函[B].青岛市档案馆馆藏资料.档号:B0038-001-01106-0164.时间:1942-10.责任者:青岛特别市宣传处.
② 自私祸国的蒋介石[G]//大民会播音演讲集(第一集).大民会宣传部编印,1939:1.
③ 共产党的阴谋[G]//大民会播音演讲集(第一集).大民会宣传部编印,1939:4.
④ 共产党的阴谋[G]//大民会播音演讲集(第一集).大民会宣传部编印,1939:4.

北破坏南满铁路，攻击日本守备队。这种挑衅的举动，完全不顾国际的信义和睦谊，却是荒谬已极"。"因为张学良是一个无知的小儿，仗着他的父亲张作霖的力量，盘踞了东北，一味地只知道胡闹。对俄对日，任意挑衅，把国事当作儿戏。当时日本关东军忍无可忍，并且深切地知道，这些扰害百姓、破坏东亚和平的军阀，假若不把他们加以廓清，则东北的人民，是不能够得见天日的。所以忍痛本着武士道的精神，帮助东北的老百姓，趁着这个时候，开始把万恶的军阀驱除了。"①

这些广播演讲者还从与日本同文同宗、孙中山的革命曾得到日本人帮助等角度，强调两国不应开战，日中应当"亲善"。

为了更好地实现广播宣传效果，侵华日军不仅紧紧地控制着广播权，还把伪满和其他殖民地、沦陷区电台连接起来。1937年9月，"满华"实行"交换放送"后，每周五和周六两天，都有"名士演讲"广播互播，把演讲节目扩大到更远的地方。而每当有汪伪头目的广播讲话，各地伪政府当局就"强行组织学校、机关、团体的人员，集合于指定场所，集中'收音听训'"。②这些演讲与日伪电台有利于自己的新闻节目和其他节目一起，很大程度上蒙蔽了沦陷区人民的视听。只有极少数的高级官员和上层社会的人家能了解国际局势，就连日军战败的消息，大多数民众都无从得知，直到日本天皇发表《终战诏书》，民众才如梦方醒，得知日本已然战败。

自从广播在1920年诞生以来，广播演讲就作为一种广泛受到欢迎的节目样式而存在。这种采用第一人称面向大众阐述己见的口语交流形式，结合了人际传播与大众传播的优势，在抗战时期之所以如此风靡，显然是客观事物发展的必然。当时的广播虽然取得了长足进步，但限于技术条件和经济状况，以及电力等的限制，广播新闻的采访并不发达，主要采用的是通讯社的新闻，属于通讯社的附属品，而且要面临严格的事先审查。除非极为特别的情况下，对自己一方绝对有利的信息才会获得发布。如此一来，与现实时政紧密结合

---

① 九一八更生纪念日大民会告全国同胞书［G］//大民会播音演讲集（第一集）.大民会宣传部编印，1939：20.

② 余子道等.汪伪政权全史（下卷）［M］.上海：上海人民出版社，2006：914.

的广播演讲,实际就发挥了类似时评的作用。这种时评性的演讲,因为有名有姓的个人的亲自播送,而被赋予了更高的可信度和亲和力。

但是,听其言,还要观其行。虽说广播具有天然的强制性,对民众思想具有很强的浸润效果,尤其是对曾亲历蒋介石弊政的人来说,日伪电台的反蒋宣传也是相当具有说服力的。然而日伪电台演讲中声称"大东亚文化"的道德内涵是仁义道德,也就是感化人、要人怀德的文化。这种文化反对"行霸道"和压迫人,主张"行王道"。演讲者们在广播中不断宣扬中华传统的仁爱文化,主张日中、日"满""协和"的"大东亚文化",听众面对的却是日军不断屠戮同胞、压榨中国的残酷现实。当时,连汪伪政权的高层人物周佛海都私下认为,"日方统制货物,几令中国商人无生路"。① 他甚至对日伪的广播报道持怀疑态度。② 墨写的谎言尚掩盖不了血写的现实。铁蹄之下的中国同胞,不从命便丢命。"五族协和"之文化,又岂是口头标榜就能实现的?

---

① 周佛海等.周佛海日记全编(下)[M].北京:中国文联出版社,2003:567.
② 周佛海等.周佛海日记(下)[M].北京:中国文联出版社,2003:674.

中国红色广播的起源及其特点*

"延安新华广播电台，XNCR，现在开始播音……"1940年12月30日晚间从延安土窑洞里发出的这段清脆女声，拉开了中国红色广播的序幕。与同期播音的其他电台比较，延安新华广播电台在报时方式、播音风格及电台主旨等方面都别具一格，呈现出红色广播独有的一些特点。

一、曲折开播历程

事实上，为广泛地宣传我们党建立抗日民族统一战线的政策和主张，党中央、毛泽东早在1937年就提出在延安建立广播电台的要求。但限于当时的技术和电力条件，这一要求短期内难以实现。周恩来赴苏联治病期间，争取到了苏联及共产国际的理解与支持，并于1940年2月带回一部共产国际赠送的千瓦苏式旧短波机，为广播电台的建立提供了机器设备。随后中共中央决定成立广播委员会，领导筹建广播电台，由周恩来任主任。周恩来赴重庆工作后，由朱德接任并主持筹建工作。承担具体建台任务的是中央三局九分队。经过无数个日夜的奋战，延安新华广播电台终于落成开播。

1943年春，延安新华广播电台因机器故障停播。之前电台的每日播音时间和播出次数有过几次更改，但播音内容基本固定，主要是中共中央的重要文件、《新中华报》《解放》周刊及《解放日报》的重要社论和文章、国际

---

* 本文原载于《中国社会科学报》2024年1月25日第2823期。

国内的时事新闻、名人演讲、科学常识、革命故事、日语节目等，此外还有以抗日歌曲为主调的音乐戏曲类节目。1945 年抗战胜利后，延安新华广播电台于当年 8 月复播。至新中国成立前，电台曾更名为陕北新华广播电台（1947.3）、北平新华广播电台（1949.3）和北京新华广播电台（1949.9），但呼号及其党的中央级喉舌的属性始终未变。

二、"上海时间"提高红色广播辨识度

"标准时""法令时"等概念的提出及现代时分秒的设定，是近代西学东渐的产物。而某种法定标准时间的推行，在帮助人们建构想象的共同体方面，显然具有深远而不易察觉的影响。1883 年，美国人发明标准时计时制并推行后，到 20 世纪 30 年代初，各国重要天文台每日均用无线电广播标准时刻。中国的时间统一工作开始于清末。1902 年，大清海关以东经 120 度经线的时刻为沿海各关通用的时刻，叫作"海岸时"（后也称"上海时间"）。各沿海铁路城市逐渐统一采用"海岸时"，也就是根据标准时制订的东八区时间。1912 年后，北洋政府中央观象台将全国划分为包括中原区、陇蜀区、回藏区、昆仑区和长白区在内的五个区和五个时制。中原区使用东八区标准时，名为"中原时间"（GMT+8）。这一计时方式与早年的"海岸时/上海时间"和今天的"北京时间"一致。国民党中央广播电台开播后报时用的就是"中原时间"。但在 1939 年南京政府西迁重庆后，国民政府"行政院"规定，"为谋军事上之便利"，全国一律采用重庆所在的陇蜀时（东七区，GMT+7，比中原时间慢一小时），并规定国民党中央广播电台从 6 月 1 日起，每日以长短波两种波长报告各三次。这种比中原标准时慢一小时的"陇蜀时"广播报时，成为抗战中后期判断一家广播电台是否属于国统区的重要依据。

抗战结束后，南京国民政府再次着手制订和推行标准时，南京中央广播电台则重启"中原时间"报时制度。1948 年，南京国民政府颁布《全国各地标准时间推行办法》，规定中央广播事业管理处负责办理报时，全国民营电台一律遵照中央广播电台报时。

同期延安新华广播电台报时采用的则是"上海时间",即与"海岸时"一致的东八区时制,电台的报时方式被明确记载为"刚才最后一响,是上海时间＊点整"。虽然更早的报时方式至今未见明确记载,不过从中央军委1940年3月颁布的《新闻台与公开战报台之工作条例》看,延安新华广播电台首次开播到1943年停播前,使用的也是与上海时间一致的时制,而不是当时国民党政府规定的"陇蜀时"。

由此,在当时各电台通行的"陇蜀时""中原时"之外,延安新华广播电台的"上海时间"报时成了一个具有高辨识度的声音符号。

三、"憎爱分明"传达党的声音

"如若他们怙恶不悛,继续胡闹,那时,全国人民忍无可忍,把他们抛到茅厕里去,那就悔之无及了。"这是1941年皖南事变发生后,延安新华广播电台女播音员播送的毛泽东《为皖南事变发表的命令和谈话》一文,语调中充满了对敌人的蔑视和对人民力量的自信。

在当时艰苦的战争环境下,延安台的播音员认真对待稿件,严格要求自己,力争准确传达稿件内容,并在不断探索播音业务的过程中形成了感情充沛、抑扬顿挫的播音风格。他/她们善于将对敌斗争的稿件读得严肃有力,将抗日根据地群众的稿件读得和颜悦色,把党的意见说得娓娓动听。如1947年5月中旬,毛泽东与周恩来在陕北王家湾收听到播音员钱家楣关于蟠龙大捷和真武洞祝捷的播音后,就由衷地赞叹:"这个女同志好厉害!骂起敌人来真是义正词(辞)严!讲到我们的胜利也很能鼓舞人心,真是憎爱分明。这样的播音员要多培养几个!"

这一播音风格的形成,在于早期的红色播音员们认识到,当他/她在话筒前播音时,发出的不是他/她自己的声音,而是集体的声音、组织的声音、党的声音。正如1941年写成的《XNCR之歌》说的那样:"我们是XNCR,我们是革命战士,我们播送党的声音,我们放射党的光芒。"而这种"代表党中央发言"的意识灌注,自然融入其播音时的一字一句,形成与民营广播和国民党官办广播迥然不同的节奏与力度。

四、"大家办广播"做人民的喉舌

党的声音，人民的喉舌，既是延安红色广播的根，也是它的魂。在战时状态下，电台播音员"憎爱分明"、掷地有声地代表党中央发出声音，同时尽力替人民大众发出他们的诉求："你们有什么话要 XNCR 替你们说的，有什么新闻要 XNCR 报道的，请赶快告诉我们，我们就可以很快地播送出去。尤其是大后方和'收复区'的听众，你们心里有很多话没有地方说，有很多新闻没有地方登，你们想看民主进步的报纸，不容易看到。那么就请你们多多要 XNCR 为你们服务。" 1946 年 9 月 5 日，延安台播出时任中共中央宣传部部长陆定一的《延安广播电台一周岁》和本台宣言《大家都来说话——XNCR 周年纪念广播》，指出"我们的广播事业，从它存在的第一天起，就为中国的独立、和平、民主事业服务，就为中国人民的解放事业服务""我们创办这个电台，有个真诚的愿望，就是我们说的话，不仅仅要代表人民的利益，而且我们愿意把它变成全国人民说话的地方。""我们播音的内容，和国民党统治下的电台的播音，根本不同。我们播的，是国内跟国际的最真实的消息和动向；是解放区人民的生活和各种建设的情况；是中国人民的政党中国共产党的政策和时局的主张；是对于国民党当局腐败黑暗统治的无情的揭露；是蒋介石统治地区广大人民的呼声。这些声音，从国民党统治下的电台，是听不到的。""XNCR，它是全中国人民的声音。它愿意代你们讲话。你们有什么要说的话呢？你们有什么痛苦要向社会控诉呢？你们有什么话无处可说呢？写信来吧！来信请寄到延安新华社新华广播电台。我们是愿意为你们忠实服务的。我们正在热情地等待着你们的回音哩！"

为此，延安台明确提出了"人民大众的号角要人民大众来鼓吹""大家办广播"的号召。

所谓"大家办广播"包括两个方面的内容，一方面是大家听，另一方面是大家讲，两者相辅相成，缺一不可。延安台希望一切有收音机的单位和个人，每天按时收听延安广播，同时希望国统区的听众把自己在国民党统治下不能说、不敢说、没有地方说的话写给延安台。在延安台及其领导者看来，只有这样才能把延安广播办成"人民的喉舌，民主的呼声"。

根据听众来信，延安台还部分改进了广播宣传工作。而这种任务性与对象感极强的广播思想及实践，显然是中国共产党"全党办报""群众办报"理念的自然延伸。

这种对民众参与的热诚呼唤，得到了进步听众的积极反馈。尽管国民党报纸、广播不断宣称延安广播是"颠倒黑白""捏造谣言"的"反动宣传"，很多爱国青年却因收听了延安台的播音而认清了现实和真相，毅然奔赴解放区，显示出红色广播强烈的"灯塔"效应。

百年大党的早期媒体融合实践*

2021年是中国共产党成立100周年，也是新华社（前身为红色中华通讯社，以下简称"红中社"）创建90周年。1931年红中社和《红色中华》相继成立、创刊后，二者两块牌子一个机构，播发新闻、出版报纸的任务由二者共同担负。抗日战争时期，新华社先是与《新中华报》一起服务于党的抗战宣传工作；1941年《解放日报》创刊后，新华社又与其并肩作战，实际仍实行社、报合一的体制，直到抗战结束。在这一过程中，新华社的组织机构经历若干次调整，业务范围不断拓展，开办了延安新华广播电台的语音广播，形成中央级的通讯社、报刊和广播电台"三位一体"的架构，实际也开启了以政治、军事宣传为目标的媒体融合先例。

一、党的中央级媒体的创办与发展

1931年11月7日，中华苏维埃第一次全国工农兵代表大会在江西瑞金隆重召开，宣告了中华苏维埃共和国临时中央政府的成立。为报道大会盛况，苏区中央局决定以中华苏维埃共和国临时中央政府的名义，筹办直属的红中社，并用无线电台播发文字新闻广播。当天以红中社呼号"CSR"播发的莫尔斯电码业务，宣告了中国共产党领导下的新型通讯社的诞生。12月11日，《红色中华》作为苏维埃临时中央政府的机关报创刊。1937年1月，红中社由

---

* 本文原载于《中国出版》2021年第9期，与李艳梅合作。

陕西保安迁到延安，更名为新华社；《红色中华》则改名为《新中华报》。1940年年底，延安新华广播电台开播。1941年5月，《新中华报》与新华社编发的《今日新闻》合并后出版《解放日报》，作为中共中央的机关报。至此，"一社""一报""一台"的中央级延安媒体架构初步成形，并与党的其他报刊一道，担负起抗战宣传的重任。

1. 从红中社到新华社

红中社开展工作的物质和技术基础，是红军在1931年5月第二次反"围剿"斗争中获得的一部100瓦电台。1931年11月7日，全国苏维埃第一次代表大会开幕当天红中社成立，新闻广播电台以红中社的名义首次对外播发新闻。从此，中国共产党的声音借助红中社发出的电波传到了苏区之外。

红中社起初的主要工作任务，是用无线电明码向全国播发中国共产党的方针、红军作战胜利的消息、苏区建设的新闻。不久后又出版《红色中华》报，还把抄收的新闻编印成参考刊物《无线电材料》，供领导参阅。报、社一体的模式由此建立。1933年1月，《无线电材料》更名为《无线电日讯》。毛泽东同志经常在参考材料印出前，就来到红中社查阅抄收的国内国际电讯，及时了解国内和国际形势的发展。

1933年5月，红中社建立"红色中华新闻台"，即专门抄收新闻电讯的电台。红中社非常重视国际新闻的抄收和编发。在建立新闻台之前，红中社通过抄收国民党中央社播发的新闻来获取有价值的消息；建立新闻台后，红中社不仅可以抄收中央社的国际消息，还可以采集到外国通讯社的电讯。在此基础上，红中社把抄收的国际新闻通过电台对外播发，还挑选一部分供《红色中华》报刊登，一部分编印成参考资料，交给领导用作参考。为动员和组织广大群众踊跃参加苏维埃建设，红中社还在1934年3月出版了面向工农大众的《工农报》。该刊文字风格通俗、浅近、简明、具体，普通的读者群众都能读懂这份报纸。

第五次反"围剿"失败后，中央红军开始长征，红中社新闻文字广播随之停止，保留三部电台继续抄报工作。中央红军到达陕北后，1935年11月25日红中社在瓦窑堡同时恢复文字广播和《红色中华》报，继续出版

《无线电日讯》。1936年7月初,红中社迁到保安县;1937年1月中旬,红中社又迁驻延安,此时,西安事变和平解决,中共中央决定将红中社改为新华社,继续抄收和播发国内国际重要新闻,积极宣传中共各项主张、政策等。

抗战时期,新华社的业务取得长足发展,工作人员也由抗战开始时的20多人增加到100多人。除了承担原来的办报任务,还增加了抄收日本同盟社、苏联塔斯社、美国合众社、英国路透社等国外通讯社的电讯广播业务,提高了外文翻译水平。新华社的专业翻译人员很少,大部分工作人员都靠夜以继日学习和互相切磋,摸索、提高破译"天书"的本领。为适应战时需要,新华社还建立了外文翻译校对制度,减少了新闻翻译的错漏现象,提高了准确度。延安新华广播电台开播后,新华社还相继承担了汉语与日语口播的稿件编制业务,并开辟了面向美国旧金山的英文广播。此时,"由于敌人的分割封锁,新华社成为抗日民主根据地对外发布新闻的唯一渠道"。①《中国共产党抗日救国十大纲领》《为抗战两周年纪念对时局宣言》等党的重要文件和声明,《论持久战》《新民主主义论》等毛泽东同志抗战时期的重要著作,都是经由新华社传播的,其战略地位自不待言。

毛泽东非常关心新华社的工作。新华社还在延安城内的时候,毛泽东同志时常在夜晚十一二点钟由警卫员提着马灯陪同来到新华社,看当天抄收的国内外电讯,一面看、一面问。他对新华社工作的很多指导都很具体,如《解放日报》1945年2月刊载的《晋察冀机关部队的大生产的第一年》一文发表后,毛泽东马上写信给博古,表扬文章"写得生动,又带原则性",并命新华社"全文分数日广播"。②他不仅多次手动修改新华社电讯稿,还亲自为新华社撰写新闻稿和评论,包括《质问国民党》《中国共产党中央革命军事委员会发言人为皖南事变对新华社记者谈话》《中共"七七"宣言在重庆被扣》等新闻名篇。可以看到,此时的新华社,不仅发挥了抗战号角、人民喉舌的作

---

① 新华通讯社.新华社历史沿革[EB/OL].[2021-08-15].http://203.192.6.89/xhs/static/e11273/11273.htm.
②《新华通讯社史》编写组.新华通讯社史(第1卷)[M].北京:新华出版社,2010:136.

用，而且对帮助中共中央了解外部世界、作出正确决策、向外界讲好中国共产党的抗战故事、促进抗战胜利起到了巨大作用。

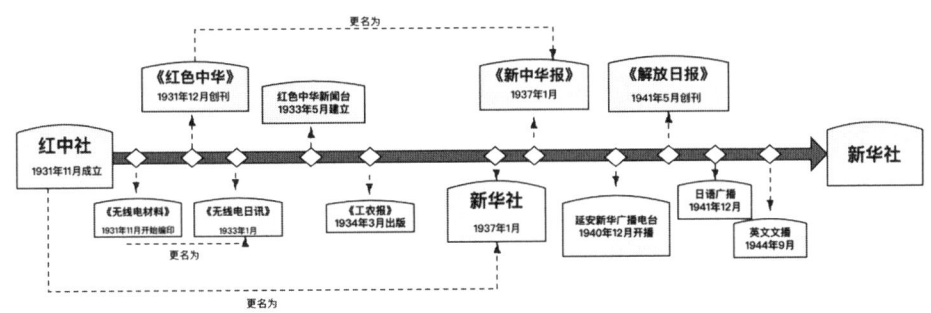

图 9　从红中社到新华社

2.从《红色中华》到《解放日报》

《红色中华》是苏维埃临时中央政府的机关报，在1931年12月11日创刊后，积极宣传革命主张，团结工农大众，引导工农群众了解中国共产党的政策和决议，组织他们积极参加苏维埃政权的工作。报纸创刊时为四开周刊，从第50期起改为三日刊，从第148期又改为周三刊，内容丰富多彩，"社论""要闻""专电""工农通讯""文艺副刊"等紧跟中央革命根据地宣传需要，还注意刊登一定数量的国际新闻，使苏区工农群众不仅了解国内形势，也懂得国际政治形势。苏区中央局非常关心报社的工作，毛泽东、周恩来等也经常指导报社工作，并且撰写社论、专论刊登在《红色中华》报上。

西安事变后，为动员全民族抗战力量、扩大抗日民族统一战线，中共中央决定将《红色中华》报改名为《新中华报》，继续在延安出版，期数延续《红色中华》报。1937年1月29日第325期为改名后的第一期，[①] 头版刊登了《和平统一，御侮救亡》《日寇在张垣强筑兵房，积极准备进攻绥东》，宣传党的抗日主张，强调动员全民族抗战的紧迫性和重要性；第三版是《抗日人

---

① 中国井冈山干部学院，中央档案馆.《新中华报》综合版［M］.南昌：江西人民出版社，2016：前言.

民潮水般涌进抗日红军》《民众抗日运动在继续开展着》，显示了党的抗日民族统一战线方针得到了民众的积极响应。《新中华报》于1937年9月9日、1939年2月7日分别改为陕甘宁边区政府机关报、中共中央机关报。改为中共中央机关报后，《新中华报》的责任更大了。2月7日这一期第一版社论刊登了《新中华报改革的意义》，分冀察晋区、华中、华北、华南几个区域，报道了抗日战争的成果，二、三、四版增加了国际重要新闻，系统介绍了抗战经验，全面反映了陕甘宁边区军民有意义的生活。在民族存亡的关键时刻，《新中华报》自始至终紧跟党的步伐，积极宣传抗战，发挥了宣传喉舌的作用。

1941年初，抗战处于艰苦的相持阶段，为适应形势需要，中共中央决定将延安《新中华报》与《今日新闻》合并，出版《解放日报》。5月16日，四开两版的《解放日报》在延安正式创刊，这是中共在延安创办的第一张大型日报。《解放日报》担负着中共中央机关报的重任，但是报纸在初期没有完全尽到党报的责任，具体表现为国际新闻多且常常占据头版位置，延安党中央的活动报道少，脱离了党的中心工作。针对《解放日报》初期存在的问题，中共中央多次讨论加强和改进报纸工作。改版后的《解放日报》积极宣传党的政策、赞扬军民浴血杀敌、报道人民生产生活、反映人民群众意愿，不仅具有党性、群众性，还具有战斗性、组织性，成为一张真正的党报，发挥了"团结全国人民战胜日本帝国主义"的使命。[①]1944年2月7日，陆定一做了总结报告，《解放日报》的改版告一段落。1947年3月，中共中央撤出延安，作为中共中央党报的《解放日报》也随之停刊。

3. 从文字广播到口语广播

新华社早在1931年11月7日就开始了无线电文字广播，其前身红中社曾从江西瑞金向全国播发莫尔斯电码，收报员将听到的滴答声记录下来，译电员再将其译成文字，供中国共产党的电台使用和报纸刊载。

抗战初期，中国共产党主要通过新华社的文字广播、《新中华报》等传

---

① 《新华通讯社史》编写组. 新华通讯社史（第1卷）[M]. 北京：新华出版社，2010：131.

播国内外的重要信息和文章。至于党的对外新闻宣传喉舌，则除了国统区的《新华日报》外，就只有新华社的文字广播。但由于受到国民党当局和日伪政权的封锁阻挠，国统区的《新华日报》出版发行困难，新华社的文字广播更是很难抵达根据地之外的民众。而口语广播相对于文字广播来说，更便于普通听众收听和理解，听众只要收听到广播节目，就能知晓播发的新闻。口语广播也不像文字电讯广播，需要专业的收报员和译电员。因此中共中央决定，在延安筹备建立自己的广播电台，使全国人民从广播中听到中国共产党的声音。

1940年春天，中共中央成立了广播委员会，主任由周恩来担任，成员有新华社社长向仲华、中央军委三局局长王诤等，建立广播电台的任务由军委三局9分队承担。经过9分队通讯战士们的辛苦钻研和改装，还有其他部门的协调配合，建台任务于1940年年底完成。同年12月30日，呼号为XNCR的延安新华广播电台开播。XNCR（X是国际电讯联盟分配给中国的代号，NCR是New Chinese Radio的英文缩写）的含义即新中国广播。广播台开播后，《大众日报》《新中华报》等先后刊登了延安新华广播电台播音的消息。

中共中央非常重视传播工作，延安台的编播和技术人员努力把党的政策主张、全国军民抗战信息、反法西斯战争进展情况等传播给全国民众。延安台的红色电波冲破国民党当局的破坏和干扰，把抗战信息传播出去，在抗日根据地、大后方和沦陷区都产生了很大影响，许多有志青年从广播中了解到中国共产党的抗战主张，不远千里奔赴延安革命根据地。

1941年12月3日，以侵华日军为广播对象的日语广播在延安台开播，使用的呼号同样为XNCR。日语广播也感召了一些侵华日军，一定程度上起到了瓦解敌军意志的作用。

1943年3月，延安台机器频频出现故障，口语广播暂且停止。英国友人林迈可同情中国人民的抗日斗争，他希望世界可以听到中国的声音。在林迈可的帮助下，1944年夏，新华社在延安创办了面向美国旧金山的英文广播。英文文字广播在8月8日开始试播，9月1日正式开播，呼号为CSR DE XNCR。美国高层领导在接收到新华社的英文电讯后，对华北战争的图景即刻发生了转变。①

新华社的文字广播和口语广播的语种、呼号、时间见表3。

表3 新华社的文字广播和口语广播

名称	语种	呼号	时间
文字广播	中文文字广播	QST DE CSR	1931.11—1941.6
		CSR DE XNCR	1941年6月5日启用，停用时间不详
	英文文字广播	CSR DE XNCR	1944年9月1日开播
口语广播	中文口语广播	XNCR	1940年12月30日开播
			1943年春停播
			1945年9月11日恢复播音
	日语口语广播	XNCR	1941年12月3日开播，半年后停播

二、名副其实的媒体"融合"

上述通讯社、报刊与广播的发展看似各自"为政"，但若深入其内部组织却不难发现，三者之间不仅密切关联，而且是你中有我，我中有你。抗战进入相持阶段后，在极端艰苦的条件下，甚至实行三者合一，可谓名副其实的"融媒体"架构。

实际上，早在中国共产党成立初期，一些地方党组织在创办报刊的同时，也办有通讯社业务，实际是一个机构、两块牌子。如1922年广东共产党组织创办的爱群通讯社和以通讯社名义出版发行的《爱群报》；再如1923年北京共产党组织创办的《工人周刊》及其编委会附属的劳动通讯社等。这种报、社合一的体制，是早期党在人力物力不足条件下的无奈之举，也是当时报界的一种常见做法。

---

① 张涵.让全世界都听到我们的声音——解码一份来自美国国家档案馆的军事档案［J］.中国档案，2012（11）：74-75.

江西苏区临时中央成立后,这种做法也在最早开展工作的红中社有所体现。如前所述,红中社在1931年11月成立时便以呼号"CSR"播发消息,与12月创刊的《红色中华》报是一个机构,一套人马;而在延安新华广播电台开播前,改名后的新华社与《新中华报》也是一个机构,原班人马。1939年2月,中共中央决定将新华社与《新中华报》分开,分别成立各自的编辑部门,受中共中央党报委员会的统一领导,独立但又互相联系地发展党报和通讯社新闻业务。延安新华广播电台开播后,以新华社的新闻生产与供应为中心节点的延安几大"央媒",再次成了融通讯社、报纸、广播电台于一体的"融媒体"。这是中国共产党独有的实践,是为服务抗战、服务宣传这一大目标而形成的集约化媒体"融合"。

1. "报、社、台"交融的组织架构

之所以说上述几大媒体的组织具有"融媒体"特征,依据在于:

首先,如前所述,红中社/新华社与《红色中华》《新中华报》本是"社、报一家",一个机构,两套业务。1941年年初,延安的新华社、《解放日报》和延安新华广播电台是分工不同、定位各异的三大"央媒",实际上《解放日报》从创刊之日起到解放战争爆发前,与新华社也是领导合一,博古任新华社社长兼《解放日报》社长;两个单位都在清凉山,生活供应属于一个建制。《解放日报》记者同时也是新华社记者,采访时,记者的介绍信以《解放日报》和新华社的名义开具,也就是一个媒体机构,同时开展两种业务。按现在的标准,这已属于初级形态的"媒体融合"。虽然这种既办通讯社又办报的模式在民国时期的一些民营媒体机构中不乏先例,但像新华社与《解放日报》这种统一集中管理、不分彼此的非营利机构,在当时的中国可谓独一无二。

其次,1933年5月,红色中华新闻台在瑞金建立,业务上归红中社管理,行政上则受中革军委(中央革命军事委员会)领导。延安新华广播电台在1940年12月底建立后,编制属于中央军委三局,解放战争爆发前,中央军委三局一直承担新华社文字广播的发报任务和口语广播的电台维护与播音工作;业务归新华社,广播内容由新华社新成立的广播科供给。抗战初期,由三局

55分队负责文字广播的发报任务,电台队长先后有曹丹锋、郑执中,呼号为QST DE CSR。1938年11月转由三局120分队负责;1939年8月转由军委三局10分队负责。1940年3月,军委三局成立9分队,由队长傅英豪带领30多人开始筹建延安新华广播电台,虽然只有少数无线电技术人员,但他们不畏艰辛、克服困难,实现了口语广播。① 口语广播开播时,负责文字广播发报任务的是10分队。当时电源非常有限,10分队便迁到王皮湾村使用9分队的电源。这样,军委三局同时承担口语广播和文字广播的技术工作,口语广播稿、文字广播稿则由新华社的广播科负责提供。播音员和报务员收到广播稿后,第一时间便将其准确播发出去。

1944年9月1日新华社对外英文广播业务开办后,副社长吴文焘兼任英文广播部的主任,英国友人林迈可被聘请为英播部主任,负责英文改稿。

不难看到,与当时国统区国民党所办媒体纵向分割的科层化体制不同,延安新华广播电台的整体运行更加灵活机动,甚至在电台声音播放功能无法恢复前,还能将设备改装为发送电报之用。这一方面是当时艰苦条件下的无奈之举,却也体现了当时中共中央在处理相关问题时机动灵活、不拘一格的创新精神。

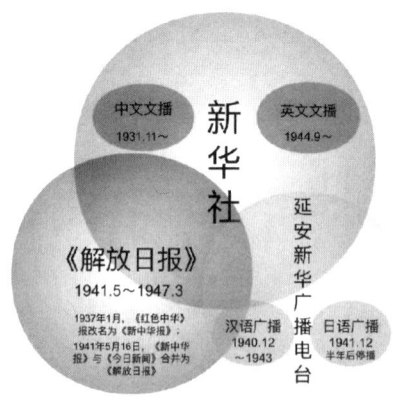

图10 延安时期中共中央的"一社""一报"与"一台"

---

① 中央人民广播电台简史编写组.中央人民广播电台简史[M].北京:中国广播电视出版社,1987:5.

你中有我，我中有你；彼此协作，互相支持。这种不计部门得失、服务全局、关注政治与军事需求的媒体融合，在当时显然具有极强的创新性。

2. 三大媒体的业务"融合"

不只是组织机构的紧密关联，在具体业务上，几大媒体之间也呈现出新闻内容的"流水作业"和多"平台"分发特征。土地革命战争时期，红中社抄收的中外电讯，除了电台自己对外播发，还有一个重要职能就是给《红色中华》报供稿。抗战时期，新华社既抄收电讯广播，又对外进行中文文字广播、英文文字广播，还通过口语广播等方式发声。新闻台抄收的一些外文电讯信息，先交由翻译科，翻译成中文后再交给广播科。广播科根据情况，将稿件分类整理，转交《解放日报》编辑部；再摘编重要的信息和文章，加上前一天《解放日报》发表的重要社论和文章，编辑为广播稿，交中译组翻译，再送至广播台播发。一条流水线下来，在所有原始信息最大化共享的前提下，重要的内容也得到了最大化利用和最广泛传播。

《新中华报》《解放日报》上刊载的国内外重要信息和文章，尤其是头版的重要新闻、社评，有相当一部分是来自新华社，随便翻出一期报纸，都能发现"新华社"的标注字样。因为如前所述，报刊记者一般都身兼两职，也是新华社记者。如《新中华报》1937年2月6日第一版刊登了新闻稿《和平解决已实现，张杨部在后撤中》，就注有"新华社五日电"；另外一篇《托派张慕陶等阴谋企图破坏和平统一》，文末同样署名新华社。再如1941年5月17日《解放日报》第一版《苏北新四军粉碎敌扫荡》《鲁南八路军连获胜利》等新闻，也都是新华社供稿。①

报纸上的重要社论或新闻发表后，中央还会让新华社用电讯、声音形式全国播发，甚至向世界传播。毛泽东就曾根据新华社抄收的新闻电讯，准确分析时局的发展，并且撰写了评论文章，刊登在《解放日报》上，同时交由新华社对外播发。"一切党的政策，将经过《解放日报》与新华社向全国宣达……各地应注意接收延安的广播……推广收报机，使各地都能接收，以

---

① 《解放日报》，1941年5月17日版。

广宣传,至为重要。"① 而从新华社华盛顿分社在美国国家档案馆二馆查到的抗日战争时期中国战事的珍贵档案中看,里面保存了部分美国抄收的新华社电讯。这是新华社对外英文广播部在延安成立后播发的英文文字广播,定向发送给美国旧金山。所以稿件后面一般都标明"延安英文摩尔斯电码发至旧金山"或"延安英文电发至旧金山"。② 这份档案的第四页记录了1944年9月3日抄收的英文电讯。新华社档案处的张涵曾将这份电讯与《解放日报》1944年8月28日头版刊载的《山东捷报》进行了对比,报道内容一致;与新华社档案处保存的英文电讯稿原稿内容也相同。③ 同样的一份稿件,在《解放日报》刊登,并通过新华社英文电讯传播到世界。一个稿件,经多个平台分发和使用,传播到能力所及的最远地方,是抗战时期党的新闻事业的一大特色。

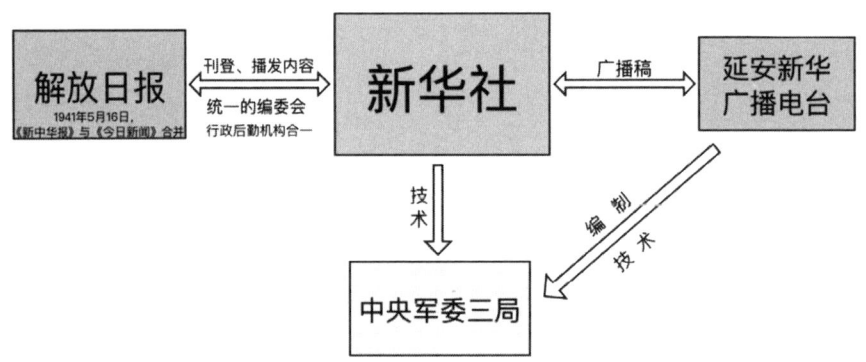

图 11 抗战时期延安三大媒体的业务融合

报纸、广播电台采用通讯社稿件,至今依然是一种媒体惯例。因为通讯社作为新闻事业的"上游产业",其基本职责就是为报刊、广播电台(电视台)等媒体提供新闻信息。但一般的报刊、广播电台(电视台)采用和转发

---

① 中共中央文献研究室,新华通讯社.毛泽东新闻工作文选[M].北京:新华出版社,2014:72.
② 万京华.新华社与抗战对外宣传[J].中国出版,2015(15):32.
③ 张涵.让全世界都听到我们的声音——解码一份来自美国国家档案馆的军事档案[J].中国档案,2012(11):74-75.

通讯社稿件，却不能被称为媒体融合——报社、广播电台（电视台）与为其提供信息服务的通讯社之间，通常并不属同一机构，且彼此间有清晰的业务与组织边界。反观抗战时期的延安，通讯社、广播电台与报社"合署办公"，每个部门既各自"独立"，又彼此支撑；在具体的工作中，各部门不是基于自身本位，而是着眼全局，在党中央统一领导下，专注新闻、评论等内容的生产与分发，并不计媒体类型，不考虑各自利益，而是专心一志，实现传播空间与效果的最大化。正是从政治与军事宣传至上的理念出发，才衍生出这种不同部门之间业务"融合"的逻辑。

三、结语

21世纪以来，随着互联网技术与数字媒体的成熟与推广，"媒介融合""媒体融合"不仅成了业界主流操作模式，也成了内涵与外延清晰的一个"新"概念。但较少有人关注的是，一个新概念的提炼与流行，有时并非源自新兴事物，而是历史的"潜流"发展到其有目共睹时的产物。上述抗战时期延安基于节约人力物力、提高传播效力而进行的、以新华社业务为中心的媒体"融合"实践，虽与当下技术、政策驱动的媒体融合基础不同、取向各异，但在某种程度上暗合了当下涉及这一议题的一些主流主张，如习近平总书记强调的"坚持一体化发展方向，通过流程优化、平台再造，实现各种媒介资源、生产要素有效整合，实现信息内容、技术应用、平台终端、管理手段共融互通，催化融合质变，放大一体效能，打造一批具有强大影响力、竞争力的新型主流媒体"。① 再如"党报、党刊、党台、党网等主流媒体必须紧跟时代，大胆运用新技术、新机制、新模式，加快融合发展步伐，实现宣传效果的最大化和最优化"等。②

---

① 谢环驰.习近平在中共中央政治局第十二次集体学习时强调，推动媒体融合向纵深发展，巩固全党全国人民共同思想基础［N］.人民日报，2019-01-26.
② 谢环驰.习近平在中共中央政治局第十二次集体学习时强调，推动媒体融合向纵深发展，巩固全党全国人民共同思想基础［N］.人民日报，2019-01-26.

回顾中国共产党在抗战时期进行的媒体融合实践,从全局着眼,依据媒体在不同阶段的具体任务,从传播效果最大化入手,及时调整媒体实现路径,甚至实行在今天来看都是极为先进的"融合"式发展。上述成功经验,无疑可以为现实提供有益的借鉴。

租界时空的"新闻自由"及其效应*

考察近现代中国新闻事业的变革，租界理应被视为一个重要的时空坐标——综观鸦片战争以来的媒体演进，一个显而易见的事实是，在列强各国迫使清政府开辟租界后，这些地区很快就成为国内报刊创办最集中、办报自由度最大、报业影响最广泛的区域。然而以往的中国新闻史书写却大多对这一事实采取了淡化或模糊处理。笔者认为，之所以出现上述问题，一定程度上是由于租界"新闻自由"的复杂性与国人对待这一问题的矛盾心态造成的。

一

第一次鸦片战争后，英、美、法、日、俄等列强相继在武汉、汉口、天津、广州、厦门、九江、镇江、苏州、杭州、重庆等十几个城市强开租界。在这些独立于中国城市之外的"异质空间"内，集中了洋行、银行、领事馆等外国政治和经济组织，行政上不受中国政府管辖，因此租界又被形象地称为"国中之国"。

各租界一般都借鉴其母国经验，实行较当时我国政府治下宽松得多的新闻政策。在租界出版报刊，一般只需按规定办理注册登记手续，报刊内容也无须事先送审。借助这一有利条件，外国人在租界创办外文报刊，对中国政务评头论足、说三道四；同时又积极创设中文报刊，抢占中国报业市场，输

---

* 本文原载于《当代传播》2014年第1期。

入西方思想文化,影响中国知识分子。到 1898 年,外国人在各地的租界内共创办近百种报刊,逐步形成了以《万国公报》《申报》《新闻报》和《字林西报》为旗舰的在华外报网,并从根本上改变了中国报业的主体结构和发展方向。如由英国商人安纳斯脱·美查等人投资、于 1872 年 4 月 30 日在上海租界出版并发行的《申报》就成为中国商业报刊的典范。作为一份不经官方审查、配有职业记者并独立刊发新闻、评论的报纸,《申报》创刊号的《本馆告白》宣称,将对一切可惊可愕可喜之事,足以新人听闻者,靡不毕载,很快在读者中声誉鹊起,名利兼收。而另一份创设于上海租界的宗教报刊《万国公报》,不仅热衷于介绍西学新知,做"西学新知之总汇",而且对中国宪政、儒学、习俗改良等根本性问题持续发表意见,成为上至光绪皇帝、开明官僚、下至平民百姓如孙中山等的必读书目。它强调报刊的功能和作用,认为"杂志报章者,社会之公共教科书也;杂志报章之记者,社会之公共教员也"。[①]它主张中国通过变法和推行新政而富民。"欲使中国官民皆知新政之益,非广行日报不为功。非得通达时务之人,主持报事以开耳目,则行之者一,泥之者百矣。其何以速济,则报馆其首务也。"[②] 该报在维新运动时期的发行量一度逼近四万份,是当时国内发行量最大的刊物,足见其知名度和影响力。

称赞莫过于模仿。资产阶级维新派领军人物康有为在北京创办的第一份刊物《万国公报》,显系借用了这份资深教会报刊之名。而康、梁等人的很多改良思想,也是从西人《万国公报》中学习、借鉴而来。

同样是在租界,资产阶级维新派主持的各类报刊如雨后春笋,不断涌现。1896 年 8 月,梁启超主持的《时务报》在上海租界创办,很快成为维新派在南方的舆论重镇,"一时风靡海内,数月之间,销行至万余份,为中国有报以来所未有。举国趋之,如饮狂泉"。[③] 而 1897 年 10 月由严复、夏曾佑和王修值主持的《国闻报》在天津租界创办后,不仅成为维新派主持的第一份日报,还凭借大量的国内外新闻报道和明确的变法维新主张而成为改良派在北方的

---

① 李天纲.万国公报文选[M].北京:生活·读书·新知三联书店,1998:358-359.
② 李天纲.万国公报文选[M].北京:生活·读书·新知三联书店,1998:358-359.
③ 梁启超.本馆第一百册祝辞并论报馆之责任及本馆之经历[J].清议报,第 100 册:5.

舆论重镇。1902年英敛之主持的《大公报》在天津法租界面世不久，即对权倾一时的慈禧太后提出尖锐批评，要求她撤帘归政，并公开表达对沈荩等进步人士的同情。此外，英敛之还在报刊上公开宣传抵制美货，触怒时任直隶总督袁世凯，被其下令严禁士人购阅，并不准邮局寄递。英敛之毫不妥协，继续在报刊上发表檄文。因报纸是在租界出版，袁世凯的禁邮指令只能在租界外施行，对英敛之及《大公报》却无计可施。

资产阶级革命派兴起后，也是以清政府鞭长莫及的日本、香港和上海租界为大本营，创办报刊，宣传革命。如第一份资产阶级革命派日报《中国日报》于1900年在香港问世。此后不久，在上海租界出版的《苏报》开始转向鼓吹反清和革命。《苏报》案爆发后，继之而起的《国民日报》继续不遗余力地攻击清朝政府，畅言革命。再如1904年2月26日，蔡元培等人将设在上海租界的《俄事警闻》改名《警钟日报》，提出"国民自立"的思想，决定不录"上谕"，以示其不依赖政府的立场；不挂洋商牌号，以示其不受外人之保护的决心。在同年3月16日发表的社论《论报战》中，该报强调"个人之思想，以言论表之；社会之思想，以报表之"。8月3日该报又发表《论专制与暴动之相应》，倡言"不自由，毋宁死"。革命派在租界搅动风潮，"煽惑叛乱"，清政府对其虽恨之入骨，却只能通过租界当局加以干涉，无法对其直接动武。

中华民国奠基后，孙中山等人努力按照西方模式构建国家，在新闻出版方面严格遵循言论自由的原则，由此带来了新闻事业的短暂繁荣。可惜好景不长，从袁世凯复辟帝制到蒋介石建立南京国民政府，内乱外患不绝，在各级军阀掌控下的地区，政府对新闻自由的法律承诺从未实足兑付。这时，"癸丑报灾"后幸存的革命派报刊，基本是在租界创办的。而新文化运动的策源地之一《新青年》杂志，也是陈独秀在上海法租界独立创办起来的。

早期中国共产党的报刊活动也主要是在租界开展。从最早的《劳动界》周刊、《共产党》月刊，到第一份中共中央的机关报《向导》周报，再到第一份中央级日报《热血日报》，各报社均把社址选在租界。直到1931年江西瑞金的苏维埃中央临时政府成立前，中国共产党的报业活动主要集中在上海租界和广州等地。

抗日战争时期，随着大片国土沦丧，租界地带的隔离功能使其新闻事业的"自由"度和独特性愈发彰显。自1937年11月上海沦陷，到1941年12月珍珠港事件、日本全面占领上海前，由于公共租界和法租界仍保持"中立"，一大批坚持抗战的报人和报刊得以在这里栖息。日本军方虽不断向租界当局施压，但碍于国际关系，始终不能像对待沦陷区报刊那样任意妄为，阻断抗日呼声。

在租界，报刊宣传若触犯法律，租界当局一般按司法程序对相关责任人进行审讯，这同中国封建统治者以言代法、以个人好恶随意处置报刊和报人的做法大相径庭。"至于使用暴力手段，指使特务捣毁报社，残杀报人的非法行为，租界当局一般也是不赞成的。"① 因此，依托租界、洋馆的报馆，清廷官吏、民国政府乃至日伪当局虽虎视眈眈，却无法乱行文字之狱。如《苏报》案发生后，按照大清律例，章太炎和邹容无疑是犯了重罪，但由于《苏报》位于上海租界，享有治外法权，因此案子只能交由租界当局审判。经过各方的不断博弈，章太炎和邹容最后都得到了较轻的判决。经过这一案，清政府颜面尽失，革命派却士气大涨。

这一案例对我国新闻界的影响也是极为深远的。《纽约时报》曾刊文分析这一事件，认为它"对于国内新闻业的发展将会产生影响，此乃这个国家最重要的思想启蒙途径"；同时，由于"现在针对出版物作为表达公众舆论平台进行镇压的政治运动正在被那些握有实权的官员在本案开庭时和在其他省份步步升级，这些人甚至认为，言论自由行径的广泛传播和被接受甚至比丧失领土更为使人忧虑"。而"租界内一而再、再而三发生的报案和租界当局对于报人和报刊的处理，如'《苏报》案''《警钟日报》案'等案件'重罪轻判'的情形，虽然是发生在上海的公共租界地区，但由于类似的判决结果一再反复出现，已经在某种意义上成为惯例，各级官员虽仍依照原先的法律程序进行审理，但从心理上已经不再奢求用谋反、大逆等罪名来对涉案人员施以生命刑了，刑罚处罚措施日趋多元化、轻微化，并已经开始尝试用经济手段来

---

① 马光仁等.上海新闻史（1850—1949）[M].上海：复旦大学出版社，1996：570.

处理此类事件"。①

也正因此，租界内国人自办的报刊空前发达，报人的独立意识和议事精神空前高涨，一些报纸"'言华界所不能言'，'讲华界不能讲'，表述民情，传达民意，介绍新潮，倡言革命，充分发挥了'公共舆论'在现代社会中的特殊功能"。②

二

至此，租界新闻业的生态演化对我国新闻业发展的影响似乎已毋庸赘述。但问题在于，租界的新闻自由并非西方新闻自由的翻版和照搬，而是"中国化"了的西式自由。其内里包裹的理念与实践之间的深刻悖论，使国人在认知和评价这一现象时，往往会因理性与情感的巨大冲突而遭遇诸多尴尬和困难。

首先，如果对租界当局如此"执法"的主观意图有充分认知，那么对其"新闻自由"正面效应的评估必将大打折扣。如前所述，各租界实行的新闻管制措施是西方新闻自由理念与实践的一个延伸。"新闻自由的观念来自西方资本主义国家。在英、美、法等主要资本主义国家，政府按照资产阶级新闻自由的观念管理、控制新闻出版业已有一二百年的历史。"③但租界新闻管制的实质却与西方国家有很大不同。其中一个最明显的区别，就是租界内没有成文的新闻法规。单以国内存在时间最长、面积最大的上海租界而论，从其开埠通商，建立租界，到1919年以前，不仅没有成文的新闻出版法规，在其他法规中也没有关于管理新闻出版的条例。1919年，法租界当局制定颁布了《上海法租界发行、印刷、出版定章》七条，但与之毗连的公共租界却始终没有新闻法规。在无法可依的情况下，租界当局对于界内的新闻案件在判决方面固然比中国政府要宽松很多，但也绝非照搬母国条款，而是杂取中西惯例，从有利于自己的角度进行裁决，体现出一定的人治色彩。比如从《苏报》案

---

① 徐中煜.清末新闻、出版案件研究——以"苏报案"为中心［M］.上海：上海古籍出版社，2010：386.
② 周德钧.汉口的租界——一项历史社会学的考察［M］.天津：天津教育出版社，2009：61.
③ 徐方平.蔡和森与《向导》周报［M］.北京：中国社会科学出版社，2006：61，62.

的判决结果就不难看到"西方资产阶级新闻自由观与中国文化专制主义的差别甚至对立,但同时也看到了由于某种共同利益的驱使,双方又寻求了一种妥协兼容的方案"。①

对中国报人而言,租界最受青睐之处不仅在于这块土地有办报的自由,更在于报社还有批评甚至反对当局、揭露社会黑暗和官僚腐败的自由。对于这一点,新闻史学家蒋国珍就曾经提到,"国内政变起时,反对方面的政治家,像外国亡命一样,预先把反对言论的机关,迁移到租界,向外国领事署注册。这是清末以来,攻击专制武断政府而避免其压迫的长套手段"。② 长此以往,中国报刊甚至形成一种畸形的发展,读者也培养了一种畸形的心态。"报纸畸形,是指几乎所有重要的报纸都设在受外国'保护'的上海或天津的租界内,只要不触犯洋人,就有随意批评以致谩骂政府的'畸形自由'。读者畸形是指读者在不自由的环境里,形成了'敢骂人的就是好报'的畸形判断。"③ 这是1945年重庆《大公报》在论及中国的新闻自由状况时所发的感慨。

但租界当局保护其辖区内报刊的政治性言论自由,主观上却未见得同其母国之对待该国人民那样恪守法律精神。从《苏报》案的处理,到"孤岛"时期对日方强力介入新闻业管制的一再妥协,都可以看出租界当局的唯利是图本质——他们最关注的,并不是界内的所谓新闻自由,而是本国在华利益的最大化。而他们执行的这种有限度、有选择的自由,未尝不是租界当局与中国政府博弈时手中的一张牌,是他们与中国当局打交道时的一种策略与手段——他们与中国当局持有不同的价值立场,并执行不同的法理标准,无非是为了显示租界当局的特权地位,同时也以此表明其母国政治与文化的优越性。其对中国新闻事业发展所产生的各种正面效应,固然有租界当局有意为之的成分,但更多的则是其利益最大化选择之后所衍生的一种结果。

其次,探讨租界新闻事业的积极意义,还有可能会遭遇"民族忠诚"的

---

① 蒋国珍.中国新闻发达史[M].上海:上海联合书店,1930:69;钱钢.旧闻记者[M].上海:上海书店出版社,2008:170.
② 费吴生.在华八年[M].台北:青年会档案.
③ 费吴生.在华八年[M].台北:青年会档案.

道德诘问。租界是西方列强侵略的产物,曾给国人带来了百年屈辱。虽然租界为国人展示了西方的先进理念和制度,但承认列强的入侵给我们带来好处,无疑等于承认坏人做了好事。其中充满的意识形态悖论和冲突,无疑对这一史实的叙述提出了巨大挑战。

众所周知,同租界的其他治理模式一样,租界实施的新闻自由,是奠基在西方人强烈的文化优越感之上的。正如北京青年会干事费吴生所言:"我们盎格鲁-撒克逊人发现,在盎格鲁-撒克逊的范围内,民主是非常容易的;但在这个范围之外,在涉及其他国家时,我们稳固的盎格鲁-撒克逊种族优越感使我们无法绝对地民主。"[1]这既是殖民者侵略野心和强权逻辑的表现,也是两种文化较量时常常出现的结果。[2]作为列强在中国的代理,对于界内的新闻活动和新闻事业,租界当局出于自身利益固然会实行一定限度的保护,但另一方面也要看到,打压和控制的手段,租界当局也运用如常。如《大公报》创立之初,法钦使和天主教主教均积极入股,希望控制《大公报》,英敛之等人虽不愿受其摆布,但宣传反帝国主义却必然会触怒法国股东,因此在创业初期曾为这些问题大伤脑筋。等到《大公报》代德国人德木兰办的报纸印报时,法国领事馆就在背后极力反对,使得英敛之既愤慨又无奈。[3]同样出于自身利益考虑,租界当局也封闭了一些触怒中国政府的报刊,如《苏报》。而当报刊发展侵害租界当局的利益时,新闻自由就变得尤为珍稀。1904年2月29日,天津英文报纸《中国时报》因刊载批评沙俄政府的论说,被控"扰乱和局",主笔英国人高文被天津租界当局"驱逐出境"。同年上海启文社、时中书局、镜今书局、东大陆图书局等因销售陈天华的《警世钟》而被公共租界工部局控告,各店主分别被判拘押三个月到两年。[4]也就是说,在不严重危及列强在中国租界的权益时,新闻自由的"含金量"较为充足,否则就大打折扣。

---

[1] 费吴生.在华八年[M].台北:青年会档案.
[2] 李永东.民族主义与殖民意识的纠缠——论租界语境下知识分子的文化体验与文本叙事[J].海南大学学报,2008(4):452-456.
[3] 何炳然.《大公报》的创办人英敛之[J].新闻研究资料,1987(1):31-49.
[4] 傅国涌.笔底波澜:百年中国言论史的一种读法[M].桂林:广西师范大学出版社,2006:365.

《广播周报》的历史流变与当代启迪*

《广播周报》不仅是我国第一份广播节目报,也是现代出版时间最长、发行量最大的广播专业报刊。对于这份1934年9月由国民党中央广播无线电台管理处创办的报刊,不仅业界知者甚少,即使在学界,也还基本处于大致了解层面,系统深入的研究成果可谓寥寥。事实上,《广播周报》不仅在报业史上地位独特,而且其在业务与理论方面的探索也颇有建树。

一、不同时期的办报宗旨与内容设置

《广播周报》前后共刊行14年,经历了三个发展阶段:1934年9月创刊,1937年8月出至第150期后休刊;1939年1月1日于重庆复刊出版第151期,中间一度因印刷和经费的双重困难改为不定期刊,1941年4月出至第196期后,因敌机轰炸,印刷困难而再次休刊;1946年9月于南京复刊,期数另起,1948年12月出至第116期后终刊。经过不断地发展,《广播周报》最后已成为一份以预告、介绍广播节目,披露广播动态、幕后为主,兼有副刊的综合型专业报刊。

第一阶段(初创期):1934年9月于南京创刊,1937年8月出至第150期后休刊。

这一阶段的办报宗旨可以刊发于《广播周报》第9期的《二周年历程之

---

* 本文原载于《新闻界》2006年第4期,与王娟合作。

回忆及今后之期望》①一文中的第八条概括:"文字宣传则有无线电杂志,于本年二月出版,继有广播周报,于九月出版,所以有志于斯学者,得以问津,并以鼓舞听众与会,灌输科学常识,促进文化,博采欧美最新学说以斩日新等等。"

这一阶段的《广播周报》宣传、教化色彩浓厚,功能较为单一,即预告广播节目、对电台各类播讲稿进行记录或预载。设有广播节目预告、演讲、国学丛谈、无线电杂谈、儿童教育、话剧、听众意见等栏目。其中,演讲栏目多为政要、名人、专家、学者等在电台已播讲过的演讲词,以及儿童教育电台播讲稿之记录或预载。听众意见意在反馈受众信息,反映读者、听众的意见和要求。

第二阶段(发展期):1939 年 1 月 1 日于重庆复刊出版第 151 期,1941 年 4 月出至第 196 期后再次休刊。

这一阶段的办报宗旨可以《广播周报》第 188 期的编后二则概括:"今后本刊以介绍世界广播理论、广播动态为主要的特征,由此我们可以供给国内广播事业者之参考;关于国际、科学、儿童、妇女方面的稿件和隽永文学小补白,一仍旧贯。"②

这一阶段的《广播周报》开始有意识地反映国内外广播事业发展状况,介绍广播理论,服务家庭生活,并增加了带有副刊色彩的文艺性稿件。内容分为节目预告、论文、小品、补白四大版块。论文收录的均为演讲词,涉及范围大体同第一阶段的演讲,不同的是更为注重刊载广播专论,如《广播的政治作用》③《世界广播动态之一斑》④;小品、补白版块的部分栏目已带有一定的副刊色彩。这一阶段的栏目包括:家庭常识(内容涉及家庭交际、家庭卫

---

① 《广播周报》第 9 期,1934 年 11 月 10 日出版。
② 《广播周报》第 188 期,1940 年 4 月至 5 月间出版(本期报纸未注明出版日期,此时该报改为不定期刊,故亦无法推知具体出版日期)。
③ 《广播周报》第 188 期,1940 年 4 月至 5 月间出版(本期报纸未注明出版日期,此时该报改为不定期刊,故亦无法推知具体出版日期)。
④ 《广播周报》第 195 期,1941 年 3 月 15 日出版。

生、生活窍门等）、海外来鸿、国文教材、话剧、歌咏、儿童教育、广播点滴（介绍广播界动态）等等。这一阶段还出现了经过策划的专刊——第144期升学指导专刊。①

第三阶段（成熟期）：1946年9月于南京复刊，期数另起，1948年12月出至第116期后终刊。

这一阶段的办报宗旨可以刊载于复刊第50期的《纪念复刊一周年》一文概括："我们这本刊物，以提倡辅助我国广播事业为目的，内容和文体力求通俗，使任何阶层的读者都能阅读。""一年来，我们对准了决定的目标——介绍时代智识、报道青年读者而努力，务使达到治中学西术于一炉，操听众读者为一人的理想。"②

由上述可知，在吸收读者意见与参考中外各种期刊风格的基础上，在不断的摸索、尝试与改革中，《广播周报》的办报宗旨、内容定位、读者定位逐渐明确。这一阶段的《广播周报》无论在形式上还是内容上均已相当成熟：其外形类似今天广播电视报所采用的本报形式，彩印铜版纸封面为一大幅照片，内容涉及广播机构宣传、中外时事、中外风景等等，这一时期的主要栏目有：节目预告；特稿、专论、时论、学术讲话（专门刊发各电台播放过的各类重要演讲）；广播文萃（选取各台精彩的广播稿）；特译稿（介绍国外广播事业发展状况、重大时事等）；前一周（上周新闻摘要）；新闻线外（收录海外新闻）；点滴（带有文摘性质）；广播信箱（无线电知识问答）；其他栏目（如广播漫谈、编者广播、广播通讯、音乐园地等）。这一时期的另一重要变化是于复刊第12期③开创微波副刊。总之，这一阶段的《广播周报》内容日趋丰富，宣传教化与休闲娱乐并重，专业化与延伸性兼得。

1. 发挥圈内优势，介绍业界动态与幕后故事

复刊后的《广播周报》开始有意识地发挥圈内优势，对圈内资源进行开发与利用。专门开辟了广播通讯栏目，介绍广播界的动态与幕后，如《广播

---

① 《广播周报》第144期，1938年7月3日出版。
② 《广播周报》复刊第50期，1947年8月24日出版。
③ 《广播周报》复刊第12期，1946年11月17日出版。

生活的内幕》(江西台播)、①《石家庄电台的今昔谈》(石家庄台播)、②参加火烧仓库播出之后③等；另外还大力介绍广播从业人员的情况并配发照片，如本报记者潘启元描写中央电台几位知名播音员的《广播人物速描》，④厦门台播音员黄鼎峰所作《艺术圈内的生活——播音员自传》，⑤就连连载于副刊的漫画《播音皇后》亦是取材于播音员生活。

2. 原创稿件日多

复刊后的《广播周报》开始刊登本报原创的消息、特写、通讯等内容。如消息《展览会中的广播客串》，记录了福建广播电台于工程博览会中进行播音的情形；⑥特写《酒井受鞫记》，记录了日本战犯收审之经过，并配发本报记者所摄照片；⑦本报通讯《崇礼归来》，记录了京沪中外记者崇礼视察团的塞北之行。⑧另外还出现了海外通讯，如本报纽约通讯《联合国大厦的设计图样》、⑨巴黎通讯《法国海军学校》⑩等。

3. 强调新闻集纳与休闲娱乐的微波副刊

自复刊第12期起，真正意义上的副刊——微波副刊诞生。该副刊收录了早先散见于其他版面的五洲公园、千噱集等栏目，另外设有漫画、诗词、小品文、散文、游记、幽默、花边新闻、小掌故、奇闻趣事等等。

五洲公园、千噱集栏目类似现代广播电视报常采用的新闻集纳的形式，前者侧重于叙事，后者侧重于短评，以复刊第19期为例，五洲公园栏目中编者以独特的眼光将上周旧闻加以配置与提炼。⑪五洲公园、千噱集栏目本质

---

① 《广播周报》复刊第22期，1947年2月9日出版，第12页。
② 《广播周报》复刊第27期，1947年3月24日出版，第15页。
③ 《广播周报》复刊第16期，1946年12月15日出版。
④ 《广播周报》复刊第7期，1946年10月13日出版，第16页。
⑤ 《广播周报》复刊第60期，1947年11月2日出版，第18页。
⑥ 《广播周报》复刊第1期，1946年9月1日出版。
⑦ 《广播周报》复刊第1期，1946年9月1日出版。
⑧ 《广播周报》复刊第23期，1947年2月16日出版，第18页。
⑨ 《广播周报》复刊第47期，1947年8月3日出版，第7页。
⑩ 广播周报》复刊第73期，1948年2月8日出版，第6页。
⑪ 《广播周报》复刊第19期，1947年1月5日出版。

上都是对摘抄新闻进行深加工，直到今天，这仍是广播电视报回避时效性差、原创稿件少的弱点，突出观点与组合上之独特的一个有利方式。

由上可知，《广播周报》发展至第三阶段之时，已由最初单纯的节目预告、节目记录演变为一份成熟的，以预告、介绍广播节目，披露广播动态、幕后为主，兼具副刊的综合型专业报刊。

二、对报纸功能和特性的自觉探索

在长期的探索与发展中，《广播周报》的编者对一份广播节目报的功能与特性已有了自觉的认识与实践；

1. 工具性、实用性

工具性、实用性是指广播电视节目报所刊载的节目预告表事实上是一种具有实用价值的检索工具、信息过滤器。广播节目的工具性和实用性正是最为受众所看重的要素。《广播周报》的编者对此已有充分的认识，因此千方百计保证节目预告表这一工具的正常使用，在第 1 期《编者谈话》中申明："本刊现为远处读者便利起见，出版日期从第二期起改为每星期六，所登播音节目，则仍自下星期一起，以便听众接到本刊后，能按照节目表收听本处中央电台的播音。"[1] 而本文后面将谈到的编者对节目表编排方式的不断改良，也正是基于这一认识。

2. 先行性

先行性主要是指广播电视节目具有预告功能，通过提前告知节目播出内容和时间，激发受众收听、收看兴趣，并为其能够自主能动地收听、收看提供依据。《广播周报》第 1 期《编者谈话》中谈及："又本刊为听众便利起见，每期均登载下一周中央电台播音情报，关于各项节目及特别音乐如弹词大鼓评剧歌曲等，在可能范围内，均预先征集登出，使听者有所依据而易明了。"[2]

---

[1]《广播周报》第 1 期，1934 年 9 月 1 日出版，第 42 页。
[2]《广播周报》第 1 期，1934 年 9 月 1 日出版，第 42 页。

3. 跨媒体性

广播电视节目报以其与广播电视结缘而区别于其他报纸，又因其报纸的性质而有异于广播电视。广播电视节目的这种跨媒体性决定了它可以形成声屏与文字联合传播的合力，可以更为便利地开发、利用广电领域丰富的信息资源，还可以非线性传播的特质弥补传播的不足，对广播电视传播进行补充、延伸。

广播节目报的跨媒体性还决定了其读者与广播听众身份的高重叠性，正是基于这一认识，《广播周报》编者将办刊宗旨定为："治中学西术于一炉，糅听众读者为一人，……我们开放这方园地，让大家来耕耘，希望每个听众成为读者，每个读者成为作者，希望这个刊物成为读者自己的刊物。"

4. 资料性

广播电视节目报的资料性，简单地说就是它所刊登的信息可供保存和查阅，将稍纵即逝的广播电视节目转化为易于收藏、流传的文字形式。而对广播节目报资料性的认识，似乎正是编者创办《广播周报》的一个重要因素：《广播周报》第1期的《发刊词》中谈到，"正值播音节目日益改善之际，因念音波漫布，虽借重于收听，而记录偶疏，辄遗珠于沧海；举凡广征博引之材料，胥有流传保存之价值，且耳濡目染，感觉愈深，聆音校义，兴趣益厚，尤以每日所播节目，时有鸿篇巨著，乐府新声，既藉妙音演弥伦六合之奇，直有椽笔记振导群伦之绪，以期后先辉映，相得益彰，左右逢源，为用愈广，爱再编辑周报，或预行刊布，或录载讲辞，庶万由斯棣通，考成得所征信焉"。[①] 时至今日，《广播周报》仍显现出极为宝贵的史料价值与学术价值的远见：《广播周报》作为反映国民党广播事业概况、反映当时国内外广播理论研究状况的重要材料，其对于广播学研究的价值自无须赘言，而其对于其他学科研究的价值也不容小视。如前所述，《广播周报》先后开设的演讲、论文、专论、时论、特稿等栏目，收录的均为当时政要、名人、专家、学者等在电台已播讲过的演讲词，其中不乏具有宝贵史料价值和学术价值的论文，因此

---

① 《广播周报》第1期，1934年9月1日出版，第42页。

在今天便成为诸多学科研究常常引用的材料。总之，当年编者对《广播周报》资料性的认识与利用，的确避免了大量珍贵的材料遗珠于沧海，为今天各类学术研究提供了有益的支持与帮助。

三、对当今广播电视报办报思路的几点启迪

1. 强烈的受众意识

其一，对受众极大地尊重，与受众平等地交流。

《广播周报》的编者不止一次地强调"广播周报是大众的，应该合乎大众的需要"。对受众的意见总是表现出极大的欢迎与尊重，"读者与编者打成一片，编者能经常获得读者的意见，原是一个像样的刊物所必备的条件"，"我们诚恳地要求听众读者继续予我们以批评和援助，无论是内容方面、编排方面，有什么不满意的地方，希望多多赐教"。并以受众的意见和需要作为改革和调整的重要依据，"迭次的改革，都是根据读者的宝贵意见"。另外，编者还极为重视与受众的交流与互动，先后开辟的交流栏目就有编者谈话、谈话、听众意见、编者小言、编余小言、编者枝话、编后、编者广播等多种，或就编辑、发行、投稿等各方面事宜与读者进行交流，或就本期某文内容展开评论与推介，口吻真诚平实，宛如友人间的交谈。

其二，节目预告表编排方法完全以便利受众为出发点。

在今天，节目预告表被称为广播电视节目报的生命线，而在当时，《广播周报》的编者对节目表的价值和意义已有了充分的认识："本报开创全国电台播音节目表……一面便利爱读本报诸君，一面又为各电台广事宣扬。"[1] 编者对节目表非常重视，为了增加受众检索的便利性，对其编排方式不断进行摸索与改进。而在推出新形式的节目表时，又常常会附有读表方法，以帮助读者迅速掌握这一检索工具的使用方法。据笔者粗略统计，先后出现在《广播周报》的各类节目表编排形式共达 21 种之多。

---

[1]《广播周报》第 36 期，1935 年 5 月 25 日出版。

特别值得一提的是，第36期"编辑小言"中提到："兹为迎合听众个性，以便各适所好起见，就已刊之全国电台播音节目时间表，另行编造分类表一种，以节目之性质为类别，每类中时间为纲，各台为目，朗若列眉，更觉便利。"①遂于第37期推出《全国广播电台播音节目分类表》，该表将全国100瓦特以上广播电台播音节目分为"演讲""常识"等17大类，根据此表，读者可以非常便利地查到自己所感兴趣的某类节目在全国各台的播出时间以及播出台的呼号、周率；复刊第7期推出《中央电台分类节目时间预告表》，将中央电台播音节目分为"新闻""讲话""家庭""儿童""国乐""西乐"等几大类，其中"西乐"一类节目预告使用英文。该表采用横排形式，读来更觉便利。分类节目表为读者提供了便利，但其编排需要从各台节目表中将所有节目一一择取、归类，势必会大大增加编者的工作量，编者却不厌其烦，屡屡推出。而在今天，探索与尝试分类节目表的广播电视报仍寥寥无几，且分类仅限于部分重点台的精品节目。

2."带电作业"，巧妙借势

如何跻身于主流媒体？如何干预社会生活？这是在今天往往被视为"弱势媒体""边缘人"的广播电视报急于解决的问题，在这一方面，《广播周报》"带电作业"、巧妙借势的做法则为我们提供了可供参考的经验。《广播周报》自诞生始，便以主流媒体的姿态出现——独家刊登政要、名人、专家、学者的重要演讲，内容涉及政治、经济、教育等重要领域；宣传国民党政府的各项重大政策和活动；发布"升学指导专刊"等具有指导意义的权威信息；"揭密"在时人眼里颇为神秘的广播圈内幕；等等。《广播周报》能够表现出这种主流姿态并非得益于其自身的强大，而是得益于其"带电作业"、巧妙借势——依托远比自身强势的广播媒体，通过广播节目的触角所及来涉及社会生活的方方面面，借助广播媒体广泛、有力地干预社会生活之势来对社会生活施加影响。既自觉地服务广播媒体，"以提倡辅助我国广播事业为目的"，又有意识地与广播媒体、广播从业人员保持交流、协作与互惠，有意识地对

---

① 《广播周报》第36期，1935年5月25日出版。

广播领域丰富的资源进行开发与利用。以刊载于复刊第 26 期的"代邮"一则为例，编者将刊载于本报各期的广播剧之剧名及所载期数整理成索引，并附启事："以上各剧欢迎各台试播，唯请试播时申明《广播周报》某期所载，并盼通知播出日期、次数及意见，以便统计而作改进参考。如各台有广播剧本，尤盼随时见掷，俾可择优刊载。"① 类似的"代邮"在《广播周报》中屡屡出现，《广播周报》与全国各广播电台之间良好而密切的联系一目了然。服务、协作、借势，《广播周报》的创立、发展、成熟，须臾没有离开过广播媒体。对广播媒体这一取之不尽、用之不竭的宝库加以充分开发与利用，借助其强势跻身主流，并形成声报整体传播的合力，这些，对今天的广播电视报如何"立足专业、适当延伸"，仍有一定的借鉴与启示意义。

---

① 《广播周报》复刊第 26 期，1947 年 3 月 17 日出版。

第三卷

抗战时期重庆《新华日报》的内部组织与外部关系探微*

党的领导,群众路线,是中国共产党在革命、建设和改革年代始终坚持的优良传统,也是党带领人民实现中华民族伟大复兴的必经之路。回顾中国共产党近百年的办报历史,80多年前的重庆《新华日报》可谓践行这一工作理念的典范。自1938年10月25日迁渝出版,至1947年2月28日被国民党当局强令停刊,《新华日报》在国民党的陪都重庆出版达八年之久,还在逆境中创造了"出得早、办得好、印得清、销得多"的发行奇迹,正是得益于对上述工作路线的贯彻与发扬。

一、党的领导:《新华日报》建构内部组织的灵魂

《新华日报》1938年1月创办于武汉,隶属中共中央长江局领导,由报社董事会具体负责。9月,根据抗战形势变化,中共中央决定撤销长江局,设立中共中央南方局(以下简称"南方局"),周恩来出任书记。同年10月25日,《新华日报》迁至陪都重庆。在南方局的领导下,《新华日报》的工作很快步入正轨,在编辑、发行与广告等方面都取得不俗的成绩。

1. 通力协作、高效运转的组织结构

《新华日报》属于国统区合法报纸,但代表中共中央发声,在当时错综复

---

* 本文原载于《中国出版》2020年第15期,与马阳合作。

杂的政局和军事形势下,该报之受国共两党的重视程度自是不言而喻。报社内部成员的认识与行动一致,则是其与外部世界"交往"的首要条件。

在南方局领导下,《新华日报》搭建起一个上下直通的组织体系。《新华日报》在渝出版的几年间,内部的职能部门有过几次调整,但直到1946年中共四川省委成立、报社改归四川省委领导之前,报社内部的结构基本不变。抗战结束前,主要是由南方局领导下的报社董事会负责报纸发展方向、报纸编务发行、报社日常运营等事宜,董事会下设社务委员会、社论委员会和编辑委员会。三会之下编辑部、营业部、印刷部、经理室分而列之,广告课归经理室管辖。经理室与编、印、发部门平行,凸显了《新华日报》对报纸销售和广告收入的重视,这也是国统区中共党报运营模式的创新之举。比较同一时期国统区的其他报社,如国民党《中央日报》和私营的《大公报》,在各课室之上还设有不同层级的监察委员会、执行委员会,《新华日报》的三级架构更为简单直接,一线工作者与高层领导间更便于交流。事实也是如此,重庆八年期间,《新华日报》的领导与各工作人员之间彼此极为熟稔,互动频繁。这种极为精简的组织架构和上下互通的信息传递,保证了报社对内外异动的及时反应。

(1)通过组建学习小组、组织劳动竞赛等多种方式调动职工的工作积极性,提高报纸的编印质量。这是《新华日报》在重庆报刊中出类拔萃,"编得好""出得早""印得清"的制度保障。报社编辑部同仁每周都会聚在一起,交流工作经验,研究报纸的编排版式和标题格式、印刷质量等问题。为了提升技术水平,各部门以"尽可能提早报纸出版时间"为目标,开展定期的检查评比和劳动竞赛。在分秒必争的严格要求下,《新华日报》的排字速度每小时高达2000～2200字;错字率平均只有3‰～4‰;拼版时间降低至20～30分钟,铸版时间10分钟左右;而浇版工作只花费15～21分钟,达到当时(1940年)重庆手工操作的最高水平。印刷部工人则每周利用两三个晚上时间,在熊复、任以沛的帮助下组织俄文、英文业余学习小组,这些参加学习的同志,后来都成长为排印外文文件的主要力量。[1]

---

[1] 吴玉英,等.《新华日报》的回忆[M].成都:四川人民出版社,1979:250.

（2）经常性地组织集体学习，以提高报社职工的政治觉悟。"报社的集体学习有两种形式，一种是每周一次的时事报告，由有关领导同志主讲，使我们了解世界大事和国家大事；另一种是通过学文化的形式学习政治，讲得通俗生动。"① 在虎头岩下，报社的干部和工人每天挤出一个小时参加政治学习小组自学政治理论，而且不论文化程度如何，不同的职工都能依自身情况而被划入适合的组次。对于文史哲基础薄弱或年龄较小的同志，则以文化课学习与先进性培养结合的方式提升其思想素养。《新华日报》的领导和编辑如周恩来、潘梓年、胡绳、徐光霄等都曾为员工开课，讲解党中央文件、党史党课，或帮助职工们强化理想信念、提高思想认识。南方局和报社的领导们还重视日常的思想政治工作。周恩来经常召集报社负责同志开会（有时甚至是深夜），传达党中央的指示和精神；② 对于报纸的新闻工作和言论方向，周恩来也会予以指导，将报社宣传方向置于党中央的路线方针之下。董必武、吴玉章等同志也常给报社人员作工作报告，指导报社工作方向。张友渔任社长期间，号召报社人员坚持每周到省委去，学习当时形势政策，统一认识。③ 在成都工作时，他还每周到《新华日报》成都营业分处，为工作人员讲解方针政策、形势及任务。在《新华日报》建构的集体认同和共同信仰中，每个员工都是"政治的人"，报纸的采编运行工作也成了"事业"而非职业。

（3）对采访和编辑业务中存在的问题提出严厉批评，但绝不上纲上线。延安整风时期，《新华日报》社也学习了整风文件，周恩来在1942年45岁生日时于重庆红岩村写下《我的修养要则》七条，带头开展自我批评，检查自身"理论修养不足，有些事务主义的缺点"；④ 社长潘梓年则在全员大会上作了

---

① 李荣辉.我的回忆[M]//吴玉英，等.《新华日报》的回忆.成都：四川人民出版社，1979：384.
② 戈宝权.敬爱的周总理与《新华日报》[M]//吴玉英，等.《新华日报》的回忆.成都：四川人民出版社，1979：7.
③ 张友渔.我和新华日报[M]//石西民，范剑涯，等.新华日报的回忆（续集）.成都：四川人民出版社，1983：86.
④ 韩辛茹.新华日报史 1938—1947[M].重庆：重庆出版社，1990：251，94.

关于"立场、观点、方法"的报告；1942年5至7月，《新华日报》全文发表了毛泽东同志的《整顿学风党风文风》和《反对党八股》，并以此作为整风的指针。1943年11月22日，中共中央宣传部致电董必武，批评《新华日报》和《群众》周刊刊登了几篇宣传宋子文等国民党官员及宪政的文章，指出平时对蒋介石国民党用头条大标题这样的安排太不妥当。董必武为此召开两次座谈会，几位当事人章汉夫、陈家康、乔冠华和夏衍等都受到了严厉批评。南方局和报社领导深入开展批评与自我批评，并通过报社大会、周年总结等方式，多次传达中共中央宣传部指示，反复检查和反省工作中的错误。对于犯错误的同志，南方局和报社领导一方面严厉批评，深挖根源；另一方面严格把握界限，绝不上纲上线，不让人背思想包袱。以此方式处理和学习，当事人和报社负责人都表示完全接受，真正做到了惩前毖后、治病救人。

2. 生死与共、亲如家人的同事关系

在多方势力角逐、政治生态复杂的国统区，《新华日报》面临艰难的办报环境，但是在对抗压迫和革命斗争的进程中，报社内部建立起了互助友爱、彼此信任的同事关系。

（1）通过集体场景的搭建与熏陶，强化职工的归属感。为方便职工生活，报社完善了医务室、员工食堂，还开办了免费的幼儿园、供销合作社。在中日战略相持的艰苦时期，报社领导还号召大家学习延安，自己动手种菜、养猪，改善生活。这种集体生活场域的搭建，使报社内部形成一个小而全的公有制体系，营造出家的感觉，在满足生活需求的同时，更强化了职工对组织的归属感。

（2）通过共同目标的设定与实施，在克服困难中凝聚信任。以《新华日报》独具特色的报童队伍为例，皖南事变中，《新华日报》通过吸纳流浪儿和贫苦儿童，培养起一批"机警灵活能战斗"的报纸发行队伍。报社不仅为报童提供食宿，还安排文化和政治授课，为他们讲解革命道理，强化思想引导。周恩来十分关心报丁和报童的生活学习情况，一次他到营业部会见客人时偶遇报童上课，便在旁边站立了好几分钟，课后细心向报社同志询问报童们的课程安排，并提出意见。① 社长潘梓年在化龙桥编辑部工作时，经常利用进城办事的机会住在民生路营业处，了解报童们的生活，解决困难，教给他们革命道理和斗争方法。② 熊瑾玎常深夜去报童（丁）宿舍巡视，照顾生病的孩子。在党和报社的爱护与培育下，报童们虽然大多只有十几岁，却胆大机灵、敢于斗争，对工作更是有极强的信念感和执行力：新华报童们每天凌晨五点领取几百份报纸，下午四五点便可送完。为躲避特务的追踪，同时保护进步读者的安全，他们将报纸卷在过期刊物、信封乃至烟盒药瓶中，或在放学时、集市上等人多的地方投递至读者手中；或与读者约定好后将报纸放入树洞、墙缝夹层甚至坟头的石头下；甚至有几次把报纸藏在《中央日报》的报袋中顺利发出。在反封锁的斗争中，南方局和报社的领导们强调保护报童队伍的安全，若出现报童被抓的危险情况，"不论机关，都要派人去交涉营救"。一次报童被特务围攻时，周恩来冒着生命危险保护被打伤的报童，追回被宪兵查收的报纸，③ 还接过报纸亲自向群众发放。正是由于报社内部生死与共的集体氛围，报童（丁）家人即使知道工作危险，甚至受到来自国民党特务的人身威胁，也毫不犹豫地支持他们的工作；而《新华日报》的报童（丁）队伍，也从皖南事变时的12人，发展至1944年时的近150人。④

总之，共同的精神信仰、平等的组织关系，使报社员工具有高度的奉献精神、责任意识和事业荣誉感，彼此结成荣辱与共、生死相依的共同体。依托强大的内部凝聚力，《新华日报》上下拧成一股绳。在报社全体员工的努力下，重庆每天第一份出现在读者手中的报纸就是《新华日报》。即使困难时期

---

① 于刚，郑新如.《新华日报》发行战线的反封锁斗争——铭记周恩来同志的关怀和教导［J］.新闻研究资料，1979（1）.
② 石西民，范剑涯.怀念社长潘梓年同志［M］//石西民，范剑涯，等.新华日报的回忆（续集）.成都：四川人民出版社，1983：6.
③ 涂国林.针锋相对的五十天［M］//吴玉英，等.《新华日报》的回忆.成都：四川人民出版社，1979：293-294.
④ 左明德.拼搏、创造突破反动派的封锁——论《新华日报》在发行战线上的斗争［M］//重庆/成都《新华日报》《群众》周刊史学会.新华之光《新华日报》《群众》周刊史学术研讨论文集.重庆：重庆出版社，1993：385.

没有工资,只有一点津贴,员工的积极性也未受到丝毫影响。皖南事变后报社转移干部时,仍剩下80多名员工坚持工作,"党员和非党员都把自己的简历报送给延安党中央存案,以表示为革命事业献身的决心"。①

3. 身教言传、细致民主的领导作风

一个高效的组织,必有优秀的领导。重庆《新华日报》的上述成就,是在当时以周恩来为核心的南方局和报社领导知行合一的"软影响"下取得的。

沿袭武汉时期的建制,重庆《新华日报》由周恩来、董必武、博古、何凯丰、叶剑英等南方局领导组成董事会,周恩来任董事长,直接负责《新华日报》的日常工作。周恩来青年时期即参与报纸工作,办报经验丰富。他常亲自指导采编工作,对报社人员提出高要求。据采访部主任陆诒回忆,周恩来在审阅其采访计划时指出,"特派员对本报采访之职责,不单限于写通讯稿,而应将通讯、搜集参考材料、供给编辑材料、建议等定为特派员之一般的职责;采访科应规定收集处理稿件办法,如登记、分类、送阅、发表或不发表、收回、留存等,均应由采访科正副主任负责处理"。石西民也提到,周恩来常教导他采编中"事实第一,先说事。把结论放在后头"。周恩来强调采编人员应"勤业勤学勤交友"——"一个编辑干部不仅会编,而且会写,会跑外勤还会印刷等等,反过来别的部门工作人员也是如此"。逢记者外出采访,"他(周恩来)总要找他们谈话,交代任务,有时还要提供具体采访线索,指点注意事项"。②基于国统区的复杂形势,周恩来还经常对报社人员进行革命气节和保密教育。以周恩来当时的政治身份和社会影响力,他对《新华日报》事无巨细的直接领导和参与,无疑形成其他报刊望尘莫及的保护力量。

报社其他领导人同样体现出共产党人无私忘我的精神。总经理熊瑾玎及夫人朱端绶掌管着报社的财务,把报社经营所得的钱,全部用在了报社发展和党的事业中。即使眼睁睁看着自己的孩子因缺少10块钱医药费而病逝,熊

---

① 新华报业传媒集团,新华日报报志编委会.新华日报80年:1938.1—2018.1[Z].2019:5.
② 韩辛茹.新华日报史1938—1947[M].重庆:重庆出版社,1990:251,94.

瑾玎也不肯挪用社里的一分钱。但对报社的工作人员，熊瑾玎则关怀备至，"他走到报社的每个角落，遇到要处理的问题，随时和有关同志商量解决。同志们有什么困难和意见，也可以毫无拘束地向他反映"。①

正是由于周恩来同志和报社领导不畏艰难的躬亲垂范，报社的工作风格和运转基础才得以奠定。

二、群众路线：《新华日报》拓展外部关系的法宝

一个好的组织结构，必然是与其内外环境相匹配的。匹配度高，组织的运转效率就高。面对国统区办报的重重阻碍，重庆《新华日报》除了加强党的领导、提升内部的工作效力和员工向心力，还扎根于各界群众，拓展对外交往。既依托重庆人民办报，在群众支持下建立起报社经营运转的物质根基；又立足读者，真正将党的政策与读者需求、社会诉求结合，发动群众参与报纸内容的建设，实行对象化和针对性传播；同时还在报社外深入群众工作，使报纸读者、社会大众通过与《新华日报》的具身接触或内容交互，明白自己的利益之所在，从而建构起"报社—读者—群众"之间的有机连接。

1. 依靠群众支持，打下物质基础

《新华日报》虽然是国统区合法出版的中共机关报，却面临国民党当局的种种封锁和迫害。报社不仅要认真办报，还要与国民党中宣部、新闻检查所周旋，因此更需要依靠群众，争取更多支持者。

报社经营运转的部分财物包括房产、资金和纸张等，都是群众支持的。1939年5月重庆被敌机轰炸后，《新华日报》不得不放弃市区厂址。此时，支持革命、钦佩共产党的饶国模将其在红岩的地皮楼房租给南方局机关和十八军团驻渝办事处，将磁器口高峰寺的老宅借作印刷厂址。昆仑电影厂创始人任宗德则将其化龙桥新修自住的房子租给《新华日报》编辑部，并陆续资助《新华日报》上千万元的周转资金。之后，熊瑾玎从一个陈姓的非党朋友处租

---

① 叶介甫.熊瑾玎.《新华日报》的"红色管家"[J].档案时空，2016（9）：7.

到化龙桥虎头岩下的一块地皮作为报社的新址；又相继在民生路建立营业部，在七星岗德兴里和纯阳洞建立采访课和发行课驻地。

皖南事变后，《新华日报》面临着国民党的纸张封锁。万般无奈之下，报社只能寻求新的生机，创造性地依托地方群众，在重庆周边的产纸地建纸厂，如与梁山地区赞同抗日的商人王炽森合办"川东纸厂"，在岳池县群众支持下建立"岳池小型纸厂"。这些自建纸厂不仅增加了报社可用纸数量，还曾帮助《中央日报》《新蜀报》解决过缺纸难题。

《新华日报》的运行经费很多源自社会人士的捐助，而那些同情共产党、支持共产党主张的党外爱国民主人士则成为捐款的主体，如任宗德、周宗琼夫妇因捐助千万资金而被称为《新华日报》的"小金库"，中国工矿公司的总经理鲁自诚也常暗中为报社提供经费支持。值得一提的是，社会群众、爱国商人甚至国民党人士都曾与《新华日报》合作经营副业。除了上文提到的创办小型纸厂的业务，熊瑾玎还与任宗德夫妇合办"国防动力酒精厂"，与支持共产党主张的国民党员楚湘汇合力经营国民政府第二炼油厂并获得楚湘汇各种方式的捐款以及油墨和煤汽油供应，这些副业盈利是《新华日报》在险峻环境中得以生存的重要经济来源。

2. 立足读者和群众需求，制定报纸内容及定价

《新华日报》的采编工作与群众工作紧密联系，报纸立足读者，尤其是国统区底层群众的信息需求和表达诉求，采写新闻，反映舆论。"人所不敢说的话，我说；人所不能去的地方，我去"。[①] 报社记者深入重庆各行各业的工人和贫民中采访，反映底层人民的悲苦境遇和迫切要求；通过报道和言论，联络、声援和指导群众开展反对压迫、改善贫苦生活的正义斗争。《新华日报》融入了对读者、对社会大众现实生活境况的政治性关怀，体现了该报直面现实解决难题、为广大人民群众服务的思路。

"让人民自己讲话"是《新华日报》的采编原则。"凡是看本报的人，都

---

① 廖永祥. 最难忘的一课——回忆《新华日报》的群众工作 [M] // 吴玉英, 等.《新华日报》的回忆. 成都：四川人民出版社，1979：202-203.

是给本报写文章的人"。①报纸开辟了《读者信箱》栏目刊登群众来稿，鼓励工人、青年及各职业读者踊跃投稿寄信，力求以报为媒传达出国统区人民的真实呼声。报纸的许多地方通信则由读者中可靠的通讯员和作家积极分子供给。这一办报模式，织就了报社与读者之间"彼此信任、互相支持"的关系网络。

扎根群众，还体现在报纸想群众之所想。延安整风后，为了满足读者多样化的阅读需求，《新华日报》于1942年9月18日开设《新华副刊》，增加了文艺作品和服务性内容，从思想文化到生活帮助，紧密围绕在读者周围，真正将群众性、教育性和通俗性结合一体，为读者所喜闻乐见。"（副刊）是反法西斯激烈战斗中文化武器的担当者，又是一切读者在工作和战斗之余的文化公园。"②《新华副刊》面向社会各阶层、各职业群众征集稿件与意见，力求副刊内容由广大群众共同书写。

为了使人人都能读上报纸，《新华日报》还制定了优惠价格以飨读者。该报初期为"四分一份，每月一元"，后随物价上涨，变为"每份一角，每月两元"。③但为了照顾读者，《新华日报》"对一般公教人员按定价订阅，工人按定价七折或八折，对那些经济十分困难的工人和学生赠阅或半价订阅"。④订阅《群众》周刊的用户，可以按照八折优待。⑤同时，该报采用先送报后收款的方式分发，还在重大事件中赠阅报纸以曝真相、扩大影响力，如拒检运动中就免费发放了15万份"号外"，揭露蒋介石政府要求解放区人民军队"就地驻防"以抢夺人民抗战果实的真实目的。

3. 借助报社工作，广结各方善缘

除了深入底层群众，《新华日报》还进一步扩大与社会各阶层、各族群的

---

① 吴敏.我们的信箱［N］.新华日报，1938-01-11.
② 新华日报编辑部.编者的话［N］.新华日报，1942-09-18.
③ 新华日报编辑部.本报改定价目启示［N］.新华日报，1941-02-01.
④ 69年首次从重庆回"娘家"：九旬老校对遥忆当年新华日报［EB/OL］.（2015-06-26）
　［2020-2-25］.http://js.xhby.net/system/2015/06/26/025241723.shtml.
⑤ 马秋海，等.群众周刊大事记［M］.北京：红旗出版社，1987：44.

交往，在更广阔的范围内践行群众路线。

1942年后，《新华日报》开辟了《友声》专栏，专门刊登爱国民主人士对团结抗战、发展经济的意见和建议。《友声》为民主党派和各界人士提供了一个相对自由开放的讲台，如马寅初曾撰文痛斥国民党的腐败现象；郭沫若、宋庆龄、沈钧儒等知名人士也常在《友声》发表言论，表达对团结抗战、发展经济等问题的意见。《友声》广开言路、集结众议，成为游离于国共之外各党派人士发表政见的重要阵地，在复杂的政治环境中极大地发展了抗日民族统一战线和爱国民主统一战线。

《新华日报》的坚持与呼吁，使散居海外各地的华侨受到极大的鼓舞，积极投入救亡战斗，《新华日报》则以"社论、短评、论文、通讯等多种形式，自抗战之始至抗战胜利，发出华侨抗日救亡、报效祖国的报道1079篇之多"。① 一些青年学生也是通过阅读《新华日报》，或者接触报社的工作人员而形成了对中国共产党和中国政局的全新认识。当时有许多青年向往进入《新华日报》工作，抗战结束后留在重庆坚持工作的编辑和记者主要是从学生运动中培养出来的大学生。据编辑廖永祥回忆："（青年学生代表）每次进城，一些进步同学都要委托携带大批信件、稿件给报馆；见到报馆同志，往往促膝长谈；每次从报馆归来，都觉得耳目一新，浑身是劲；遇到形势紧张的时候，报馆采访部和编辑部青年组、社会服务组，都会派人来学校了解情况，对我们从各方面进行关心支持。"②

在复杂危险的政治环境中，《新华日报》广结各方善缘，深入社会各阶层的动员，不仅唤起各界群众对报纸的支持，帮助报纸冲破了国民党顽固派的封锁；更传递了精神力量，促进了民众觉醒，巩固了抗日民族统一战线和爱国民主统一战线。

---

① 杨淑珍.《新华日报》对团结华侨参加抗战的历史作用［M］//重庆、成都《新华日报》《群众》周刊史学会编.新华之光《新华日报》《群众》周刊史学术研讨论文集.重庆：重庆出版社，1993：276.
② 廖永祥.从读者到编者［M］//吴玉英，等.《新华日报》的回忆.成都：四川人民出版社，1979：393.

三、结语

"不论过去、现在和将来,我们都要坚持一切为了群众,一切依靠群众,从群众中来,到群众中去,把党的正确主张变为群众的自觉行动,把群众路线贯彻到治国理政全部活动之中。"① 抗战时期的重庆《新华日报》将党的领导与群众路线有机结合,于内部提升内聚力,于外部扩大影响力。党的领导与群众路线如同重庆《新华日报》前进的双腿,塑造了《新华日报》的组织运营路径,实现了该报党性与群众性、市场化与战斗性的有机融合。

---

① 范义,孙文鹏.恪守党的初心密切联系群众[N].光明日报,2019-07-09.

抗战时期国民党国际宣传体系解析*
——以国民党中宣部国际宣传处为中心的考察

1944年抗战胜利前夕，时任国民党中宣部国际宣传处处长的曾虚白在给"中央训练团党政训练班"的一次"极机密"讲话中谈到，中国的国际宣传是"配合了抗战，有规模发展的"，经历了"宣扬正义时期""争取同情时期""获取实援时期""拉拢参战时期""争取国际地位时期"和"纠正不利批评时期"六个"政策的演变"阶段。①上述讲话发表时，中国抗战已近尾声，胜利指日可待；"六段论"的概括显然属于"后见之明"，且有些以偏概全。事实上，经历了短暂的孤立无援之后，为使中日两国的军事冲突尽快"迈入国际解决之途径"②，国民党当局的确是配合抗战进程，建立起了一套行之有效的国际宣传体系，并针对不同国家，采取了不同的宣传策略与宣传口径。其对美英两国的宣传，主要走过了上述六个阶段；但对其他国家，尤其是对日本和东南亚诸国的宣传却与之不同。这从国民党中宣部国际宣传处的工作中即可得到验证。

一、全面抗战爆发后国民党国际宣传体系的建设

日本发动全面侵华战争后，极为重视国际舆论，"不断地派国内大员到欧

---

* 本文原载于《兰州学刊》2017年第6期，与马阳合作。
① 曾虚白.国际宣传工作要领[M].(国家图书馆存1944年5月印本), 1944.
② 童仲赓.严整宣传战的阵容[J].民意（汉口）, 1938（8）: 8.

美去游说，目的是在缓冲国际上舆论的抨击。他们会不惜重金、不择手段，谋求毁灭一切不利于他们的物证。譬如巴纳船炸沉的摄影片、日本飞机在南京被我们空军击落的写真，都会是他们所急于消减的对象"。① 与此同时，日本大阪各大报社还向欧洲大量派驻记者，"各外交机关与商店，更散布许多间谍、浪人与特务人员。除此以外，更加上不绝于耳的说客、宣传家，观光团和访问机"，② 不断进行颠倒黑白的造谣宣传。卢沟桥事变一爆发，日本便先发制人，用英语向世界宣称，战争的责任在中国而非日本，更宣称其发动战争的目的是"防止赤化"。这一借口无疑瞄准了欧美各国的反共防共心态，从而为其侵略行为披上了"合理"的外衣。

日本当局还在上海、纽约各处收买外国记者和作家，散布了许多不利于中国的谣言，而"欧美各国的学术机关，因为欠缺这类材料，往往不加辩证随时采用，便信以为真了。所以我们从欧美人得到的中国的印象，总以为中国是一个无中央政府无组织的国家，这完全是中了日本宣传的毒"。③

反观仓促应战的中国当局，在外宣方面却显得极为被动。"我们的访员，在国外简直没有地位，亦谈不到同别国访员联络……即如日内瓦这样重要的一个政治中心，我们只有一个访员，他的活动，还是很有限的。"④ 虽说墨写的谎言无法掩盖血写的事实，但在中国的权威声音暂时缺位、日方宣传甚嚣尘上之时，西方世界尤其是民间舆论起初普遍对中国战场存在错误认识。著名语言学家、编辑出版家陈原就曾对此提出尖锐批评："我们中国从来不会注意国际宣传，一个波兰女记者曾经为此替中国惋惜。但是敌人却天天处心积虑地在竭力散播对中国的造谣，世界人士所知道关于中国的，除掉一贯的小脚、

---

① 陈岱楚. 迫切的国际宣传问题 [M] // 抗日战争史料丛编. 第二辑，第18卷. 北京：国家图书馆出版社，2015：49.
② 艾毓英. 非常时期之宣传的奋斗 [M] // 抗日战争史料丛编. 第二辑，第18卷. 北京：国家图书馆出版社，2015：45.
③ 陈岱楚. 迫切的国际宣传问题 [M] // 抗日战争史料丛编. 第二辑，第18卷. 北京：国家图书馆出版社，2015：50.
④ 陈岱楚. 迫切的国际宣传问题 [M] // 抗日战争史料丛编. 第二辑，第18卷. 北京：国家图书馆出版社，2015：51.

辫子之外，便是什么无组织、无秩序、残酷的天性等等一套敌人的造谣。"[1]

而美、英、苏等国政府出于自身利益考量，起初只对中国抗战持旁观态度，美国甚至还在背后为日本提供战争武器和原材料。加之国民政府一再忍让，其直接结果就是让"拿着麻秆打狼"的日寇胆子越来越大，妄图三个月内灭亡中国。

处在内外压力之下的国民党当局，于1937年11月在武汉成立了由国民党军事委员会宣传部下属的国际宣传处（以下简称"国宣处"），负责对外宣传工作。1938年2月，国宣处改隶国民党中央宣传部，由时任中宣部副部长董显光督导该处事务，处长曾虚白负责具体工作；同年总部迁至重庆，下设英文编撰科、外事科、对敌科、摄影科、广播科、总务科和秘书室、新闻检查室、资料室、日本研究室。1942年，国民党中宣部又成立对敌宣传委员会，专门负责对敌宣传的规划与督导，但各项工作仍由国宣处对敌科办理。

以国宣处为中枢，一个多媒体、多语种的对外宣传体系迅速搭建起来。因国宣处还承担着一定的外交职责，因而其国际宣传是与其外交政策、外交事务紧密配合、相互支持的。

所谓多媒体，包含了纸媒（报刊、书籍和传单）、无线电广播、影像等大众传媒，辅以人际传播、组织传播等多种手段；所谓多语种，则包含纸媒所使用的中文、英文、日文、俄文及法文等，以及无线电广播和电影采用的汉语、英语、日语、法语、俄语、越南语、中国各地方言和少数民族语言。

报刊、书籍和传单是战时中国对外宣传的主要文字载体。国宣处成立后，在国内相继创办了以在华欧美记者为对象的《英文日刊》（武汉）、《英文周刊》（分重庆版和香港版），为苏联人士服务的俄文日刊等；在国外则有美国、澳大利亚、加拿大、英国和印度等国创办的《战时中国》，在日本、朝鲜、南洋散发的大量抗日传单等。1938年5月，国宣处印刷了大量日军俘虏撰写的"感想文"及家信，分发于日军阵地，并在传单背面用日语铅印了国民政府的

---

[1] 陈原.抗战与国际宣传[M]//抗日战争史料丛编.第二辑，第19卷.北京：国家图书馆出版社，2015：479–480.

《战时俘虏处置办法》，以鼓励日军投诚；① 同时还派出两架轰炸机，向日本的长崎、佐世保和八幡等城市散发了 10 余种计百万份传单。据不完全统计，抗战期间国宣处编印出版的外文刊物达 290 多种。②

无线电广播，尤其是短波广播是战时国际宣传最便捷迅速的外宣工具，也是中国与日本争夺国际话语权的重要平台。1937 年南京沦陷后，国民政府交通部汉口电信局 3.5 千瓦报话两用短波机遂紧急投入使用，与新装的 250 瓦汉口短波电台联合播音，成为国民党中央临时对外发声的喉舌。1940 年 1 月，根据蒋介石指示，国民党中央广播电台短波部分移交国际宣传处使用，同时更名为国际广播电台（VOC，VioceofChina）③。之后，该台与重庆中央电台、昆明台、贵州台、福建台、西康台、流动台一起，组成一个纵贯南北、深入西部内陆的国际广播网（均为短波电台），用英语、日语、法语、俄语、蒙语、藏语等多种语言，向世界发出了战时中国的强音。其中，仅对敌广播的电台在 1944 年 2 月就达到 23 座，总电力 154.09 千瓦。④ "据国民党国宣处的工作报告统计，从 1937 年 1 月 13 日至 10 月 24 日，设在汉口的广播电台每天播放日语新闻 22 分钟，共计 3146 分钟，仅次于英语广播；1938 年 7 月 15 日至 1939 年 2 月 18 日，设在重庆的电台每天播出日语节目 15 分钟，共计 1890 分钟。1942 年，中国国际广播电台对敌日文广播增加到每天 40 分钟。"⑤ 由此，中国国际广播与日伪电台共生角力，形成了中方、日方二元对抗声音在世界的广泛传播。

百闻不如一见。为了向世界人民展示日军暴行，来自战争前线的摄影、摄像也成了中国对外宣传的重要媒介。当时，国宣处摄影科拍摄了许多抗战照片，还协助外籍摄影记者拍摄了大量战地影像和照片，由香港办事处邮寄

---

① 易振龙.被湮没的抗争：抗战时期国民政府的对敌宣传［J］.湖北广播电视大学学报，2008（8）：90.
② 重庆抗战丛书编纂委员会编.抗战时期重庆的新闻界［M］.重庆：重庆出版社，1995：101.
③ 吴道一.中广四十年［M］.台北：中国广播公司，1968：86.
④ 吴道一.中广四十年［M］.台北：中国广播公司，1968：97.
⑤ 易振龙.被湮没的抗争：抗战时期国民政府的对敌宣传［J］.湖北广播电视大学学报，2008（8）：89.

到欧美国家和澳洲,又派出四名外国人到日本,向东京各领事馆人员秘密赠送日军暴行照片,播映南京大屠杀的影像。①

上述媒介及其信息的海外"落地",很多都需要国宣处的海外通讯社及海外办事处作为"二传手",进行接力传播。从1938年开始,国宣处先后深入美国纽约、华盛顿、芝加哥、旧金山等地设立办事处,②"国宣处美国办事处成立之后,设立广播部向美国电台提供中国抗日宣传资料;利用美国宣传机构,发表中方抗战的真实情况和抗日文章",③还派人在美国播放了《保卫我们的国土》《大无畏之重庆》《中国反攻》等反映中国抗战的电影。④这些北美据点紧密联系当地的亲华团体,组织他们开展抵制日货的行动,甚至与在美的日本宣传机构展开激烈的舆论战。在英国,国宣处又发动了援华委员会和中国运动委员会。通过这些机构的代转和居中联络,越来越多愿为中国抗战宣传尽力的外国工作者进入中国战场。

此外,国宣处外事科还通过外交或私人关系,持续进行中国抗战的海外宣传。自1937年12月在武汉召开第一次外国记者新闻发布会起,国宣处就利用定期的新闻发布会制度,向在华的外国记者和媒体发布有利中国的新闻。为方便外国记者的工作,国宣处还多次组织他们赴台儿庄等地采访,并在重庆专门建造了外国记者招待所,同时安排蒋介石等党国要人频繁会见,借他们服务的外国媒体宣达中国官方立场。如此一来,外国人的喉舌成了"我们的喉舌","外国人的笔墨成为我们的笔墨"。⑤从1937年底至1942年,国宣处一处在武汉和重庆接待外国记者168人(其中美国77人)。⑥1942年初,在重庆的西方媒体约有23家,重庆成了名副其实的"远东战场的新闻中心"。⑦大量西方记者进入中国,亲身见证了日军的疯狂与残暴。美国派拉蒙新闻电影社摄影记者阿瑟·B.门肯、英国路透社记者莱斯利·C.史密斯、美联社记

---

① 董显光致蒋介石签呈(1938年5月6日)[J].民国档案,2000(4).
② 王晓岚.论抗战时期国民党的对外新闻宣传策略[J].抗日战争研究,1998(3):114–132.
③④⑤ 何扬鸣.试述抗战时期国民政府的对美宣传[J].现代传播,1998(6):11–17.
⑥ 沈琦.外国记者在中国[J].中国新闻学会年刊,1942(1).
⑦ 王晓岚.论抗战时期国民党的对外新闻宣传策略[J].抗日战争研究,1998(3):114–132.

者查尔斯·叶兹·麦克丹尼尔等都是目睹日军占领南京后实施大屠杀的目击人与报道者。①在他们的笔触或镜头下，日军极力掩盖的侵华罪行被一一昭示于世人面前。

国民政府还直接派遣党国要员、文化界知名人士出国演讲、游说，加强与各友好国家的互动，输出中国的抗战信息。如1937年9月初，蒋介石派遣胡适、蒋百里分别赴美、德、意进行宣传，揭露日本侵华经过及残暴事实；②9月4日，蒋介石接见美联社记者，要求唤起国际舆论；③12日，宋美龄在南京通过美国广播网向美国民众介绍中国人民抗战的艰苦情形，呼吁美国支援。④10月1日，胡适应旧金山哥伦比亚广播电台的邀请，以《中国处在目前危机中对美国的期望》为题发表演说。⑤1943年，宋美龄在美国参众两院及多个公开场合发表演说，国宣处则派出董显光等人陪同。借助各大电台和报刊的造势，美国当年再掀援华热潮。

二、中国抗战"故事"的对象化传播

上述媒介的类别与数量、调配与布局，均由其主脑国宣处负责。在国宣处的主导与调控下，围绕抗战这一主题，各类媒介不断向世界讲述着发生在中国的故事。对此有研究者认为，抗战时期，国宣处的宣传存在"针对性不强"的问题。⑥但本文却持相反观点。通过考察国宣处的活动可以发现，在经费困难的情况下，国宣处在对外传播和外事活动中，始终苦心孤诣、孜孜以求地研究"对象化"问题，不仅明确区分了对象国的敌、友类别，还重点针对最能左右世界局势的国家，采取了诉求与主旨各异的内容设计。

---

① 经盛鸿.美国记者第一个报道南京大屠杀[N].团结报，2017-02-09.
② 王晓岚.论抗战时期国民党的对外新闻宣传策略[J].抗日战争研究，1998（3）：114-132.
③ 王晓岚.论抗战时期国民党的对外新闻宣传策略[J].抗日战争研究，1998（3）：114-132.
④ 王晓岚.论抗战时期国民党的对外新闻宣传策略[J].抗日战争研究，1998（3）：114-132.
⑤ 赵澍.国际宣传的要点[A]//抗日战争史料丛编.第二辑第18卷.
⑥ 程刚.抗战时期国民党国际宣传处对外宣传策略探析[J].南方论坛，2016（6）：30.

(一)对美、英、苏等"友国"的"感化"与"共情"宣传

抗战初期,美国并未卷入欧洲和亚太战场,加之美国在战争中凭借对日输出石油、钢铁等大发其财,因此对远东战场持观望态度,对中日冲突持中立原则。但对战时的中国而言,美国"应是我们第一个集中宣传的对象。美国民间的舆论,最为自由、最为发达;而美国人的个性,也较富有感情冲动,易于接受宣传。此为我们应向美集中宣传的理由。美国若能因我宣传而更同情于我、更实际助我,不惟我可直接有利,英法俄的态度也很可能受其影响,而更有利于我"。[①]基于这一认知和判断,战争初期,国宣处一方面利用报刊、广播及外交等多种途径,包括蒋介石、胡适、宋氏姐妹、于斌等知名人士对美演讲,意在将中国抗战的情况传递给美国,让美国了解中国抗战的艰辛及日军在中国的暴行,揭穿日本渲染侵略战争"正义"的虚假谣言以求得同情;另一方面重点强调日本'实欲独霸太平洋,并进而支配世界'的阴谋,[②]向美国宣传支援中国抗日带来的实际益处,强调日本侵华对美国国家安全的潜在威胁,呼吁美国转变在远东地区的"中立政策",制裁日本。前者显然是从美国国民性出发的一种感性传播策略,后者则是与美国政府"换位"思考的理性说理方式。美国后来对华政策的演变,固是日本多行不义的结果,显然也与上述宣传合乎美国民间与官方的共同意愿、准确命中了美国的核心利益分不开。

英、法、苏三国也被确定为与中国战场密切关联的"友国"。英美"两国过去对我虽已相当援助,但很有进一步援助或退一步与敌人妥协的可能,亟待我们去做一点宣传功夫"[③];"苏俄,为我友国,不待我去宣传他们也会同情于我、替我宣传,苏俄之所以不能积极助我,原因是顾忌德国的攻击其背与

[①] 赵澍.国际宣传的要点[A]//中国社会科学院近代史研究所.抗日战争史料丛编:第二辑.北京:国家图书出版社,2015.

[②] 章伯锋,庄建平.抗日战争第四卷:抗战时期中国外交[M].成都:四川人民出版社,997:283-284.

[③] 赵澍.国际宣传的要点[A]//中国社会科学院近代史研究所.抗日战争史料丛编:第二辑.北京:国家图书出版社,2015.

英美态度之不定"。① 在针对三国的宣传中，除了表达中国国民英勇抗争的事实和中国战争的正义性，还向他们宣传中国抗战的重要性、国际性和正义性——中国战场的情况与该国利益紧密相关，中国的抗战是在为世界正义和国际公理而战，一旦中国抵抗不了日本，日本则会在征服中国之后向北进攻苏联、向南占领东亚和东南亚，这对欧洲战局甚至是世界局势都不利。

上述思路与宣传口径跟对美宣传类似，但将中国"抗战故事"的叙事视角做了转换，变为从英、法、苏乃至整个欧洲的立场来呈现其意义。在具体操作层面，国宣处也没有像对美国那样，利用广播节目联播、派人赴美演说等手段，全方位介入对方国家的政治生活与民众生活，而是主要通过报刊及对方国家的媒体进行宣传，实际效力自然也减少许多。

（二）对朝鲜、南洋等东亚奴役民族的"启蒙"与"激励"宣传

侵华战争源于日本"大东亚共荣圈"的设计。日军策划从距离本土最近的朝鲜入手，一步步侵吞朝鲜、中国的东北、华北乃至全中国，之后便以中国为战争据点和补给站，将战局扩大到东南亚地区，进而确立日本在东亚的霸主地位。上述战略布局及其侵略暴行，激起了朝鲜、南洋等被侵略和被占领区域民众的极大不满。中国与上述区域人民同气连枝，理应互相扶持，共同御敌。国民政府在极端困难的情况下，不仅为上述地区来华义士提供政治庇护，同时还拨付款项，资助和扶植本地的抗日团体；并借助广播、传单等大众媒体，"启蒙"殖民地人民，向这些地区的人民宣传"民族解放"和"反击日本"的思想，以分散日本在中国战场的兵力和精神。② 如 1933 年 5 月，蒋介石曾通过国民党中央组织部部长陈果夫约见在华朝鲜爱国团领导人金九，给予其回国活动的经费帮助；③ 1940 年 9 月 17 日，朝鲜光复军在重庆成立，

---

① 赵澍.国际宣传的要点 [A] // 中国社会科学院近代史研究所.抗日战争史料丛编：第二辑.北京：国家图书出版社，2015.
② 杨天石.蒋介石与韩国独立运动 [J].抗日战争研究.2000（4）：1-26.
③ 杨天石.蒋介石与韩国独立运动 [J].抗日战争研究.2000（4）：1-26.

隶属于中央军事委员会，国民政府对其提供政治庇护，[1]该组织曾鼓动朝鲜本土发起抗击日军的暴动。

依靠东南亚地区华侨聚集的优势，国宣处利用广播、报刊等大众媒介，大力进行爱国宣传，以凝聚华侨对国族的认同感与归属感；[2]通过在东南亚设立的宣传据点，国宣处也直接在其本土宣传抗日民族运动思想。"1941年7月，国宣处在新加坡设立办事处；同年9月在缅甸仰光设立办事处。"[3]这两个办事处不仅担负着国民政府在当地的本土宣传任务，同时也是国民政府面向世界的宣传据点，起着联系欧美、联络世界记者的前哨作用。

（三）对日本的"辟谣"与"分化"宣传

对于发动侵华战争的日本，宣传的首要目的自然是向普通民众澄清日本军国主义的谣言，明确战争责任，戳穿日本媒体精心建构的全民支持战争的假象。为此，国宣处、中央电台邀请反战日侨、日本人士参与对日宣传，向其国民说明日本宣传的欺骗性和对外侵略的危害性。"1938年，日籍广播员绿川英子、日本进步作家鹿地亘夫妇等人来到武汉，担任中央台、汉口广播电台的日语播音员参加对敌宣传。他们通过广播，向日本的国内人民、向正在侵略中国的日本士兵、向全世界的公正舆论揭露了日本帝国主义在中国犯下的滔天罪行，并取得了良好效果。"[4]

对日宣传的另一目的，是"让敌人不要团结一致，破坏敌人的意志，消沉敌人的民气，暴露敌人的秘密"。[5]国宣处利用所有能组织的宣传力量——广播、报纸、传单、壁报标语、漫画口号等，开展了数次大规模的对日辟谣

---

[1] 杨天石. 蒋介石与韩国独立运动 [J]. 抗日战争研究. 2000（4）：1-26.
[2] 王强，李先伦. 论东南亚华侨支援中国抗战的原因 [J]. 湖南工程学院学报（社会科学版），2007（2）：58-60.
[3] 程刚. 抗战时期国民党国际宣传处对外宣传策略探析 [J]. 南方论刊，2016（6）：25.
[4] 易振龙. 被湮没的抗争：抗战时期国民政府的对敌宣传 [J]. 湖北广播电视大学学报，2008（8）：89.
[5] 施家相. 宣传战的战略与战术 [A] // 中国社会科学院近代史研究所，中国抗日战争史学会. 抗日战争史料丛编：第12辑. 北京：国家图书出版社，2015.

宣传。"（对日宣传）即使不能积极地引起他们内部革命，至少消极地可以使他们的人心发生动摇，人民真正觉悟到利害而怨恶战争，以减少他们作战的力量。"① 为此，国宣处对日军俘虏实行优待政策，使其受感化后自愿成为对日宣传的"活材料"。汉口电台就曾"邀请日军俘虏现身说法，讲述俘虏被优待的事情，给日军以重大攻心效果，对打消日军投降时的顾虑起到了积极作用"。②

三、国际舆论与中国政府国际宣传的"共振"与"衰变"

中国国际宣传体系及其辅助系统的全力运转，使中国抗战的声音得到最大范围传播，外国民众有了更多了解中国战场的信息渠道，而不再受日本单方的引导，以前主要来自日本宣传的一些错误认知也逐渐得以纠正。以美国为例，随着国宣处重点针对美国宣传政策的制定和随后各种媒介的全力启动，关于中国国内战争惨烈状况的报道越来越多地被传递到美国；越来越多的美国记者来华访问，为本国媒体提供中国抗战信息，也重塑了"抗战中国"的形象，强化了美国人对中国抗战正义性、艰巨性的认知。淞沪会战期间，美国人每天可以读到日本人在上海用汽车弹轰炸中国老百姓的报道。第一个在报刊上公开报道与揭露南京大屠杀的，是美国《芝加哥每日新闻报》记者阿契包德·特洛简·司迪尔。1937 年 12 月 16 日，该报发表题为《日军杀人盈万》、副题为《目击者叙述刚刚陷落的南京城"四天地狱般的日子"，马路上积尸高达五英尺》的报道。③ 12 月 18 日，《纽约时报》记者德丁发表了南京被屠城的报道。④ 上述报道的及时刊发，无疑对日本的国际形象和日本媒体的国际声誉造成致命打击，也改变了西方人对中国战场的"刻板印象"，提升了

---

① 刘经旺.如何实施对内对外与对敌人的宣传［A］//中国社会科学院近代史研究所，中国抗日战争史学会.抗日战争史料丛编：第 12 辑.北京：国家图书出版社，2015.
② 易振龙.被湮没的抗争：抗战时期国民政府的对敌宣传［J］.湖北广播电视大学学报，2008（8）.
③ 易振龙.被湮没的抗争：抗战时期国民政府的对敌宣传［J］.湖北广播电视大学学报，2008（8）.
④ 经盛鸿.美国记者第一个报道南京大屠杀［N］.团结报，2017-02-09.

中国媒体和中国官方的国际公信力。"截至1938年3月份，美国媒体对远东的中日战争报道明显增多，大约有5000篇，但是统计发现没有一篇报道是为日本侵华行为辩护。"① 在此基础上，美国舆论开始检讨本国对日政策，敦促政府停止与日本的军火交易。1937年10月6日，《纽约时报》发表前国务卿史汀生的一封信，其中写道："非常可悲的事情是，日本在远东的侵略目前正在被美国和英国援助着（指英美向日本出口各种用于战争的物资），而这些援助对日本是如此的有效和重要，以至于假如没有这些援助的话，日本对中国的侵略可能很早就被迫停止了。"②

许多机构和个人公开表达支持中国的态度，使中国的国际声誉和国际支持率持续攀升。在美国，全美学生会于1937年12月30日召开了有50余所大学的学生代表参加的援华反日大会；③1938年7月，美国卸任总统胡佛在旧金山发起"一碗饭运动"，号召旧金山市民和美国人民"将节约一碗饭的钱捐给中国抗战，这一活动有100多万人参加，筹得美金100万元"。④ 美国盖洛普民意测验显示，美国公众对中国的同情心在抗战时期逐年增高，从1937年的43%上升到了1939年5月的74%。⑤ 从1939年开始，美国政府正式向中国提供巨额借款，1941年太平洋战争爆发后又改变中立状态，正式对日宣战；1943年10月，美国主动放弃在中国的治外法权，并取消了延续数十年的排华法案。在英国，一些在华传教士和红十字会组织积极向国民呼吁实行对华援助。在他们的奔走下，1937年，英共机关报《工人日报》外事记者阿瑟·克莱格、"左翼读书会"创办人维克多·戈兰兹等五人共同创建了"英国援助中

---

① Quincy Wright, Carl J. Nelson. American attitudes toward Japan and China, 1937-1938 [J]. The public opinion quarterly, 1939, 3 (1); 孙洪叶. 美国对华援助的媒体因素分析（1931—1945）[D]. 山东师范大学, 2014.

② Arthur Clegg. Aid China, 1937—1949: A memoir of a forgotten campaign [M]. Beijing: Foreign Languages Press, 2003: 17-19; 孙洪叶. 美国对华援助的媒体因素分析（1931—1945）[D]. 山东师范大学, 2014.

③ 渠冉. 盘点抗战时期有多少个国家援助中国 [J]. 红广角, 2014 (1): 38-41.

④ 渠冉. 盘点抗战时期有多少个国家援助中国 [J]. 红广角, 2014 (1): 38-41.

⑤ George H. Gallup. The Gallup poll: public opinion, 1935—1971 [M]. New York: Random House, 1971: 69; 孙洪叶. 美国对华援助的媒体因素分析（1931—1945）[D]. 山东师范大学, 2014.

国运动委员会";①伦敦市市长领导的对华救济基金委员会在1938年募得捐款15.3万英镑、衣物数十万件;1938年6月13日至19日,英国各援华组织发起"反日援华周",民众积极捐钱捐物支援中国抗战。②在法国,"法中之友社"召开各援华抗日团体代表大会,通过了要求法国政府制止日本侵略、抵制日货的决议。③

由于日本国内严格的思想和社会管控,抗战期间,在日本本土的国民难以凝聚成有力的反战力量。但中国针对侵华日军的宣传却显然发生了一定作用。"1939年11月7日,杉本一夫(前田光繁)在山西省辽县(现为左权县)麻田镇发起建立了华北日本士兵觉醒联盟。1942年8月,各地的觉醒联盟统一为反战同盟;1944年,觉醒联盟与反战同盟的盟员达223人,支部数达13个。"④日本在1938年组织的一次本国专家讨论中日双方宣传工作得失时,曾有人提出:"论世界宣传之巧拙,除英国首屈一指外,其次当推中国。"⑤可见其对中国的国际宣传是高度重视、高度评价的。也因此,在日机轰炸重庆的过程中,国宣处一向为其重点袭击目标,"先后吃过敌机炸弹大大小小三十六枚之多"。⑥

但是,任何事物都有两面性。来华的新闻记者和外国移民显然不是完全被动的信息接收者,他们会根据自己的所见所闻,选择性地接受自认为更加真实的信息。一方面,国民政府的国际宣传吸引了世界关注和同情;另一方面,受到中国战场的吸引而大量来华的外国记者和军人,自身也成了中国战场信息的携带者和传播者,他们在带回中国抗战的正面信息时,必然也带回诸如国民党抗战不力、政治独裁、压制中共、新闻检查、经济腐败等各种

---

① George H. Gallup. The Gallup poll: public opinion, 1935–1971 [M]. New York: Random House, 1971: 69. 孙洪叶. 美国对华援助的媒体因素分析(1931–1945)[D]. 山东师范大学, 2014.
② 香川孝志、前田光繁. 八路军内日本兵 [M]. 赵安博, 吴从勇, 译. 北京: 解放军出版社, 1985: 156.
③ 香川孝志、前田光繁. 八路军内日本兵 [M]. 赵安博, 吴从勇, 译. 北京: 解放军出版社, 1985: 156.
④ 香川孝志、前田光繁. 八路军内日本兵 [M]. 赵安博, 吴从勇, 译. 北京: 解放军出版社, 1985: 156.
⑤ 黄霖生. 倭寇眼中中国人之宣传观(续)[J]. 新粤, 1938.2(6).
⑥ 曾虚白. 曾虚白自传: 上集 [M]. 台北: 经联出版事业公司, 1988: 286.

"负面"新闻,①一定程度上消解了国民政府苦心营造的"正面"形象。尤其是抗战后期,国宣处的对外宣传中频繁出现虚假报道与浮夸报道。上述报道与日伪宣传、西方在华记者的报道、"援华部队"三方信源相比对,很容易辨别孰真孰伪。对此"英国方面认为,'我国抗战公报多夸大不足信,尤以报告敌人伤亡数目为最,此次湘鄂一役所称敌方伤亡三万,超过不啻十余倍云云';美国方面同样对中国处理战事新闻的"不实"颇多訾议……如此宣传之结果,使华盛顿之军火局认为毋庸立即对华增加援助,因中国军队未能击败日本。……故中国每日夸张胜利,对于美国人民仅能产生恰然相反之效果"。②这些"虚假报道"陆续被戳穿后,引起西方国家的强烈反感和抗议,认为国民党一党专政,歧视共产党军队,后期抵抗松懈,并批评国民政府的对外宣传凸显了狭隘的党派性。这也是董显光在1944年讲话中强调的下一步工作重点,即如何向世界"解释"中国的问题。

国民党当局在敞开大门"讲述中国故事"的同时,自身的诸多缺陷也被媒介放大,为世界所洞悉,最终被这套话语体系牵累,为战后失去西方国家的信任埋下了种子。

四、结语

抗战时期,针对不同国家的利益需求,国民党的国际宣传与外交政策、外交事务紧密配合,采取了不同的媒介手段与传播策略。其宣传对象不只设定为对象国政府和上流人士,还兼及该国的普罗大众,动之以情、晓之以理,以聚合民众的舆论力量,影响该国的对华政策。然而宣传的作用固然伟大,其根基却在事实。抗战胜利后,国民政府从"列强"之位急遽走向溃败,却没有获得像战前那样的国际舆论支持,跟前期用力过猛、在宣传中丧失信用也是分不开的。

---

① 曾虚白.国际宣传工作要领[Z].国家图书馆存,1944年5月印本.
② 王奇生.抗战时期国军的若干特质与面相——国军高层内部的自我审视与剖析[J].抗日战争研究,2014(1):128.

抗战时期《新华日报》在香港地区的发行与传播[*]

作为全面抗战时期国共两党第二次合作的产物，中国共产党在国统区创办的第一份全国公开发行的政治机关报《新华日报》，于 1938 年 1 月 11 日在武汉正式创刊。根据中共中央和中共中央长江局的指示精神，《新华日报》既要坚持中共中央独立自主的原则立场，又要维护国共合作的抗日民族统一战线；既要宣传八路军、新四军抗击日寇的英雄事迹，又要与国民党的新闻检查机关周旋，[①] 努力打破国民党当局的新闻封锁，实现报纸的既定目标。在短短 5 个月的时间内，报纸日销售量就达到 1 万多份，到 7 月则突破 2 万份，[②] 至 10 月武汉撤退前，最多达到 3 万份。[③] 而其销售量不断提高的秘诀之一，就是通过纵横交错的发行网络，不断扩大报纸的读者范围。

迄今已有较多对《新华日报》发行情况的梳理与研究成果。如左明德对报纸营业部的详尽考察，[④] 韩辛茹对报纸历史的梳理，[⑤] 再如《新华日报的回

---

[*] 本文原载于《传媒观察》2023 年第 3 期，与意如贵合作。
[①]《中国新闻传播史》编写组.中国新闻传播史[M].北京：高等教育出版社，2021：136.
[②] 左明德.血与火的斗争——《新华日报》营业部纪实[M].重庆：重庆出版社，2000：6，10，66.
[③] 韩辛茹.新华日报史（1938—1947）[M].重庆：重庆出版社，1990：142，6，48.
[④] 左明德.血与火的斗争——《新华日报》营业部纪实[M].重庆：重庆出版社，2000.
[⑤] 韩辛茹，新华日报史（1938—1947）[M].重庆：重庆出版社，1990.

忆》①《新华日报 80 年》②《新华日报简史》③ 等著作，都涉及该报在不同时期、不同地区的营业及发行问题，但具体到该报在香港地区的发行，则仅提及发行到香港、澳门等地区。全面抗战开始后，因为多数沿海城市相继沦陷，香港地区的战略地位日显重要，海外华侨、国际友好人士捐助国内的抗战救援物资，很多都需经香港转运，而 1939 年至 1940 年期间的国民党反共高潮，使内地许多同情和支持共产党的知名民主党派与无党派人士、进步的文化界与新闻界人士成为其打压与迫害的对象。为躲避国民党的政治迫害，他们云集香港，香港地区一时充满了抗战爱国的声音。把《新华日报》发行到香港去，让中国共产党的主张和声音在香港这片土地上传播，不仅受到中共中央的高度关注，也成为报社的一项重要任务。为此，《新华日报》总社与分馆（分销处）多程联动，中共广东省委及其下属各级党委和广州、桂林八路军办事处（以下简称八办）与香港八办、党领导下的香港进步群众团体默契配合，确保把报纸递送到香港地区的每一位目标读者手中。深入细致地发掘与梳理该报在香港地区的发行与传播过程，分析其背后的组织动员机制，既是对抗战时期《新华日报》发行史研究的查漏补缺，又是对党在那一特殊时空条件下探索如何创新报刊发行工作的一种返本溯源，亦是本文写作的初衷与目标。

一、总社与广州分社、中共广东省委多程联动，确保《新华日报》进香港

《新华日报》正式创办前拟定的报馆章程就明确提出，要在发行 1000 份以上地区设立分馆，在销售 10 份以上的社会团体、机关、学校设立分销处。④报纸创刊初期的发行工作主要由中共中央长江局下设的营业部负责，工作人员有张尔华（张思敏）等。为了推动《新华日报》的发行工作，1938 年 4 月

---

① 新华日报的回忆［M］.成都：四川人民出版社，1979.
② 新华报业传媒集团、新华日报报志编委会，新华日报 80 年［A］.南京：新华日报社，2019.
③ 本书编写组.新华日报简史［M］.南京：江苏人民出版社，2023.
④ 韩辛茹.新华日报史（1938—1947）［M］.重庆：重庆出版社，1990：142，6，48.

2日，中共中央还特地向全国党组织发出《关于党报问题给地方党的指示》，明令各地尽一切力量来帮助《新华日报》，以加强报纸与群众的联系。①

为贯彻上述指示，1938年4月，《新华日报》总社开始在广州筹建分馆，并任命张尔华为分馆经理，陈东为会计，经过周密擘画，张尔华决定在西湖路口一家叫"一般书店"的店内设置分馆，在其一层图书门市部设一张桌子开展订报与零售工作。中共广东省委则派出时任宣传部部长饶彰风负责领导分馆的工作，并抽调一批党员，建立起中共《新华日报》广州分支部，任命原宣传部干事李峰（李雪峰）作为支部书记，邝明任《新华日报》广州分馆发行课主任。②

广州分社调动一切积极因素开展业务，想方设法把报纸发行到香港、澳门及南洋等地区，日发行量一度达4000份以上。《新华日报》在香港等地的扩大发行，使其成了这些地区读者了解中国共产党声音的最直接渠道，中共中央的各项主张也在《新华日报》的阐释下变得清晰具体。

随着业务不断拓展，广州分馆原来借用的场地不敷使用，于是改址到汉民路与西湖路转角处的一座三层楼房，并专门开设了图书门市，③除销售《新华日报》外，还销售《群众》《救亡日报》等其他进步书刊，组织《新华日报》的读者会。④一些读者还自发地给报馆投寄稿件，提供新闻，并介绍读者订阅报纸，组织人员推销，对扩大发行起到了重要作用。⑤多措并举之下，广州分馆的工作在政治上和经济上都收到很好的效果，每天门庭若市，读者络

---

① 中央关于党报问题给地方党的指示[J].解放，1938，2（36）：21.
② 邝金鼻.邝明同志战斗的一生[A]//斗门县政协文史资料委员会.斗门文史（第7辑）.斗门县印刷厂，1988：3.
③ 陈小枫.《新华日报》与广州分馆[A]//中共广东省委党史研究室.广东党史资料（第19辑）.广州：广东人民出版社，1991：297.
④ 曾庆榴，中共广东省委党史研究室.中国共产党广东地方史（第1卷）[M].广州：广东人民出版社，1999：462.
⑤ 左明德.血与火的斗争——《新华日报》营业部纪实[M].重庆：重庆出版社，2000：6，10，66.

绎不绝。①

与其他分馆一样，广州分馆的《新华日报》起先也是由武汉总社直接邮寄，订户的订阅购买也相对自由。但随着国共摩擦的加剧、国民党当局新闻封锁的日趋严厉，《新华日报》一度被禁止订阅，如1938年夏，《新华日报》由于报道了国民党政府取缔中华民族解放先锋队等三个救亡群众组织的新闻，被国民党当局明令禁止发行。9月，中共广东省委决定派出八路军驻香港办事处兼广州办事处负责人廖承志，在广州永汉路（今北京路）哥伦布餐厅五楼召开了一场《新华日报》新闻发布会，对国民党政府提出合理质询，迫使国民党当局取消了对《新华日报》出版发行的禁令。②③

但国民党当局并不死心，还时常到各个邮局扣押《新华日报》，试图阻止其对外埠寄出。④对此总社只好放弃邮寄原报的方式，改用轮船邮寄纸型，广州分馆与其他分馆一般都是在当天下午的七八点钟拿到报纸版型后，再将压在薄纸上的报纸内容灌铅成版后印刷发行。⑤这种状况持续到1938年10月广州沦陷，《新华日报》广州分馆的业务停止。同年10月25日武汉沦陷，《新华日报》总社迁往陪都重庆继续出版。

按撤离计划，广州分馆人员兵分两路：一路由张尔华与陈东率领大部分员工迁至广西桂林，并着手筹办《新华日报》桂林分馆；⑥另一路李峰与文克跟随中共广东省委迁至广东韶关，成立了《新华日报》韶关分销处，同时开

---

① 李峰（李雪峰）.《新华日报》广州分馆及其他——忆1938年在广州发生的二三事［A］// 中国人民政治协商会议广东省梅县委员会文史资料工作组.梅县文史资料（第25辑）.1993：12，13，15.
② 李峰（李雪峰）.《新华日报》广州分馆及其他——忆1938年在广州发生的二三事［A］// 中国人民政治协商会议广东省梅县委员会文史资料工作组.梅县文史资料（第25辑）.1993：12，13，15.
③ 中共广东省委党史研究室.广东革命史迹通览［M］.广州：广东人民出版社，2008：14.
④ 韩辛茹.新华日报史（1938—1947）［M］.重庆：重庆出版社，1990：142，6，48.
⑤ 陈小枫.《新华日报》与广州分馆［A］//中共广东省委党史研究室.广东党史资料（第19辑）.广州：广东人民出版社，1991：297.
⑥ 由于该处曾经历多次改名，为便于陈述，文中除了对易名之事的讨论外，均统一使用"分馆"来指代《新华日报》在桂林的发行点。

设五五书店分销《新华日报》。① "12月,在桂林八办的领导下,由原《新华日报》广州分馆大部分成员组建的桂林分馆成立,地址设在桂林西路26号,他们还特意在正阳门大街租了一间民房的后楼作为邮购、出版与发行办公点。② 从12月7日开始,《新华日报》重庆总馆向桂林分馆航寄纸型,桂林分馆翻印出版后发行至广西、湖南和广东各个地区。1941年初,桂林分馆遭到国民党当局的武力查封,仍旧艰难坚持到1944年秋才结束营业。"③

国民党顽固势力多次为难《新华日报》在桂林的发行,导致桂林分馆一度易名,两次迁址,数变门牌。④ 透过1939年10月的一份国民党中央宣传部关于《新华日报》的复函可知,张尔华等人打算筹建《新华日报》分社的申请,被国民党中宣部以桂林、昆明、成都、西安等处各有报纸多家,足资宣传,该报无(毋)庸再设分社⑤为由拒绝。11月,国民党当局批复同意设立《新华日报》桂林分销处,但条件是只能代销报纸,不能翻印纸版。⑥ 但由于国民党当局在重庆继续实施各种阻止报纸向外埠发行的干扰活动,桂林分馆接收困难,有时只能悄悄翻印总社寄来的航空纸版,这招致了国民党当局更严厉的管制。11月13日,国民党军事委员会办公厅特检处收到关于没收《新华日报》航空纸版的密函,里面特别强调桂林分馆等翻印航空纸版,未据独立申请登记,核与出版法规定不合,如遇该社将纸版航寄情事,即将纸版没

---

① 李峰(李雪峰).《新华日报》广州分馆及其他——忆1938年在广州发生的二三事[A]//中国人民政治协商会议广东省梅县委员会文史资料工作组.梅县文史资料(第25辑).1993:12,13,15.

② 卢杰.《新华日报》桂林营业分处[A].《新华日报》暨《群众》周刊史学会成都分会.新华报童[M].成都:四川少年儿童出版社,1986:126.

③ 方汉奇.中国新闻事业编年史(中)[M].福州:福建人民出版社,2000:1403.

④ 张鸿慰.明灯照漓水 新华傲雪霜——《新华日报》建立桂林分馆的斗争始末[A]//魏华龄,丘振声.桂林抗战文化研究文集(二).桂林:广西师范大学出版社,1995:280.

⑤ 国民党中央宣传部关于《新华日报》社申请建立地方版分社的复函(1939年10月4日)[A]//中共桂林市委党史研究室.桂林市党史通讯1992年第2期(八路军桂林办事处资料专辑).桂林:广西桂林漓江印刷厂,1992:64.

⑥ 国民党中央宣传部关于《新华日报》桂林分社呈请变更名称的复函(1939年11月13日)[A]//中共桂林市委党史研究室.桂林市党史通讯1992年第2期(八路军桂林办事处资料专辑).桂林:广西桂林漓江印刷厂,1992:64.

收送部为荷。①1940年3月26日，国民党桂林市党部命令桂林警察局查抄代印《新华日报》的三户印刷厂。②4月8日，《新华日报》桂林分馆不得不停止翻印，但仍继续接收订户，照常营业，由于特务的监视活动加强，当地读者公开阅读、购买《新华日报》的自由受到了限制，但订户却有明显增加，有些读者以化名订报，或是将报纸留存于分馆，几日一取，同时，《新华日报》在当地和外埠的发行都曾采用改装报的形式。③

中共广东省委迁至韶关（今曲江区）后，时任省委书记张文彬派李峰向李克农请示设立《新华日报》韶关分处发行《新华日报》。④1939年春，《新华日报》韶关分销处作为中国共产党在广东地区公开发行党报的部门，在闻韶北路正式成立，出于安全考虑，韶关分销处也没有公开挂牌。⑤韶关分销处的报纸一般是由桂林分馆寄到当地邮局后改由报童去取，⑥接着再由分销处人员投寄到国统区的各机关、团体与学校。1941年2月，国民党政府通令《新华日报》韶关分销处停业。⑦同年秋天，又派出特务捣毁《新华日报》韶关分销处，焚毁了同样承担着分销《新华日报》任务的五五书店，迫使韶关的报纸发行工作转入地下。

迄今尚未发现桂林分馆与韶关分销处向香港地区发行《新华日报》的明确文献记载，但考虑到两地位置及特殊的时代背景，尤其是各地党组织、八办在背后发挥的组织和领导作用，不能忽视更不能排除其在《新华日报》对

---

① 国民党中央宣传部关于没收《新华日报》航空纸版的密函（1939年11月13日）[A]//中共桂林市委党史研究室.桂林市党史通1992年第2期（八路军桂林办事处资料专辑）.桂林：广西桂林漓江印刷厂，1992：64.

② 中共桂林市委党史研究室.桂林市党史通讯1992年第2期（八路军桂林办事处资料专辑）[A].桂林：广西桂林漓江印刷厂，1992：16，14.

③ 魏华龄.桂林文化城史话[M].南宁：广西人民出版社，1987：31–33.

④ 李峰.《新华日报》韶关分销处及"五五书店"的回顾[A]//中国人民政治协商会议广东省梅县委员会文史资料委员会.梅县文史资料（第28辑）.1996：53.

⑤ 李峰（李雪峰）.《新华日报》广州分馆及韶关分销处始末[J].广东党史，1994（02）：30–32.

⑥ 李峰.《新华日报》韶关分销处及"五五书店"的回顾[A]//中国人民政治协商会议广东省梅县委员会文史资料委员会.梅县文史资料（第28辑）.1996：53.

⑦ 中国人民大学新闻系.中国新闻事业史教学参考资料 新民主主义革命时期（下册）[M].1981：433.

港发行方面的中介与桥梁地位。

首先,从地理位置来看,广州沦陷后,韶关成为广东省战时省会,国民党军政机关云集韶关,中共广东省委机关、八路军办事处也撤退至此;而桂林本就是抗战时期中国共产党的一个重要据点,也是通达香港、海外最便捷的唯一通道,①《新华日报》桂林分馆与韶关分销处均受桂林八办直接或间接领导。②桂林八办经常直接参与《新华日报》桂林分馆的组织活动。如1938年12月17日、1939年1月3日,桂林八办全体人员都曾参加《新华日报》桂林分馆组织的义卖活动;1939年7月12日,桂林八办印发了1000份《新华日报》版本的中共中央电文《为纪念抗战两周年对时局宣言》。③1939年9月24日,举办了援助香港《天演日报》《南华日报》《自由日报》等三家报社印刷工友罢工的自由乐捐,通过《新华日报》致函并赞扬香港三报罢工工友的行动。④而《新华日报》韶关分销处的创办也是经过了桂林八办处长李克农的批准,在李克农指导下,桂林八办通过直接领导、单线联系、秘密电台联络与派出通讯员联系等多种方式,与各地党组织建立起组织上的紧密关联。⑤当时桂林八办的电台有公开与秘密两套,肩负桂林八办与湘、赣、粤、桂、香港及南洋等地的地下党员的联络工作,桂林八办的一批秘密交通员也经常独自来往于重庆、上海、广州、港澳与南洋等地,传送秘条、护送过往的革命同志。⑥既然桂林与香港的往来联系如此频繁,就不能排除相关人员携带《新

---

① 文丰义,秦彬.桂林抗战文化城奇闻异事[M].桂林:广西师范大学出版社,2013:9.
② 文丰义,秦彬.桂林抗战文化城奇闻异事[M].桂林:广西师范大学出版社,2013:9.
③ 李金德.在八路军桂林办事处的日子里[A]//中共桂林市委党史研究室.桂林市党史通讯1992年第2期(八路军桂林办事处资料专辑).桂林:广西桂林漓江印刷厂,1992:10,11,13,37.
④ 中共桂林市委党史研究室.桂林市党史通讯1992年第2期(八路军桂林办事处资料专辑)[A].桂林:广西桂林漓江印刷厂,1992:16,14.
⑤ 王福琨.中国共产党在桂林抗战文化形成和发展中的作用[M].南宁:广西人民出版社,2007:172.
⑥ 李金德.在八路军桂林办事处的日子里[A]//中共桂林市委党史研究室.桂林市党史通讯1992年第2期(八路军桂林办事处资料专辑).桂林:广西桂林漓江印刷厂,1992:10,11,13,37.

华日报》入港的可能性，以 1938 年在桂林肩负复刊《救亡日报》任务的夏衍为例：他曾于 1938 年 12 月和 1939 年 12 月两次因筹措经费奔赴香港，在见到廖承志并陈述其诉求后，顺利地拿到了海外华侨华人为支持祖国抗战而募集来的捐款，实际上，在夏衍去港之前，廖承志已经接到了周恩来要求资助《救亡日报》的指示。当时，桂林《救亡日报》采访部主任周钢鸣的另一个身份是桂林八办工作人员，发行部负责人张尔华则是《新华日报》广州分馆时期的经理，可见两报在人员与组织上的深度融合关系。

在张尔华的建议下，《救亡日报》还改变了广州时期十日一期合订本的做法，每月制作一期合订本，经《新华日报》《广西日报》及香港《星岛日报》刊登广告后，受到很多单位和个人的欢迎，为《救亡日报》开辟了一条新的发行渠道[①]。而为了便利读者收藏和阅读，《新华日报》也于 1938 年 4 月出版了《新华日报社论》合集，先后共计出版三集，在报纸越来越难以每期送达的情况下，《新华日报社论》与《救亡日报》合订本的出版，无疑是扩大报纸发行的一种创新做法，也为两报共享发行渠道提供了便利。

其次，虽然目前还没有查阅到韶关与桂林两地分销处往香港地区递送报纸的有关文献，但依然能发现这一时期《新华日报》影响香港地区新闻传播生态的证据。广州沦陷后，生活书店、北江书店、五四书店等进步书店纷纷转移到韶关开业，而且作为粤省后方的重镇，此时的韶关也汇集了大量港报记者，当时发表于《申报》的文章《新闻事业在韶关》一文记载，此时也有一些香港媒体的记者汇聚于韶关，《新华日报》与《救亡日报》虽遭到多方阻碍，不能每天准时到达，但也是这些地方的记者与普通读者获取新闻的重要来源。[②] 在北平、上海、武汉、广州与香港相继沦陷之后，大批文化人和文化事业机构迁至桂林，使它不仅成了中国大陆抗战文化同香港及东南亚抗战文化交流合作的窗口、中继站，而且是香港及东南亚抗战文化的热情支持和

---

① 曹裕文.夏衍与桂林《救亡日报》[J].文史春秋，2009（08）：31–37.
② 新闻事业在韶关［N］.申报（香港版），1939–03–14（06）.

坚强后盾。桂林与香港之间的文化交流活动十分频繁，[①] 皖南事变后，国民党当局进一步加强对新闻媒体及其邮政发行系统的检查，并陆续查封了各地的生活书店，间接切断了香港同胞与广大华侨阅读《新华日报》与《救亡日报》等各种进步报刊的渠道。[②] 但桂林西路文化街上的《新华日报》桂林营业处、生活书店、新知书店、读书生活出版社均受中共中央南方局桂林办事处下辖的桂林书报界中共总支书记沈毅然领导，在《新华日报》桂林营业处、生活书店受到国民党当局查禁时，其他书店或出版社均可接续承担发行报纸的任务，加上相关人员频繁往来香港，向香港运送或寄送《新华日报》是完全可能的。

二、香港八办、香港地下党组织与香港进步报界密切合作，多途径在港发行《新华日报》

香港八办是在武汉《新华日报》创办的当月，经周恩来建议，中共中央派出廖承志、潘汉年、连贯等党员同志奔赴香港设立的一个半公开性质的机构，由周恩来主持的中共中央长江局直接领导，选址香港皇后大道18号的一间临街二层楼，在闹市中方便与各方人士联络，如遇意外情况，可以通过后门迅速撤离，该处并没有挂办事处的牌子，而是邀请大革命时期烈士遗孀陈妈及其儿子陈新经营粤华茶叶公司以掩护办事处。[③]

香港八办开设的主要目的是突破国民党对海外华侨援助物资的统筹统汇不平等政策封控与日军对中国主要沿海港口的占领，特辟香港这一中转海外物资的重要枢纽，同时也为了向香港民众宣传中国共产党的团结抗战主张和八路军、新四军的抗日事迹，紧密团结在香港的国民党左派人士，争取中间

---

① 文丰义.抗战全局视野下的桂林文化抗战［EB/OL］.（2022-11-05）［2023-02-26］.广西壮族自治区博物馆 http://www.gxmuseum.cn/a/science/31/ 2012/ 1486.html.
② 夏衍.白头记者话当年——记香港《华商报》［A］// 中国社会科学院新闻研究所，《新闻研究资料》编辑室.新闻研究资料丛刊（总第十二辑）.北京：展望出版社，1982：1.
③ 陈敦德.八路军驻香港办事处纪实［M］.北京：解放军出版社，2012：26.

派人士，推动国共深入合作；联系海外侨胞，发起募捐，支援祖国抗战，开展国际统一战线工作。

小范围分发《新华日报》并翻印出版《新华日报社论》和《群众》周刊，也是香港八办的工作之一。① 皖南事变前后，大批国统区文化界人士为躲避国民党迫害而迁至香港，如夏衍就从广西转移至香港，战地记者陆诒也从重庆疏散到香港和新加坡。② 对这些人，廖承志与香港八办在思想上、政治上和生活上都十分关心，设立中共香港文化工作委员会，下设文学、学术与新闻三组，通过举办新闻座谈会等各种座谈、讲座，以及读书会和个人联络等形式，领导进步文化人士开展多样的抗战活动。③ 当时在香港阅读到《新华日报》非常不容易，1941年2月10日廖承志曾向周恩来发出电报，提到《新华日报》在香港受压迫的艰难处境。④ 包括香港八办在内的中共在港其他组织内部，通常都是几十个人轮流阅读一份《新华日报》，然后通过新闻座谈会的形式，召集更多进步文化人士阅读报纸。即便如此，廖承志仍将艰难得来的报纸送给茅盾等进步文化人士，曾派在香港八办从事高层文化人士联络与统战工作的杜埃负责定期将每期《新华日报》送至茅盾住处，据杜埃回忆，每当他将《新华日报》递送至茅盾的住处时，茅盾都如获至宝，称其为指路明灯。⑤

而茅盾也没有辜负香港八办给予他的阅报特权，不仅用《新华日报》评论的精神写成文艺性评论，还把解放区的文化动态编进刊物中去，扩大传播，用文学的形式传递党的主张。⑥ 1941年5月17日，茅盾的日记体中篇小说《腐蚀》开始在《大众生活》复刊号首期连载，小说以主人公赵惠明寻求自新

---

① 刘小清，刘晓滇.香港野史［M］.北京：东方出版社，1997：372.
② 陆诒.新闻界的前辈和长者［A］//王蒙，袁鹰.忆夏公.北京：文化艺术出版社，1996：437.
③ 杨汉卿.八路军驻香港办事处的统战工作［J］.广东党史，2005（06）：53-58.
④ 成晓军，包国滔，郭平兴，等.廖承志研究备览［M］.广州：暨南大学出版社，2013：179.
⑤ 唐金海，孔海珠，周春东，等.茅盾专集（第1卷上）［M］.福州：福建人民出版社，1983：267.
⑥ 此处的"刊物"指茅盾当时创办和主编的大型刊物《文艺阵地》。参见：林彬.茅盾与杜埃——写在茅盾逝世纪念日［J］.新文学史料，2000（03）：68-71.

之路的故事揭露国民党特务统治的黑暗，其中赵惠明的原型就是一名沦为特务的重庆少女，她找到《新华日报》报馆寻求中国共产党的帮助，从而脱离苦海。① 小说发表后引发香港读者关注，邹韬奋也在连载接近尾声时请求他续写几篇，为主人公设定一个光明的前途。②

为了联系香港的新闻界爱国报人与来港的进步文化人士，香港八办还指导胡愈之、范长江等人筹办了中国青年记者学会香港分会，在胡愈之的主持下，该会又创办中国新闻学院，培训了一批爱国新闻人士，扩大了抗日宣传队伍。1938年至1939年期间的香港报界，除了国民党与汪伪派报纸外，其他如《星岛日报》《工商日报》《工商晚报》《华侨日报》《珠江日报》《时事晚报》《新生晚报》《星岛晚报》《申报》（香港版）等报刊的一些进步编辑记者都参加了中国青年记者学会香港分会，提高了这些报刊接触《新华日报》和延安新华社社论及新闻报道、宣传国内抗战情况的概率。③ ④ 如1938年3月29日，香港《工商晚报》就转载了武汉《新华日报》社论《论联合各政党提出三点原则》，而《申报》（香港版）仅1938年就刊载《新华日报》的评论或相关内容达13次。

在当时波谲云诡的政治环境下，香港八办的工作充满了风险与变数。1939年3月21日，香港警察以藏有反英宣传物品为名，逮捕了几名粤华茶叶公司职员，经过周恩来与廖承志反复交涉，香港政府以不知道粤华茶叶公司就是八路军驻港办事处、纯属误会为由，释放职员并归还了收缴的文件，但潘汉年判定粤华茶叶公司不再安全，决定就此化整为零，办公室人员分散办公，廖承志改以华比银行作为联络基地。⑤ 1941年12月香港被日军占领后，香港八办撤退，前后历时4年。

---

① 李标晶.茅盾在香港的文学活动[J].学术研究，1985（06）：109-114.
② 周惠斌.邹韬奋在香港复刊《大众生活》[N].中华读书报，2010-12-15（14）.
③ 杨汉卿.八路军驻香港办事处的统战工作[J].广东党史，2005（06）：53-58.
④ 罗修湖.八路军驻香港办事处[A]//陈弘君，中共广东省委党史研究室.香港与中国革命.广州：广东人民出版社，1997：104.
⑤ 马家辉.龙头凤尾[M].成都：四川文艺出版社，2016：192-193.

《新华日报》在香港的发行和推广，也有香港地下党组织的一份功劳，尤其是香港几个进步群众团体的代售或订阅《新华日报》行动，背后都有党的坚强领导与组织。全面抗战爆发前的1936年，中共广州市委就已经建立，随之香港也有了市工委，海员有了海委。① 1938年4月成立的中共广东省委主要负责领导广东、广西和港澳等地的党组织。到1941年，广东省委领导下的香港各区市委组织已相当健全，其中，香港进步海员、洋务工人的组织余闲乐社是中共广东地方党领导下的群众团体，② 其开办的新文化书店作为中国共产党领导下的海委秘密联络点，就有代售《新华日报》等进步书刊的业务，③ 另一个党领导的群众团体——香港惠阳青年会也长期订阅《新华日报》等党内报刊。④

三、结语

"《新华日报》表面上仿佛是'孤军作战'，实际上是在一个广大的纵深的阵地上作战。"⑤ 抗战期间，《新华日报》发行并传播至香港地区，广泛联系并动员香港的工人群体与进步文化人士，激发了香港民众的抗日热情，宣传了中国共产党的纲领政策，推动了抗日民族统一战线的发展壮大。

---

① 中共广东省委四个月工作总结报告（1938年8月）[A]//中共广东省委组织部.中共广东省组织史资料 第一辑（内部资料）.1986：236.
② 中共广东省委组织部，中共广东省委党史研究室，广东省档案馆.中国共产党广东省组织史资料（上册）[M].北京：中共党史出版社，1994：335.
③ 曾生.在香港从事海员工运的回忆[A]//中共广东省委党史资料征集委员会，中共广东省委党史研究委员会.广东党史资料（第14辑）.广州：广东人民出版社，1988：21.
④ 中共深圳市委党史办公室.深圳党史资料汇编（第3辑）[A].1987：156.
⑤ 熊复.《新华日报》的历史地位及其特点[M].北京：中国广播电视大学出版社，1987：203.

毛泽东对《晋绥日报》编辑人员谈话的历史考察*

2023年是毛泽东同志《对晋绥日报编辑人员的谈话》发表75周年（以下简称"谈话"）。75年前的4月2日上午，毛泽东在率领中央机关从陕北赶赴河北平山，途经山西兴县蔡家崖并作短暂休整期间，与晋绥日报社及新华社晋绥总分社编辑人员即兴谈话两个多小时。事后整理成文的谈话，成为中国共产党新闻工作史上的经典名篇。谈话特别强调报纸在广大干部和群众中宣传党的政策并将其变成群众自觉行动的作用，肯定了报纸由躬身实践获取经验所必经的过程，同时鼓励报社编辑在党的领导下团结群众、努力奋斗。

彼时解放战争进入中后期，胜利的曙光和黎明前的黑暗交织共融，党面临的新情况、新问题层出不穷，斗争形势复杂且严酷。毛泽东经过实践中的艰辛探索，在谈话中将政策与经验相结合，指导党的报纸工作纠正各种右和"左"的错误偏向，并提出了具体要求，从而使党报能及时总结正、反两方面经验，牢牢把握新闻宣传的正确方向。回归谈话发生的历史情境，有助于我们更全面、深刻地理解谈话的丰富内涵，品味其跨越时空的思想魅力。

一、谈话契机：人对报熟 时与事会

作为中共中央晋绥分局的机关报，《晋绥日报》是延安时期距离毛泽东最

---

* 本文原载于《中国出版》2023年第7期，与薛春燕合作。

近的一份地方党报。晋绥地区背靠黄河，与陕甘宁边区相邻相望，扼守着通往延安的东大门，抗日战争时期设置的陕甘宁晋绥联防军建制，既显示出两地唇齿相依的关系，也保证了两地在战乱频仍下的交流互通。特殊的地缘优势，让《晋绥日报》得以在战争环境下迅速地宣传贯彻党中央的路线方针，也为该报得到毛泽东长期阅读、关注和指导提供了便利条件。

事实上，早在延安整风时期，《晋绥日报》的前身《抗战日报》就曾两次得到过毛泽东的亲自指导和批示。[1][2][3]抗战胜利后，为适应形势发展的需要，新华社于1946年4月起实行"全党办通讯社"，各大战略区的总分社与当地战略区党报虽然对外挂两块牌子，但内部为同一机构，[4]《晋绥日报》与新华社晋绥总分社合署办公。1947年3月，随着毛泽东率中央前委（中共中央）撤离延安，转战陕北，中共中央机关报《解放日报》于当月27日停刊，《晋绥日报》则继续坚持出版发行，并每天派专人"跑到黄河西岸送到毛泽东住地供他阅览"，一定程度上弥补了中央党报空缺的不足。毛泽东也"对《晋绥日报》看得比较仔细，对报纸的优点和缺点都看得分明"。[5]同年7月3日，新华总社领导联名致电毛泽东身边的新华社小分队（"四大队"）队长范长江，要求"四大队"就近领导晋绥总分社，[6]也让《晋绥日报》得以更快速、直接地与党中央、毛泽东互联互通。

正是基于对《晋绥日报》的持续阅读，1947年12月，在陕北米脂县杨家沟召开的会议（以下简称"十二月会议"）上，毛泽东特意强调，近来《晋绥日报》"办得很吸引人看了，这就是工作方向正确的一个表现"。[7]次年3月，

---

[1]《晋绥日报》编委会.晋绥日报简史[M].重庆：重庆出版社，1992：136.
[2] 中国社会科学院新闻研究所.新闻研究资料（总第二十九辑）[M].北京：中国新闻出版社，1985：62.
[3] 中共中央文献研究室，新华通讯社.毛泽东新闻工作文选[M].北京：新华出版社，2014：161.
[4] 黄瑚.新闻春秋（第九辑）[M].上海：复旦大学出版社，2009：262.
[5] 甘惜分.甘惜分文集（第2卷）[M].北京：人民日报出版社，2012：492；493.
[6] 新华通讯社史编写组.新华通讯社史（第一卷）[M].北京：新华出版社，2010：316.
[7] 中共中央文献研究室.毛泽东文集（第四卷）[M].北京：人民出版社，1996：329.

陆定一在与《晋绥日报》人员座谈时也说:"你们报纸是个好报纸,内容很丰富,中央很注意《晋绥日报》。"①从谈话文本中也能看出,毛泽东对这份报纸"大到头条社论,小到消息、通讯,甚至是报角不起眼的按语,都谙熟于心"。②可见,谈话是在毛泽东深入细致研判报纸工作的前提下进行的。

从时间节点上看,《晋绥日报》在1947年下半年经历了从开展反"客里空"运动引领解放区土改舆论风潮,到在如火如荼中偏离正轨,出现严重"左"倾偏向的过程。尤其是1947年12月末,毛泽东所作的关于《目前形势和我们的任务》的报告在中共中央会议上讨论通过后,各解放区很快将纠"左"视为工作重心。1948年2月11日,毛泽东起草了中共中央关于《纠正土地改革宣传中的"左"倾错误》党内指示,要求"各中央局、中央分局及宣传部,新华总社和各地总分社,以及各地报纸的工作同志","对过去几个月的宣传工作加以检查,发扬成绩,纠正错误"③。宣传战线的纠"左"工作迫在眉睫。

对报社所在的晋绥解放区而言,自1947年3月毛泽东率中央前委转战陕北后,晋绥进一步成为陕北的大后方,陕甘宁晋绥军事联防的重要性愈发凸显。④晋绥土地问题的加速解决,成为确保西北乃至全国战场取得军事胜利,进而取得革命成功的重要条件。作为晋绥地区党的新闻方面军的《晋绥日报》,必然要承担起舆论先锋的职能。而该报于1947年6月起开展的反"客里空"运动确曾成为"解决土地问题和支援长期战争的一个决定性的关键环节"。该报结合当时土改和整党工作等特定形势开展的一系列有益探索,如"公开地、群众性地、彻底地检查立场与作风"及"自我批评与读者群众来信揭发相结合"等,更被视为报刊宣传工作的创举,受到新华总社的高度赞扬。不仅如此,1947年11月9日,中央宣传部发布的《中宣部对反"客里空"运

---

① 陆定一.在晋绥日报编辑部的谈话[J].新闻战线,1983(5):3.
② 纪希晨.新闻,让我与伟人风云际会[J].新闻战线,2013(6):49.
③ 毛泽东.毛泽东选集(第四卷)[M].北京:人民出版社,1991:1281,1318,1318,1319,1319,1321,1321,1318.
④ 中共中央文献研究室.毛泽东文集(第五卷)[M].北京:人民出版社,1996:31.

动的指示》强调指出,"由晋绥发动的反"客里空"运动,是土改中的一个重要收获",要求各地宣传机关将《晋绥日报》的自我批评精神应用到各种工作中去,注意我党现在彻底消灭封建的土地政策与抗日战争时期减租减息的不同。① 这个指示被认为是中宣部对各地宣传机关发布的反"客里空"动员令。

经新华总社和中宣部的典型推广,由《晋绥日报》发起的反"客里空"运动为各解放区新闻界所仿效,自我批评一时成风,也极大地推动了晋绥乃至全国各解放区的土地改革运动。

这是《晋绥日报》短短数年办报历程中的高光时刻,也是其"左"的错误逐渐产生并迅猛发展的时候。报社在宣传中坚决执行"贫雇农路线",对中农实际采取排斥政策,否认地主阶级在抗战时期减租减息政策中的变化,鼓励贫雇农狠斗"化形地主",挖"浮财"和"底财",对各地相当普遍发生的乱打乱杀现象默不作声,对组织不纯作了过分严重的估计。② 有的文章甚至被毛泽东评价为"锋芒毕露,盛气凌人"。③

从被新华社树为其他报刊学习的"典型",到相关做法受到中央批评,这一巨大转折不过短短数月,报社受到的压力、编辑们的困惑与苦恼可想而知。如何更好地理解和贯彻中央精神,同时团结区域内最大多数的群众,加强党与群众的联系,成了报社亟须解决的问题。正在报社内部集中检查工作的关头,1948 年 3 月 30 日,毛泽东一行到达报社附近的蔡家崖进行休整,并派遣时任中央宣传部部长陆定一到报社与编辑人员座谈。在向陆定一汇报工作的过程中,报社也表达了当面聆听毛泽东教诲与指导的强烈愿望。

可见,毛泽东本人对这份报纸的长期关注和该报面临问题的典型性、突出性,是促成这次谈话的必要条件。

---

① 中央宣传部.中宣部对反客里空运动的指示［M］//中国社会科学院新闻研究所.中国共产党新闻工作文件汇编:上卷 1921—1949.北京:新华出版社,1980:180.
② 甘惜分.悲喜交集的回忆——记新华社晋绥总分社［M］//新华社新闻研究所.新华社回忆录:二.北京:新华出版社,1991:171-172,169.
③ 甘惜分.甘惜分文集(第 2 卷)［M］.北京:人民日报出版社,2012:492,493.

二、谈话动因："解剖麻雀"以点带面

在与报社编辑人员谈话前,毛泽东已连续几日听取了晋绥解放区领导人关于前方战争、土改、整党、解放区工农业生产以及工商业政策等方面的汇报,还与当地贫农团、土改团和地方干部代表座谈,深入了解情况。结合其沿途一路思考加上到达晋绥后的体察,毛泽东在4月1日的晋绥干部会议上,对党的政策和策略作了进一步理论升华,第一次完整提出了党在新民主主义革命时期的总路线和总政策以及土地改革工作的总路线和总政策。相较"十二月会议"上初步阐明的新民主主义革命时期土地改革的总路线,可以看到此次的表述愈发明晰。

从"十二月会议"夺取全国战争胜利、建立新民主主义中国各方面的纲领性文件,到全面纠正土改工作和新闻宣传中的"左"倾现象,为土改等各项工作制定具体策略,再到探讨政策与经验的关系及其界限;从推动党内对"左"倾错误的检讨,到形成新民主主义革命和土地改革工作的总路线和总政策,毛泽东在中国革命胜利前的每一个关键时期,都紧紧抓住政策和策略,实现了党内思想的统一和国内统一战线的巩固。而延伸到其一贯重视的党的新闻宣传工作,毛泽东既强调了报刊在广泛阐明政策并进一步将政策变为群众行动方面的重要工具作用,也希望报刊这支重要的新闻军能像其他战线一样,总结经验,纠正偏向,使思想和工作都走上正轨,打好人民解放战争中的舆论战。通过与报社编辑人员的面谈,毛泽东上述思考的理论结晶与新闻实践中的具体问题得以无缝衔接。

谈话全文共2600多字,9段内容,重点结合报社过去的工作,并围绕几天前陆定一会见报社人员时编辑们事先拟定的6个问题,即"关于贯彻党的群众路线""全党办报方针""宣传党的路线和政策""依靠贫农与团结中农""开展批评与自我批评""团结民族资产阶级和开明士绅"[①]展开。也就是

---

① 纪希晨.忆毛泽东同志对晋绥日报编辑人员的谈话[M]//山西文史资料全编(第3卷第31辑).太原:山西文史资料编辑部,1999:535.

说，不仅毛泽东对此次谈话有充足准备，报社编辑们此前也经历了一个从集体酝酿、讨论到聚焦问题的过程。

围绕上述几个议题，毛泽东由点及面，由报纸业务到办报思想，对全党新闻军进行了一次生动的办报政策与策略教育，其中有多处针对《晋绥日报》内容与办报手法的直接评价。毛泽东既肯定了报纸在 1947 年 6 月以后进行的"反右倾"斗争，认为"是完全正确的"，"充分地反映了群众运动的实际情况"，同时又指出报纸在具体工作和方法上的优缺点，鼓励大家做一次全面总结，纠正"左"的偏向，作出更大的成绩来。

谈话前 4 段主要强调党的政策与报纸宣传的紧密关系，其中"政策"一词出现了 8 次。毛泽东开宗明义，指出"我们的政策，不光要使领导者知道、干部知道，还要使广大的群众知道"，①而"报纸的作用和力量，就在它能使党的纲领路线、方针政策、工作任务和工作方法，最迅速、最广泛地同群众见面"，②"办好报纸，把报纸办得引人入胜，在报纸上正确地宣传党的方针政策，通过报纸加强党和群众的联系，这是党的工作中的一项不可小看的、有重大原则意义的问题"。③ 这一思想既体现了毛泽东对报纸宣传工作的一贯重视，也是他此前在探讨政策和策略时深入调研得出的科学结论。

毛泽东指出，报纸要"善于把党的政策变成群众的行动，善于使我们的每一个运动、每一个斗争，不但领导干部懂得，而且广大的群众都能懂得，都能掌握，这是一项马克思列宁主义的领导艺术"。④ 对报纸提出更高的组织和领导群众的明确任务，意在通过报纸宣传，让群众更好地理解党出台各项政策的初衷，是毛泽东对报纸作用的理论升华。

如何做到上述要求？谈话的后半部分共提及 10 次"经验"。毛泽东以他转批的山西崞县农民开会平分土地为样本，告诉报社编辑们应如何具体落实上述要求。毛泽东主张，报社人员要从不懂得变成懂得，就要多向群众、向

---

① 毛泽东.毛泽东选集（第四卷）[M].北京：人民出版社，1991：1281.
② 毛泽东.毛泽东选集（第四卷）[M].北京：人民出版社，1991：1318.
③ 毛泽东.毛泽东选集（第四卷）[M].北京：人民出版社，1991：1321.
④ 毛泽东.毛泽东选集（第四卷）[M].北京：人民出版社，1991：1321.

材料学习，成为有经验的人。① 面对大家因纠正偏差而否定过去成绩的想法，毛泽东又对《晋绥日报》过去的工作作了精彩点评，认为应采取分析的态度，看到成绩，不能否定一切，同时认为报纸"左"的偏向是由于缺乏经验导致。毛泽东最后鼓励大家检查工作，总结经验，保持尖锐、泼辣、鲜明的办报风格，把报纸办得更好。

谈话结束后，毛泽东为《晋绥日报》题词两幅，分别为党在新民主主义时期的总路线和总政策以及土地改革的总路线和总政策，发表在1948年5月1日、5日的《晋绥日报》上。这次谈话也令报社人员放下了思想包袱。1948年9月1日至3日，《晋绥日报》连续3天刊载《我们的检讨》，就具体问题和错误作了检查和自我批评。至此，《晋绥日报》自反"客里空"运动以来先反右后纠"左"的工作落下帷幕。

此次谈话是毛泽东历来提倡的典型工作方法在新闻宣传领域的亲身实践。这种典型工作方法来源于被称为"解剖麻雀"的典型调查实践，善于从特殊到一般、由点及面地从个别中总结出普遍性，进而指导和推动面上的工作，即"以点带面"的典型指导。谈话建立在毛泽东长期阅读、关注和指导《晋绥日报》的基础上，又着眼全局，对整个解放区党报工作具有指导意义。

三、谈话指向：党的领导 群众路线

如前所述，《晋绥日报》作为一份地方党报，"在全国各个革命根据地的报纸中，认真说并不是办得特别突出的，地方落后，文化落后，文化人也比较少"。② 之所以能在各解放区地方党报中脱颖而出，尤其在反"客里空"运动后在各解放区都产生很强的号召力、影响力，不仅缘于其在当时的特殊地理优势，还在于该报结合晋绥当地的土改和整党工作所开展的一系列报道，以及围绕上述问题进行的多向探索，得到了以新华社为首的整个党内文宣系

---

① 毛泽东.毛泽东选集（第四卷）[M].北京：人民出版社，1991：1318.
② 甘惜分.悲喜交集的回忆——记新华社晋绥总分社[M]//新华社新闻研究所.新华社回忆录：二.北京：新华出版社，1991：171-172，169.

统肯定,甚至是党的领导人赞赏,为推动人民解放战争迅速取得胜利发挥了重要作用。

此前《晋绥日报》和新华社晋绥总分社关于刘胡兰壮烈牺牲的报道,也曾引发中共中央和解放区新闻界的强烈关注,引领了解放区的舆论风潮。刘胡兰的报道最早由新华社晋绥总分社下属吕梁分社记者李宏森采写,《晋绥日报》首发,又经新华社编辑润色后传给各解放区报纸刊载,继而产生了重大影响。刘胡兰于1947年1月12日被阎军杀害。她牺牲后不久,李宏森随军进入当地,突击采写了相关报道,经新华社吕梁分社负责人富文审定,向晋绥总分社发了两条消息:一是《刽子手阎锡山屠杀文水人民,云周西村与乐村农民廿四人惨死于阎军铡刀铁蹄之下》;二是《女共产党员刘胡兰慷慨赴义》。这两条消息经晋绥总分社编辑甘惜分修改后转发总社。①《晋绥日报》也于1947年2月5日以"新华社吕梁讯"为电头,刊发了第一条消息,6日又以"新华社吕梁四日电"为电头,刊发了第二条消息,并将题目改为《十七岁的女共产党员刘胡兰慷慨赴义》;2月10日,《解放日报》以"新华社晋绥七日电"为电头刊发了第二条消息,并在发表时将题目改为《"只要有一口气活着,就要为人民干到底!"——女共产党员刘胡兰慷慨就义》。同月,延安各界慰问团在山西省文水县活动期间,副团长张仲实在《晋绥日报》看到刘胡兰英勇就义的消息后甚为感动,表示一定要将刘胡兰的事迹向党中央汇报,并建议请毛泽东主席题词。

毛主席在听取汇报后,于3月26日题写了"生的伟大,死的光荣"8个大字。

1947年6月报社发起反"客里空"运动后,当年8月8日,中共中央宣传部部长陆定一给新华社写信,强调"我们应加以提倡,加以欢迎,来教育我们的新闻工作的同志"。②8月28日,新华总社编辑部发表专论《锻炼我们

---

① 纪希晨.忆毛泽东同志对晋绥日报编辑人员的谈话[M]//山西文史资料全编(第3卷第31辑).太原:山西文史资料编辑部,1999:535.
② 常家玮.1947—1947年解放区反"客里空"运动研究——以《人民日报》报道为中心[J].广东党史与文献研究,2020(1):92.

的立场与作风——学习〈晋绥日报〉检查工作》，推广《晋绥日报》反"客里空"运动的经验，指出反"客里空"运动"在人民新闻事业建设过程中是有历史意义的。而且不但对晋绥一地有意义，对其他解放区同样有意义"，要求各解放区报刊学习和推广晋绥经验。①29日，新华总社再发表社论《学习〈晋绥日报〉的自我批评》，强调"《晋绥日报》的自我批评，是土地改革中的一个收获，它必将使新闻工作更加向前推进一步。这种自我批评，不仅各解放区的新闻工作者要学习，而且一切工作部门都应当向它学习，以便更加改进自己的工作"。②9月1日，新华总社社论《纪念"九一"，贯彻为人民服务的精神》，对人民新闻事业的特点作了深刻阐述，要求解放区报纸"深刻地检查自己的思想与立场，以便进一步贯彻为人民服务的精神"。③自此，反"客里空"运动迅速在各解放区推行开来，晋冀鲁豫、晋察冀、陕甘宁、山东、东北、华北等各解放区党报和新华总分社纷纷付诸行动，把开展反"客里空"和整党工作、检查作风结合起来。许多报纸转载了新华社的评论文章，如8月30日《冀中导报》第四版刊载《锻炼我们的立场与作风》，8月31日《冀中导报》刊发《学习〈晋绥日报〉的自我批评》，《东北日报》则是将上述两文一起刊登。9月1日，《晋绥日报》《人民日报》《晋察冀日报》《新华日报》（太岳版）、《冀热察导报》《冀南日报》《冀中导报》也都转发了这两篇文章。在转发新华社评论之余，各解放区对《晋绥日报》反"客里空"运动的开展也持续关注和报道，如《人民日报》9月1日刊载《发动群众揭露不真实新闻，〈晋绥日报〉深入自我检讨，群众反映良好，报纸威信空前提高》，9月8日发表《〈晋绥日报〉号召新闻界大胆改正错误》，1948年1月15日刊发《〈晋绥日报〉继续检查"客里空"，反对积压土地改革稿件》等等。在各解放区内部，各报纷纷举行座谈会，在报纸上以大量篇幅向读者公布在组织报道、采访、编稿和校对工作中发生错误的详细检查材料，发表了部分读者来信和作

---

① 新华总社编辑部.锻炼我们的立场与作风——学习《晋绥日报》检查工作［N］.晋绥日报，1947-09-01（2）.
② 新华社社论.学习晋绥日报的自我批评［N］.晋绥日报，1947-09-01（1）.
③ 新华社社论.纪念"九一"，贯彻为人民服务的精神［N］.晋绥日报，1947-09-03（1）.

者的自我批评，把报纸对不真实新闻的检查，置于广大读者的监督之下。①

《晋绥日报》的刘胡兰报道之所以引发强烈反响，首先在于记者对这一新闻事实的深入发掘和对这一事件意义的准确呈现；其次，毛泽东对刘胡兰所作出的"生的伟大，死的光荣"这一标志性评价，进一步强化了刘胡兰这一深入人心、影响广泛的优秀共产党员形象。而该报的反"客里空"运动之所以影响深远，除了其旗帜鲜明地反对新闻宣传不实事求是、不深入实际的工作作风，真正贯彻了"从群众中来，到群众中去"这一基本路线外，新华总社、中共中央对其工作的高度肯定、赞扬与推广，显然也是对这一运动的有力加持。

刘胡兰的报道是《晋绥日报》成功推出的典型报道，而首先发动反"客里空"运动并得以在解放区推广的《晋绥日报》自身又成了典型媒体，反"客里空"运动是该报行之有效的典型工作方法。在毛泽东看来，这种典型方法与他同样极力倡导的群众路线是紧密相连的。毛泽东在谈话中所说的"内容丰富，尖锐泼辣，有朝气，反映了伟大的群众斗争，为群众讲了话，我很愿意看它"，②就是强调群众路线，也是对该报群众路线的充分肯定和对其他媒体的殷切期望。

报刊在沟通党意与民心方面发挥的巨大作用，被毛泽东一再强调。在他看来，只要"群众齐心了，一切事情就好办了"。③ 这正是毛泽东此次谈话的主旨思想和核心要义。

四、结语

《晋绥日报》在反"客里空"运动和对刘胡兰等事件的报道中，善于创造性地将党的方针政策结合土改实际，用生动活泼的方式传播到人民群众中，又注意从群众中来，将批评和自我批评相结合，办出了自己的鲜明特点和战

---

① 新华通讯社史编写组.新华通讯社史（第一卷）[M].北京：新华出版社，2010：339.
② 毛泽东.毛泽东选集（第四卷）[M].北京：人民出版社，1991：1321.
③ 毛泽东.毛泽东选集（第四卷）[M].北京：人民出版社，1991：1318.

斗风格，在解放区各报中独树一帜，受到党中央的高度重视。集媒介典型与典型媒介于一身的《晋绥日报》，得到了毛泽东典型工作方法指导下的针对性谈话，相关的办报经验完成了由此及彼、由特殊到一般的理论飞跃。

发生在 1948 年 4 月 2 日上午的那场"谈话"距今已 75 年，其中生动反映出的毛泽东新闻思想及蕴含的方法论意义，却常温常新。越是在形势急剧发展、时局转折的关键时刻，党的媒体越要在反复的实践和经验总结中不断纠正可能的偏向，而加强党和群众的联系则是不变的工作原则。

在带领中国人民走向胜利的过程中，每遇重大问题，总是通过深入细致的调查研究，真正站在最大多数群众的立场倾听群众心声，想群众之所想，急群众之所急，注意集思广益，凝聚共识，并在此基础上形成正确的决策和部署，最终在党的有力领导下，通过新闻宣传达到党民一心——这是我们党的新闻宣传工作留下的宝贵历史经验。

从党派"营地"到民众"喉舌"*
——民主党派报刊属性与功能之变迁（1928—1949）

大革命失败后陆续成立的各民主党派[①]除九三学社外[②]，均以创办报刊作为宣示政见、影响舆论和推动工作的重要手段。各民主党派前赴后继的报刊活动，构筑起既有别于国民党又不同于共产党党报系统的舆论空间，在宣传抗日救国和争取民主自由等方面发挥了巨大作用。然而令人遗憾的是，迄今为止，民主党派报刊史研究却始终是处子之地，乏人问津。基于此，本文将在梳理1928—1949年民主党派报刊活动进程的基础上，通过比较这些报刊与中共报刊和国民党报刊的异同，揭示其在当时的国共两党斗争中所发挥的独特作用。

---

* 本文原载于《山东社会科学》2010年第3期。

① 在我国，民主党派是对若干性质大体相同的党派的通称。它们"是在中国新民主主义革命的历史过程中形成发展起来的，以民族资产阶级、上层小资产阶级及知识分子为主体，也有其他爱国民主人士和一些进步分子参加的具有资产阶级联盟性质的政党，他们都是坚持抗日、争取民主的革命爱国党派，是与共产党长期合作、共同前进的亲密朋友。"（参见张军民：《中国民主党派史（新民主主义时期）》，黑龙江人民出版社2006年版，第3页。）历史上民主党派曾被称为"反蒋党派""抗日党派""在野党派""各党各派""各党派各盟帮"等。抗战后期，由中国共产党最早开始使用"民主党派"这一称谓，并沿用至今。而关于"民主党派"研究的范围，目前学界存在以下三种情况：第一种是仅研究现有的八大民主党派及其前身中有关的部分；第二种除研究八大民主党派外，还包括建国前后合并的三大民主党派，即"中华全国各界救国联合会""三民主义同志联合会"和"中国国民党民主促进会"；第三种包括18个民主党派。本文采取第三种类分法。

② 九三学社于新中国成立后才开始创办报刊。目前其党刊为1989年创刊的《民主与科学》。

一

1949年前，我国政坛上先后存在过18个民主党派。各民主党派及其主办的主要报刊基本情况见表4。[①]

表4　各民主党派名称、简介及其主办的主要报刊情况

党派名称及简介	中央机关报（刊）及创办时间、地点	其他代表性报刊
中华革命党：1928年3月发起成立时称"中华革命党"，1930年8月改组为"中国国民党临时行动委员会"，1935年11月改组为"中华民族解放行动委员会"，1947年2月改党名为"中国农工民主党"。	1.《突击》周刊，1928年5月26日，上海。 2.《灯塔》周刊，1928年6月1日，上海。 3.《革命行动》半月刊，1930年9月1日，上海。 4.《行动日报》，1931年4月，上海。 5.《前进日报》，1938年4月，武汉。 6.《人民报》，1946年3月，香港。	《平民日报》； 《成都庸报》。
致公党：是以海外华侨、归侨为主要成分的政党，其前身是洪门致公堂。1925年10月在美国旧金山举行一大，改堂为党。	《公论》季刊，1947年12月1日，香港。	《华侨日报》； 《华侨商报》； 《民号周报》； 《星槟日报》； 《民族斗争》； 《中国报》。
中国民权保障同盟：1932年12月在上海组建，1933年6月结束。	《中国论坛》半月刊，1932年1月13日，上海。	《民族战线》； 《在抗战旗帜之下》； 《大众动向》； 《战线》。
中华民族革命同盟：1935年7月在香港建立，1937年10月结束。	《大众日报》，1935年，具体创办时间待考，[②] 香港。	《先驱日报》。

[①] 表中数据、材料主要参考方汉奇主编：《中国新闻事业编年史》（中），福建人民出版社2000年版；叶再生：《中国近代现代出版通史》（二）、（三）、（四）卷，华文出版社2002年版；程曼丽：《海外华文传媒研究》，新华出版社2001年版；张军民：《中国民主党派史（新民主主义时期）》，黑龙江人民出版社2006年版。

[②] 在蔡廷锴著《蔡廷锴自传（下）》（黑龙江人民出版社1982年版）中，曾多次提到这一报刊，却没有记载其具体创办日期。

续表

党派名称及简介	中央机关报（刊）及创办时间、地点	其他代表性报刊
中华全国各界救国联合会：简称"全救会"，1936年5月成立于上海，1949年12月宣告结束。	1.《救亡情报》，1936年5月16日，上海。 2.《民主生活》，1946年1月9日，重庆。	《全民周刊》； 《国民公论》旬刊； 《全民抗战》三日刊。
职教社派：1917年5月由黄炎培在上海发起成立，原为社会教育团体，在抗日救亡运动中演变成政治派别，后融汇于"民盟"。	《救国通讯》，1931年12月23日，上海；1934年1月由《救国通讯》改名《国讯》。	
中国青年党：1923年12月成立于法国，又称国家主义派、"醒狮"派。抗战胜利后投靠国民党。	1.《醒狮》周报，1924年10月10日，上海。 2.《新中国日报》，1938年1月15日，汉口。 3.《民宪》，1943年，重庆；1944年11月由中国民主同盟接办。	
中国国家社会党：1932年4月建立，1946年8月与一海外组织"民主宪政党"合并，改称中国民主社会党，简称"民社党"。抗战胜利后投靠国民党。	《再生》，1932年5月20日，北平，之后多次更易社址。初为月刊，1937年3月改为半月刊；1938年后改为周刊；1939年10月改为旬刊；后恢复为周刊。	
乡村建设派：史称"乡村建设派"或"村治派"。是1930年代的一个团体很多、叫得很响的社会改良派别。	1.《乡村建设》，1931年10月，山东邹平。 2.《中国农村》，1934年10月，上海。	
中国民主政团同盟：1941年3月在重庆成立，是当时国共以外的各抗日党派的政治联合体，包括了"三党三派"，即第三党、青年党、国社党、职教社派、乡村建设派、救国会派。1944年9月改组为中国民主同盟，简称民主同盟或"民盟"。	1.《光明报》，1941年9月18日，香港。 2.《民主周刊》，1944年12月，昆明。 3.《民主报》，1946年2月1日，重庆。 4.《光明日报》，1949年6月16日，北平。	《曙光》； 《民主周刊》； 《民主星期刊》； 《群声》； 《光明》； 《反攻》； 《民众时报》。

续表

党派名称及简介	中央机关报（刊）及创办时间、地点	其他代表性报刊
三民主义同志联合会：简称"民联"，其前身是民主同志座谈会，后发展为"中国国民党民主同志联合会"，1944年初定名为"三民主义同志联合会"，1945年10月在重庆正式成立。1949年11月与"民促"一起并入"民革"。	1.《民联》，1945年10月，重庆。 2.《民潮》，1946年9月，香港。	
中国民主建国会：简称"民建"，1945年12月成立于重庆。	1.《平民》周刊，1946年1月11日，重庆。 2.《民讯》，1946年10月，重庆。	《展望》。
台湾民主自治同盟：简称"台盟"，是台湾籍爱国民主人士的政治组织。1947年11月12日在香港正式成立。	《新台湾丛书》，具体时间待考，香港。	
中国国民党民主促进会：简称"民促"，是国民党民主派的组织。1946年4月正式组建，1949年与"民联"一起并入"民革"。	《自由》月刊，1947年9月，香港。	
旅美中国和平民主联盟：1947年11月在美国纽约正式建立。1948年7月前后，该盟领导及成员陆续回国，其组织成员皆入"民革"。	《双周刊》，时间、地点待考。	
中国民主促进会：简称"民进"，1945年12月30日在上海成立。	《周报》，1945年9月8日，上海。	
中国国民党革命委员会：简称"民革"，是国民党民主派组织和人士的政治联合体。1948年正式成立。	《文汇报》（香港版），1948年9月3日，香港。	《自由》。
九三学社：1946年5月正式成立。	无	

中华革命党是今中国农工民主党（简称"农工党"）的前身。作为我国境内最早成立的民主党派，它并非指孙中山于1914年改组国民党后建立的同名政党，而是在大革命失败后，一部分与蒋介石公开决裂、坚持孙中山革命三民主义和三大政策的国民党左派、民主派联合一部分脱离了共产党的人士和其他爱国民主人士在上海成立的一个政治团体。① 其主要创始人有谭平山和邓演达等。由于该党的政治主张既不同于国民党，又区别于共产党，因而被时人称作"第三党"。中华革命党一成立，便把开展宣传列为工作重点。其先后创办的《突击》和《灯塔》两份周刊，一方面回答了来自各方政治势力的诘难，申明了本党的政治立场；另一方面用大量事实，揭露和批判了国民党反动派屠杀共产党的暴行，宣称要"站在革命立场，向失去了革命本质的封建集团的党宣战"，并主张"打倒一切帝国主义，打倒新旧军阀"。但是，两份刊物只发行5期，就被国民党当局勾结法国巡捕房查禁停刊。② 该党在其他地方陆续创办的报刊也大多命途多舛：在江西，1928年底创办的《平民日报》因宣传革命主张遭到国民党记恨，次年被查封；在四川，1929年出版的《成都庸报》宣传孙中山的三民主义和三大政策，宣传反蒋抗日，并不时刊发南京政府的负面消息，"这种鲜明的反蒋态度在政治空气沉闷的成都，一时引起轰动"。③ 因为"造谣煽惑，反动昭著"④，《成都庸报》发行不久即被当局查封。

为继续贯彻孙中山"联俄、联共、扶助农工"的政策，1930年8月，中华革命党改组为中国国民党临时行动委员会（简称"行委"），并创办《革命行动》半月刊作为中央机关刊，邓演达任主编。其创刊号发表《中国国民党临时行动委员会的政治主张》，向读者宣传平民革命的目的、手段、具体方案及政策。⑤1931年4月，"行委"又创办《行动日报》，除组织内部发行外，

---

① 张军民.中国民主党派史（新民主主义时期）[M].哈尔滨：黑龙江人民出版社，2006：1.
② 李本寨.《突击》与《灯塔》的创办（下）[J].前进论坛，1998（3）：1.
③ 方汉奇主编.中国新闻事业通史：第2卷[M].北京：中国人民大学出版社，1996：391.
④ 参见中共成都市委党史研究室编《土地风暴——中共成都历史丛书》（内部资料），1998年，第320页。
⑤ 参见《革命行动》第1期，1930-09-01.

还免费供给各报摊,向社会发售。由于该报立场鲜明,文字犀利,切中时弊,发行量很快由最初的几百份增加到1万多份,在当时政坛引起很大震动。1931年8月,邓演达被捕,《革命行动》与《行动日报》随之停刊。

1935年11月,"行委"在香港改组为中华民族解放行动委员会(简称"解委"),同时发行《政治通讯》半月刊,通报形势发展,指挥党内工作。抗日战争爆发后,"解委"的宣传阵地进一步扩大:1938年2月,在武汉创办《抗战行动》旬刊(出至7月25日停刊,共出8期);1938年4月,在武汉创办中央机关报《前进日报》,除报道一般战事外,还关注农民、难民、灾荒等问题;1945年2月,在重庆创办中央机关报《中华论坛》半月刊。抗战胜利后,"解委"又于1946年3月在香港创办《人民报》,表示要"站在中国农工平民之立场,为彻底完成中华民族的解放事业,为实现民主政治及争取社会主义前途而奋斗"。①1946年4月1日,《人民报》迁至广州出版。当时,周恩来称颂它是"人民之友",茅盾赞誉它"是站在人民的立场上,为人民说话的报纸"。②该报原为大型日报,后改为四开三日刊,继而又改为周刊、半月刊,最终于1946年6月29日被当局查封。

另外,"解委"还在华东地区创办《铁掌》,在华北地区发行《草原》《妇女知识》《大学文艺》,华南地区则有《南方青年》《指南针》等。

其他民主党派的报刊活动虽与中华革命党路径不同,但结局却基本类似。它们在国内创办的各类报刊,均不同程度地受到政府打压,或过早夭亡,或时断时续,来去匆匆。"像寒夜的烛火,摇曳闪烁,在黑暗中燃烧过一阵,很快就被风扑灭了。"③仅1946年3月,国民党当局就查封了《再生》《自由世界》《民主》《现代生活》《国民》和《平民周刊》等数家民主党派报刊;6月又查封《华商报》、《人民报》和《现代日报》等报刊。1947年5月3日,国民党中央社发表《中共地下斗争路线纲领》一文,公开为当局镇压民主党派

---

① 梅日新.战斗在方生与未死之间的一张报纸[J].广州文史资料,第28辑.广东人民出版社,1983:322.
② 窦爱芝.中国民主党派史[M].南开大学出版社,1992:294.
③ 柯灵.《周报》沧桑路[J].新文学史料,1986(1).

制造舆论，诬称民进、民建、民联、农工党等国内民主党派皆为中共操纵指使的工具，"民盟及各民主政团，目前倡组之民主统一战线，亦为受中共之命，而准备甘为中共之新的暴乱工具"。① 不久大批民盟成员被捕。11月6日，民盟总部被迫解散。至全国解放前，除投靠国民党政府的中国青年党和中国国家社会党外，国统区内民主党派的所有报刊活动都不得不转入地下或移到香港。

民主党派报刊之所以不能见容于当局，一是由于时常发表一些"反"政府的言论，如《灯塔》宣称，南京建立的新政府必须被打倒，因为它是旧时代"精英"的撮合。②《公论》表示，"取名'公论'，是亦本'万几决于公论'之意云尔"③，同国民党政府的一党专政理论唱反调。每遇内政外交等重大事件时，各报刊则见仁见智，大胆直言，阐述其与官方不同的立场。罗隆基的《中国需要第三个大政党》、施复亮的《两条道路，一个动力》和张东荪的《一个中间性的政治路线》等名篇，都是通过这些报刊首发的。二是敢于披露政府意欲严密封锁的消息，如"蒋介石末日快要到来了"④、"昆明血案实录"等。这是走平稳路线的商业报刊和听命于当局的国民党系报刊所没有的，也是国民党政府最痛恨的。

二

在民族危难中涌现出的中国各民主党派，为了争取民主，团结抗战，可谓毁家纾难，在所不辞。但在蒋介石"党外无党，党内无派"，视国民党为"中国独一无二之政党"⑤的体制框架下，民主党派的成立本身就是"非法"行为，其报刊活动自然受到当局排斥，这就使得民主党派及其报刊从一诞生便

---

① 民盟中央文史委员会．中国民主同盟简史（1941—1949）[M]．群言出版社，1991：95，96．
② 李本寨．《突击》与《灯塔》的创办（上）[J]．前进论坛，1998（2）：1．
③《公论》创刊号[N]．1947-12-01．
④《成都庸报》[N]．1930-05-22．
⑤ 胡汉民．胡汉民先生文集[M]//中华民国史料外编：第30册．桂林：广西师范大学出版社，1997：48-49．

与国民党当局构成一种紧张对立关系。众所周知，中国各民主党派所代表的，是民族资产阶级、上层小资产阶级及知识分子，还有爱国民主人士和一些进步分子团体。他们与代表大地主大资产阶级的国民党政府之间，既有利益交集，也有不可调和的矛盾；与代表城市无产阶级和贫下中农的共产党之间，显然也有不同的利益诉求。各民主党派创办报刊的初衷，就是为了在国共两党的报刊系统之外，构建别样的参政议政空间。其报刊舆论不仅体现了本党派诉求，同时也反映了城市中上层民众的意愿，是当时除国共两党外最为重要的政治话语类别。

相比于党纲和政纲严密的国共两党报刊，民主党派报刊不是那么组织纯粹，纪律严明；相较于在商言商的大众报刊，民主党派报刊则显得过于热衷政治而不尚营利。可以说，服务于本党派政治和社会目标，追求"以报参政""以言干政"，既是民主党派报刊的立身之本，又是其与国共两党报刊的最大区别。在国民党的党营新闻事业体系中，经过1932年的改革，党报党刊在"企业化""专业化"等方面有所发展；抗战结束后，国民党第一大报《中央日报》还曾在究竟应"先中央、后日报"，还是"先日报、后中央"的问题上短暂徘徊，反映出报社内部对新闻原则与政党利益的权衡。但纵观其历史，国民党的党报体系始终是其重要的执政资源，是蒋介石个人意志的忠实执行者，为了维护其一党统治，可以不惜编造谎言，污蔑中共。共产党的报刊政策在其一大会议决议中便已成型："杂志、报刊、书籍和小册子须由中央执行委员会或临时中央执行委员会经办。""无论中央或地方的出版物均应由党员直接经办和编辑。""任何中央地方的出版物均不能刊载违背党的方针、政策和决定的文章。"[①] 经过1942年的延安整风，中共的党报党刊已成为党的事业的齿轮和螺丝钉。反观各民主党派，则大多结构松散，组织体制不够完善，报社内部成员没有门槛限定，文章也没有严格的政治要求。为了在国统区取得"合法"地位，有的民主党派报刊甚至对外宣称"既无党派观念，更无政

---

① 中国共产党的第一个决议［M］//中国共产党新闻工作文件汇编.北京：新华出版社,1980:1.

治成见，只是站在国民的立场上"发抒政见。① 如《周报》既是"民进"的机关报，也是当时上海文化界反内战、争民主的重要阵地。其撰稿人中既有许广平、傅雷等文化界名流，也有郑振铎、马叙伦、施复亮、马寅初、柳亚子、左舜生等民主党派要人，还有宦乡、胡绳等共产党员，可谓人才济济、成分复杂，涵括了社会各界精英，并时常发出不同阶层的声音。从这一意义上说，民主党派报刊不仅反映了党派立场，一定程度上还扮演了民主"看板"和大众"喉舌"的角色。

事实上，由于在很多问题上与中共政见不合，这些报刊中批评甚至误解、污蔑共产党的言论可谓俯拾皆是，那篇使国家社会党党魁张君劢一举成名的《致毛泽东先生的一封公开信》，就是在重庆版《再生》杂志发表的。但在民族危机到来后，中共顺应时势，提出了坚决抗日主张和团结合作要求，又契合了民主党派的一贯立场，因而得到民主党派报刊的一致赞同。这一时期，几乎所有的民主党派和团体都创办了自己的机关报（刊），如中华职业教育社创办的《救国通讯》、李公朴主编的《读书生活》、邹韬奋主编的《生活周刊》、中华民族革命同盟创办的《大众日报》等，均广泛发动群众，呼吁抗日救国，从而形成中坚力量进行抗日宣传和政治斗争的强大舆论场。国内舆论一时呈现出前所未有的"汇流"现象。民主党派报刊在国家前途和民族命运等原则问题上所持的抗日、爱国、民主和平等立场，显然又超越了一党一派的利益，具有更为广泛的"全民"性基础，因而在实质上也发挥了民众喉舌的职能。

从传播效果看，这些党报党刊平台的相继搭建，一方面为各民主党派参政议政插上了翅膀，另一方面也扩大了它们的社会影响力。中华革命党的《突击》虽然仅出版5期，但据当时身处法国的林柏生回忆，"现在柏林方面的特约通讯及国内同志寄给我的《突击》（仅有一、五期及三四期合刊），才使我对于'第三党'这三个字，由模糊而疑惑，由疑惑而发抖。"② 全救会的

---

① 参加《周报》发刊词，1945年9月8日版．
② 林柏生（1902—1946），别号石泉，广东信宜人。1927年陪汪精卫去法国游历，创办《留欧通讯》。后曾创办并主持《南华日报》《中华日报》等。抗战时期任汪伪政府高官，1946年被以汉奸罪处决。此处引文参见张军民《中国民主党派史（新民主主义时期）》，黑龙江人民出版社2006年版，第16—17页。

《全民抗战》每期发行量曾高达 30 万册，风行海内外，是抗战时期国统区影响最大的刊物之一。正是通过《全民抗战》这一平台，全救会的各项主张得以传布社会。国家社会党的《再生》杂志在 1932 年 5 月 20 日发行创刊号时，虽然没有获得政府许可，处于秘密状态，但立刻吸引了人们的注意。鉴于该杂志"颇受读者欢迎"，"为国内有数之刊物"，所以再生杂志社"拟增加各地推销处寄售处"。借助这一阵地，张君劢、张东荪等人的民主宪政主张在知识分子中广为传播，引起强烈共鸣。一个署名安平（疑为储安平）的作者在给《再生》记者的信中说："政治刊物的兴起表明民众兴趣的转移，但不是失之于偏激便是失之于空洞无物，还有就是站在碎片的立场上，能拿出具体方案和通盘计划的唯有《再生》。"① 中民进的《周报》大力呼吁和平与民主，赢得作者和读者的大力支持。其对于"警管区制"的深度报道和揭露，导致国民党政府的这一政策无疾而终。在该刊被迫停办时，郭沫若曾以"自由在我"为题评价说：《周报》在民主运动史上，在反内战运动史上，将永远保存着他的令誉，就跟李公朴和闻一多一样，是永远不死，而且永远发展着。"②

三

民主党派代表了民族资产阶级和上层小资产阶级的利益和要求，同时又应时代之需，抗日反蒋，争取民主，因此在面对民族利益和国家发展等原则性问题时，很容易与共产党形成政治联盟。虽然民主党派与共产党立场不同，其党报党刊与中共报刊取向不一，但在时代洪流的驱动下，从为民族民主而呼吁的基本点出发，双方还是越走越近。

对于民主党派的报刊活动，中共从一开始就采取了和国民党当局不同的策略和方法：1929 年 6 月，中共中央发布《中共六届二中全会宣传工作决议案》，提出要"设立材料科——收集整理一切有关系的材料，各种团体以及敌

---

① 安平. 现在的问题［J］. 再生，1932，1（3）.
② 柯灵.《周报》沧桑录［J］. 新文学史料，1986（1）.

人的宣传品"①。1939年5月17日发布的中共中央指示要求,"设法经过自己的同志与同情者,以很大坚持性争取对于某种公开刊物与出版发行机关的影响","要经常注意研究敌人的宣传鼓动及友党友军的宣传鼓动,收集各种具体材料,求得及时地给以批评与答复"。"对于同志与同情者领导下或影响下的公开刊物与出版发行机关应给以经常的帮助","同时应推动社会上有声望地位的人出版一定的刊物,由我们从旁给以人力和材料上的支持"。不仅在舆论上互相声援,民主党派的办报活动也得到了中共的许多实际支持:20世纪30年代创刊的中国民权保障同盟机关报《中国论坛》半月刊,就受到中共地下党和共产国际的支持和资助;② 而职教社的《国讯》则接受了周恩来的直接指导。抗战胜利后,在内地和香港新办的民主党派报刊以及在政治立场上已转向支持共产党的民主党派报刊,大都直接或间接接受了中共的政治支持与经济资助。如中国民主政团同盟成立后,曾派梁漱溟到香港创立机关报,以引起国内外舆论的注意和支援。这一计划得到了周恩来的大力支持,在港的中共代表廖承志、主持《华商报》的中共党员范长江也给予了4000元的经费支持。经过艰苦筹备,《光明报》终于在1941年9月18日正式出版。"民联"筹办《民潮》月刊时,得到了中共领导下的《华商报》的支持与协助。而1949年6月创刊的民盟中央机关报《光明日报》(北京),则是在中国共产党的直接领导下进行的。

另外,中共还通过派遣党员到这些报社工作,或者在其报刊发文的方式,随时掌握其舆论动向。如共产党员羊枣就曾主持和参与了《民主报》《光明报》的工作。1948年民革在香港出版的中央机关报《文汇报》则得到中共潘汉年、宦乡等人的大力支持。宦乡还曾作为《周报》主力之一,参与了该报的多项工作。

新闻史上著名的"拒检运动",就是中共报刊、民主党派报刊与几家无党

---

① 中国社会科学院新闻研究所. 中国共产党新闻工作文件汇编:上册[M]. 北京:新华出版社,1980:60,90–91.
② 姜建中,孟祥波.《中国论坛》评述[J]. 黑龙江史志,2008(21);邵雍,伊罗生.《中国论坛》与中国民权保障同盟[C]//2008年度上海市社会科学界第六届学术年会论文集.

派报刊合力发起的一场向国民党政府要民主、争自由的舆论战，也是国统区人心向背的一块"试金石"。1945年8月7日，重庆国讯书店在其他进步出版机构的支持下，不送国民党当局审查而自行出版了黄炎培撰写的《延安归来》一书，引起《宪政》《国讯》《中华论坛》《再生》《民宪》《国论》《现代妇女》等数家民主党派和无党派报刊的积极响应。民主党派报刊与《新华日报》等中共报刊同声相应，呼吁国民党政府"无条件保障人身、言论、出版、集会、结社、信仰等人民基本权利"①，最终迫使国民党当局取消了战时新闻检查制度。

接着，民盟又发动组织《民主周刊》《中华论坛》《宪政月刊》《再生》等21家杂志，于11月8日发表联合声明，呼吁"不要内战"，指出如果起内战，则责任全在国民党一方。而在国共内战全面爆发后，各民主党派报刊一方面大力揭露国民党政府的两面手段，一方面坚决支持中共立场，与中共报刊互相应和，客观上为中共在国统区赢得"万众归心"营造了良好的舆论氛围。在中共这里，民主党派的利益表达受到高度重视，其办报活动也得到了积极回应。最终，民主党派报刊舆论纷纷倒向中共一边，为中共赢得人心进而夺取天下尽到了分内之责。

由此可见，表面上，谁掌握着媒体，谁就掌控着当下；但实质上，谁赢得了民心，谁才能拥有未来。1928—1949年民主党派报刊的历史走向及中共在其中所践行的媒介策略，或许可以为今人提供一些有益的借鉴和参考。

---

① 我们要说的话[N].新华日报，1945-09-29.

红军长征中的新闻宣传及其宝贵经验*

重视新闻宣传的"笔杆子"工作是我们党的宝贵经验与优良传统。毛泽东同志早在古田会议时就强调,"红军的宣传工作是红军第一个重大的工作。若忽视了这个工作就是放弃了红军的主要任务"。长征开始后,红军发扬这一传统,用报刊宣传凝聚党心军心,用板壁标语进行"扩红"动员和抗敌斗争宣传,用海外办报和刊文的方式向世界讲述红军长征故事,驳斥国民党媒体的造谣宣传。这些新闻宣传活动对鼓舞红军战士士气与斗志、赢得广大群众支持、取得长征胜利以及树立中国共产党的光辉形象、扩大国内外影响等发挥了重要作用。

一、报刊宣传为长征中的红军鼓舞士气

《红星》报是红军在长征中坚持出版的唯一一份中央级报纸。自1934年10月20日起,《红星》报由铅印改为手刻蜡版油印,并重新从"第一期"开始编号,在国民党军队的围追堵截中,共出长征专号28期(现存25期,其中号外1期)。1935年1月15日,《红星》报恢复长征前的连续编号,出版"第68号"一期。同年8月,长征红军进入川陕甘地区,《红星》报结束使命正式停刊。

由于人手和物资的短缺,《红星》报的办报条件十分艰苦,编辑部只有四

---

* 本文原载于2022年11月7日《光明日报》理论版。

五个人，报纸一度由铅印改成手刻蜡版油印，报名也不像现在这样严谨规范，而是有时用《红星》，有时又名《红星报》。捷报、扩大红军号召、英雄模范事迹宣传及卫生常识是《红星》报长征专号的主要内容。《红星》报通过简短的消息和通讯，及时传播了红军长征路上一个又一个喜讯；持续关注白区及国际社会的新闻，积极利用无线电台抄收的新闻信息，将"蒋敌军队减员浩大""日美冲突加剧""共产国际第七次世界大会开幕"等国内外重要新闻传递到各支部队，为当时与外界处于隔绝状态的党中央进行战略决策提供了重要参考，自然也成了红军官兵的"一架大无线电台"。

思想政治工作、作战经验介绍、群众纪律及少数民族政策宣传是《红星》报的常设栏目和内容。毛泽东同志等中央领导非常重视《红星》报对军队内部的思想引领工作。长征中油印的《红星》报每期头版都坚持刊发社论，这些传递党的重要方针政策的社论，大部分由中央领导同志撰写，其中周恩来同志写得最多，陈云、朱德、彭德怀、聂荣臻、王稼祥、张闻天等同志也多次撰稿。上述中央领导撰写的社论与各项政策宣传，如同"一个政治工作指导员"，在凝聚红军思想意志、指引前进方向中发挥了重要作用。

长征途中，红军总政治部的《前进报》、红一军团政治部的《战士》报、红二方面军的《战斗报》、红四方面军的《不胜不休》报以及中央军委总卫生部的《健康》报等也曾想方设法编印出版。此外，红军战士们还充分发挥聪明才智，在长征途中使用抄在大树叶上的"叶报"，传递战斗捷报和党委改组等重要信息；使用"水电报"（浸过桐油的木板放进江水中顺流而下），宣传抗战胜利的消息。

二、标语口号向工农群众播撒革命火种

利用通俗易懂的宣传口号更易赢得民众的信任与支持。早在考察湖南农民运动时，毛泽东同志就认识到，"很简单的一些标语、图画和演讲，使得农民如同每个都进过一下子政治学校一样，收效非常之广而速"。土地革命时期，红军已娴熟使用各种标语宣传进行民众动员。长征开始前，1934 年 10 月

9日，红军总政治部下发的《关于准备长途行军与战斗的政治指令》中，专门提出"散发和张贴宣传品和在墙报上多写标语口号（居民的和告白军士兵的）"指示要求。

在党组织的大力倡导下，长征中的红军迅速成立了"粉笔队""錾刻队"等宣传队伍，通过石刻、木刻、粉刷、手写等多种手段，制作和书写标语口号，朱德、董必武、陆定一、潘汉年等领导干部也亲自动手书写。红军标语形式多样、题材丰富、简明易懂、生动幽默，不仅见证了那段风雷激荡的革命斗争历史，更蕴藏着中国共产党一切为了群众、一切依靠群众的深邃智慧。除了"打土豪，分田地""斧头劈开新世纪，镰刀割断旧乾坤""拿下遵义""突破乌江"等宣传中国共产党方针理念和行动目标的标语外，红军指战员还创造了"彝民们团结起来，不还租，不交债！""反对国民党压迫与屠杀苗瑶小民族！"等宣扬民族团结的口号，号召群众团结抗战。

长征路上，国民党反动派四处散布红军是"共匪"、是"流寇"的谣言，甚至动用飞机散发传单，称红军打砸抢烧，无恶不作。针对这一情况，我们党的宣传工作人员通过刷在墙上、刻在木板和石头上的宣传标语，并通过身体力行，将党的方针政策同人民群众的根本利益有机结合，这既是红军与村民交流最简单而直观的形式，也是党和红军拉近军民关系、传播先进观念的重要途径，在扭转不利局面、凝聚人心方面发挥了不可忽视的作用。

三、国外办刊向世界讲好红军长征故事

国民党不仅在国内制造恐慌，还充分利用新闻媒介在国际大造"赤匪流窜"，所到之处"劫掠裹挟甚众"等舆论，歪曲长征意图，抹黑红军形象。对当时的中国共产党来说，对外宣传长征真相也成为刻不容缓的任务。

长征时期，共产国际是中国共产党在海外宣传的重要阵地。但中央红军离开赣南时，原设在上海的秘密电台被国民党反动势力破坏，中共与共产国际的电讯联系暂时中断。战略转移中的中国工农红军很希望自己的情况能够通过共产国际传递到世界，也急盼得到国际社会的支持。泸定会议后，受党

中央委派，陈云同志到上海恢复被国民党破坏的党组织及与共产国际的联系，几经周折，于 1935 年 9 月抵达莫斯科。10 月，他在共产国际执行委员会书记处会议上作报告，详细汇报了中央红军长征和遵义会议情况。几个月后，他在这一报告的基础上又增添红一、四方面军会师内容，以《英勇的西征》为题发表在共产国际的内部刊物上。1935 年秋，陈云在莫斯科完成《随军西行见闻录》，1936 年 3 月在法国巴黎《全民月刊》上连载，并在莫斯科出版单行本。

《随军西行见闻录》共 4.5 万字，以被红军俘虏的国民党军医"廉臣"的口吻写就，描述了中央红军自江西出发直至胜利渡过泸定桥为止，历时 8 个月、途经 6 省、行程 6000 公里的传奇经历，是最早向世人介绍红军长征的纪实作品。该书借"廉臣"之口，描绘了其由刚被俘时对红军的不信任到长征路上对工农红军心生钦佩的心路历程，并总结了红军能够获胜的原因：军心团结、民众支持以及中共领袖的杰出才能。《随军西行见闻录》为世界打开了一扇走近中国共产党、中国工农红军的窗口，给国民党的新闻封锁政策一记重创，充分体现了中国共产党借力打力的精妙外宣策略。

"纤笔一枝谁与似？三千毛瑟精兵。"我们党一直非常重视宣传思想工作，红军长征既是敌我双方战略、军心军力与武器的比拼，也是双方对时局与民心把握能力的大考。长征时红军的"笔杆子"经受住了时间洗礼，取得了新闻宣传工作的胜利，也对当下宣传工作提供了有益的借鉴和启示。

首先，新闻宣传工作要始终坚持党的领导。习近平总书记强调，"党的新闻舆论工作坚持党性原则，最根本的是坚持党对新闻舆论工作的领导"。长征过程中，在党中央和中央革命军事委员会的直接领导下，《红星》报始终坚持正确政治方向，站稳政治立场，坚定宣传党的路线政策和党中央关于局势的重要分析，在将党中央意志转换为全党、全军意志，凝聚广大群众意志的过程中，发挥了重要的思想导向作用。坚持党对新闻工作的领导，是长征中各类媒体导向正确的根本保证，也是党的新闻事业服务于国家与民族复兴大业的制度保障。

其次，新闻宣传工作要站稳人民立场，坚持以人民为中心的工作导向。

长征胜利须臾离不开工农群众的支持。长征过程中,红军用旗帜鲜明的报刊文字与标语口号宣传党的主张,扩大了党和红军的影响,巩固了党同人民群众的血肉联系,使党牢牢扎根在人民之中。长征的胜利,充分展示了中国共产党性质和宗旨的力量,说明中国共产党必须在人民中间生根开花,紧紧依靠人民来克服困难,赢得胜利。在新时代,新闻工作者要继续做好党的舆论工作,营造良好的舆论环境,更应始终坚持以人民关切为关切,将其作为做好新闻宣传工作的根本遵循。

最后,新闻宣传工作既要坚守国内舆论阵地,又要在国际传播中实现新作为。中国工农红军的伟大长征及其有效宣传,打破了敌对势力的国际封锁。一代人有一代人的长征,一代人有一代人的担当,新时代的对外宣传工作也有新的职责使命,需要更大的担当和作为。面对复杂的国际传播形势,中国媒体既要主动出击,在国际舞台上积极主动地阐释中国道路,讲好中国故事,又要敢于亮剑,坚定不移地同歪曲中国政策、抹黑中国形象的不实报道作斗争,宣示我国政策和立场,发出响亮的中国声音。

论报刊在五四运动中的角色与效应*
——以北京、天津、上海的代表性报刊为例

"近百年来,没有一场运动或事件,像五四一样得到不同党派、政治力量以及官方与民间的共同纪念,并且持久而不衰。"[①] 对于五四运动及运动中报刊舆论的作用,相关研究已相当充分。然而尚无研究者对当时不同地域的报刊对这一事件文本呈现的差异进行比较。本文即以当时北京、天津和上海的代表性报刊为对象,比较这一事件在不同地域的媒介呈现,并探究报刊自身的角色认知和社会效能。

一、北京报刊率先披露相关信息,明确支持学生运动

1919年的北京,不仅汇集着大批政界、文化界名流,还有许多正经受新文化运动洗礼的高校学子,政治氛围浓厚,文化讨论热烈。引领风潮的几大报刊《新青年》《每周评论》《晨报》《京报》等也构建起了此间的舆论主阵地。与纯商业报刊不同,上述各报更加偏好政治议题,对利用舆论监督政府、引导国民抱有很高期待。在巴黎和会引发的五四运动前后,上述报刊人员不仅深度参与其中,还在新闻报道与舆论引导方面走在了全国报纸前列。

---

* 本文原载于《新闻春秋》2019年第4期,与徐瑶合作。
① 王奇生.新文化运动是如何"运动"起来的[J].同舟共进,2009(5):14.

（一）以首发新闻和激烈言论号召民众参与"救国"运动

五四运动的导火索是中国在巴黎和会上的外交"失败"。需要注意的是，在当时，外交失败还只是一种可能，而不是既成的事实。但北京《晨报》及其背后秉持"国民外交"的林长民等人则将这一可能结果作为"事实"在报上公开传播，且措辞激烈，将矛头指向巴黎和会上的列强和北洋当局。1919年5月1日，《晨报》在头版推出《山东问题之警报》一文，痛陈"国内无一致之精神的对外，则此次外交失败即足以亡国"云云，[①]2日又在"紧要新闻"栏目登载林长民的《外交警报敬告国民》一文，强调"至此则胶州亡矣，山东亡矣，国不国矣！""此皆我国民所不能承认者也，国无望日，愿合我四万万公众誓死图"。[②]3日，北京大学的壁报栏贴出13院校学生代表召集紧急会议的通告，当晚集会决定于4日游行，反对政府在巴黎和会所持的软弱态度。当时了解内情的人士普遍认为，"《晨报》发布林长民的'山东亡矣'的新闻有无上的魔力"，5月4日的学生示威就是这篇新闻稿"掀起来的"。[③]上述看法虽然片面，至少说明这一言论在当时产生的巨大社会效应。

5月5日，《晨报》以《山东问题中的学生界行动》为题，发表2000多字的现场报道，详细介绍天安门广场的学生集会游行、火烧赵家楼、痛殴卖国贼等行动，"至天安门，见有大队学生，个个手持白旗，颁布传单，群众环集如堵，天安门至中华门，沿路几为学生团体占满。记者忙即下车，近前一看，见中间立有白布大帜，两旁用浓墨大书云：'卖国求荣，早知曹瞒遗种碑无字；倾心媚外，不期章惇余孽死有头'，末书'学界泪挽遗臭万古曹汝霖、章宗祥、陆宗舆'等字样……"[④]在《北京大学日刊》因种种顾虑而未报道学生运动时，《晨报》这种第一现场对学生运动的全程追踪，无疑将这场运动近距离拉到了所有读者面前。

《京报》及其主人邵飘萍在这场运动前后的表现也颇为抢眼。该报创刊词

[①] 山东问题之警报 [N].晨报，1919-05-01.
[②] 外交警报敬告国民 [N].晨报，1919-05-02.
[③] 梁敬錞.我所知道的五四运动 [J].传记文学，第8卷（5）.
[④] 山东问题中的学生界行动 [N].晨报，1919-05-05.

《本报因何而出世乎》中就提出："必从政治教育入手。树不拔之基，乃万年之计，治本之策。必使政府听命于正当民意之前，是即本报之所作为也！"[①] 由此不难体认报馆主人的政治抱负。5月3日，邵飘萍参与了北大学生在礼堂举行的临时会议，在集会上演讲了中国外交失败的经过和原因，鼓动学生为救国奋起抗争，并知晓学生4日将举行示威活动。因此在游行当日，《京报》刊登的要闻就宣称："自山东问题警报传来，北京大学高等师范法政专门及各实业等校于前昨两日即在校自行讨论，举出代表与各校接洽一致，闻各校学生会议已有结果，今日下午将有对于外交问题之表示，全体一致出校行列为有秩序之示威运动，并通告海内外主张对于外交问题坚持到底。此种举动实不容忽视者。"[②] 同一期报刊上还有邵飘萍亲自撰写的评论《勖我学生》，勉励学生参与救国举动，"学生因外交问题一致奋起，以促朝野人士之觉悟，此青年界之生气，国家前途之好现象"；"进步学生果有志于救国，既须有奋起之气概，尤望其努力修养以收最后之效果"。[③]

通过大众报刊发表倾向性新闻与言论，又利用个人声望现场动员学生，北京报界在五四运动中发挥了主导性作用。

（二）学生被捕后不改初衷，强调其救国诉求的正义性

在学生上街引发当局干预、部分学生被抓捕后，5月5日《晨报》的《为外交问题警告政府》指出，"昨日群众集合未必尽属学生，而被逮之三十余人又未必为主动者。以数千群众通力合作之事，而任拘三十余人，欲在此少数之身，求一结果，此必不可通之事"[④]，警告政府应尊重民意，释放被捕学生。同日《北京报》在头条位置刊发了邵飘萍的时评《外交失败第一幕》，强调学生游行的正义性："昨日各校学生因游街大会而有曹宅之巨祸。学生之于是役者达数千人，多与曹某无一面之识，然则固非由于私仇宿怨也……故群众之

---

① 本报因何而出世乎 [N]. 京报，1918-10-05.
② 国民一致奋起 [N]. 京报，1919-05-04.
③ 勖我学生 [N]. 京报，1919-05-04.
④ 为外交问题警告政府 [N]. 晨报，1919-05-05.

肇祸与个人之故意犯罪大异其趣。此当局所宜注意。何以使群众陷于如此狂热之状态，宁非政府所当引咎自责者乎？换言之，外交苟不自困于绝地，何致使群众激成如此之狂热乎。"①该文认为游行过程中的群众狂热情有可原，是政府外交失败导致的，政府应该"引咎自责"。

1918年12月22日，陈独秀、李大钊等人在北京创办《每周评论》，自一战结束就密切关注巴黎和会的动态。与当时许多知识分子一样，该报起初对战后格局极为乐观，对巴黎和会满怀期待，认为一战胜利意味着公理战胜了强权。如该报1919年5月4日第20期"国内大事述评"专栏文章就分析了各国对山东问题的态度，说"美国人仗义执言"，"袒日派阴谋诡计"，而"天天口里'中日亲善'的日本人，对于山东问题拼命地争执，一步也不肯退让"。②下一期则详细报道了"四日的示威事件"，介绍了学生游行示威的具体情况。同日该刊的《对日外交的根本罪恶》一针见血地指出，山东问题的过错主要在"亲日的军阀派"，"曹陆不过是一种机械，章宗祥更不比曹陆，他的罪恶只是他的现职连累了他，此外也没有什么特别积极卖国的大罪恶"③。值得关注的是，该报5月26日第23号刊载的北大学生领袖罗家伦《"五四运动"的精神》一文，不仅率先提出"五四运动"这一载入史册的概念，赞扬学生运动是"中国学生的创举，也是中国国民的创举"，而且认为"这次运动里有三种真精神，可以关系中国民族的存亡"。④作为事件的主要当事人，罗家伦对"五四运动"精神的概括可谓言简意赅、意境深远。他对这场运动爱国主义性质的论断也随着事件和时间的发展而不断得到验证。

（三）北京《益世报》成为首家因报道巴黎"外交失败"被查封的报纸

五四运动期间，北京《益世报》始终坚持爱国立场，在积极报道相关事实的同时，还对当局的软弱外交提出激烈批评。5月24日，《益世报》北京

---

① 邵飘萍.外交失败第一幕[N].京报，1919-05-05.
② 山东问题[N].每周评论，1919-05-04.
③ 对日外交的根本罪恶[N].每周评论，1919-05-11.
④ 罗家伦."五四运动"的精神[N].每周评论，1919-05-26.

馆被京畿警备总司令部查封,成为第一家因报道巴黎"外交失败"而遭封禁的报纸。对此,京师警察厅给出的理由是:23日北京《益世报》刊载山东军人痛斥外交失败之通电"与时机有妨害",且"该报所载显系煽惑军队、鼓荡风潮",因此"即行封闭,并将该报负责人查传送究,以杜煽惑而示惩儆"。①但据中美通讯社发布的消息称,北京《益世报》刊载的这条妨害"时机"的新闻,并非首载于北京《益世报》而是"上海某报",《北京晨报》《北京报》及其他报馆都有转载,警备司令部却只归罪于北京《益世报》,真实原因是,"该报对于政治问题素主张公道,北京政府恨之已久,最近学生之爱国行动该报又极表同意,政府忌之故有此举"。②《新闻报》在时评《〈益世报〉停刊》中也指出,"《益世报》之获罪,实因其赞成保护主权而已,今之政界对待学生以强力压迫如临大敌,则对于赞助学生之报纸加以摧残,固无足怪"。③实际上,北京《益世报》成为北京首家因言获罪的报纸,背后还有更深层的原因。一方面,日方对中文报纸大肆报道学生运动和反日言论不满已久,日本公使小幡酉吉多次向外交部提出抗议,但由于很多报纸背后牵涉中国内部政治斗争的复杂关系,因此只提到北京《益世报》,称若任《益世报》如此登载,"恐其结果于双方均有不利",要求中国政府迅速予以取缔。《北京日报》事后也指出"其干涉内幕实受驻京某公使抗议之影响"。另一方面,当时正值具有亲日倾向的北洋政府安福系当政,北京《益世报》发表过不少揭露与批评北洋当局的文章,甚至在被封前一天还登载了成舍我所写的社论《安福与强盗》,直指安福系"哪一件不是鬼鬼祟祟祸国殃民的勾当"。并评价"这一次学生爱国运动,政府不但不能发现半点儿天良,也去爱下国子,却反把一班有名望的志士一网打尽,他们安福部都趁着这个机会,要去把那从前没有插入的地方去极力钻营占据,你看这几天外间所盛传的什么教育总长哩!大学校长哩!他们安福不都在那里打主意,想把这两把交椅抢夺过来,做成他们完全的强盗政治"。这些犀利言论刺激着安福政客,也成为北京《益世报》

---

① 京师舆论界之厄运益世报被封[N].申报,1919-05-27.
② 京师舆论界之厄运益世报被封[N].申报,1919-05-27.
③ 京师舆论界之厄运益世报被封[N].申报,1919-05-27.

被封的又一"罪状"。《益世报》被封后,据《大陆报》北京通讯报道,"安福派稳健分子之领袖曾挽人商诸旧益世报总理杜君,谓该报如永远不攻击安福派,脱离美国关系,仍为华人报纸,则可许其于二十四小时内重行出版并释放被拘之记者"。三天后,在美国方面的干涉下北京《益世报》复刊,但总编辑潘云超还是被判处有期徒刑一年。北京《益世报》被查封,再次说明了报刊舆论在政治层面引发的冲突。

北京报刊对巴黎和会和学生运动的持续报道与尖锐评论,给本就疲于应付的北洋政府造成巨大压力,而北洋政府则试图通过控制和打压媒体稳固政局。上述报刊与执政当局在这一事件上的持续对抗,展示出当国家面临外部危机时爱国报人的可贵担当。

二、天津报刊注重多信源、多角度呈现运动进程

天津与北京毗邻,《大公报》和天津《益世报》是天津影响力最大的报纸。《大公报》当时聘请胡政之为驻巴黎记者,因此常刊载巴黎和会现场采访的最新消息。但在政治上,《大公报》被王郅隆收购,而王属于北洋政府安福系且有亲日倾向,因此《大公报》在报道这场运动时不免首鼠两端,站在政府的立场。天津《益世报》则在刘守荣和徐谦的主持下,不仅跟进报道北京、天津和全国学生的运动情况,还明确支持这一爱国运动。两报在这一事件前后立场与角色的不同,导致了此间报纸销量的急遽消长,改变了天津报业的格局。

(一)5月4日后跟进报道运动进展

《大公报》的胡政之是采访巴黎和会的唯一中国记者。与会期间,他亲临现场,在会场内外积极采访,写成中国最早的国际会议系列报道,共向国内发回专电14篇、通讯4篇。这些专电刊载在《大公报》的"巴黎来电"专栏里,是读者了解和会进展的重要渠道。相比北京报刊的措辞激烈、态度鲜明,胡政之将自己对时局的判断嵌入对事实的选取之中,体现了较严谨的专业精

神。^①但 5 月 4 日之前,《大公报》虽然始终关注时局进展,却不像北京报刊直接将舆论矛头指向政府,更无人参与和鼓动学生运动。5 月 5 日学生上街的第二天,《大公报》以《北京学界之大举动》为题,对这一事件进行了全方位报道,其中的"昨日之游行大会""曹汝霖宅之焚烧""青岛问题之力争"和"章宗祥之大受夷伤"^②将学生游行经过完整呈现给读者,后面还附有北大新潮社主编罗家伦起草的《北京全体学界通告》,里面有"中国的土地可以征服不可以断送!中国的人民可以杀戮不可以低头!国亡了,同胞起来呀"等激进之语。^③可见当时《大公报》的新闻报道相对到位,对运动素材的选取也体现了专业水准。但由于该报自身的立场问题,除五四事件爆发的那几日外,后续相关报道的版面、篇幅都远远不及天津《益世报》。

天津《益世报》却凭借这一事件的报道而声名鹊起。该报不仅以持续报道巴黎和会上中国外交的失败以及国民的抗争为主线,还连续刊载《国民力争外交记（1—10）》《内忧外患之交争记（1—11）》《外交紧急与和局破裂（1—8）》^④等文章,一面支持声援北京的学生运动,一面大幅报道天津本地乃至全国范围的反帝爱国运动,为读者展现出一幅不断扩展的事件图景。

在这次运动中,天津大中学校的学生也通过演讲、集会、游行等方式,积极响应和声援北京学生。5 月 14 日,天津 13 所学校的学生代表成立了天津学生联合会,后又创办机关报《天津学生联合会报》,用来组织、联络京津等地广大学生,进行革命斗争。通过人际、组织和报刊的交互勾连,天津与北京的学生运动结为一体。

（二）展示多方观点的同时,表达自身立场

《大公报》对五四运动的直接评价不多,更多的是将各方观点直接呈现给

---

① 王润泽,陆瑶.胡政之对"巴黎和会"报道的特点[J].新闻与写作,2009（5）：71.
② 北京学界之大举动[N].大公报,1919-05-05.
③ 罗家伦.北京学界全体宣言[N].晨报,1919-05-05.
④ 王倩.民国时期《益世报》学生运动报道研究——以"五四运动"为中心的考察[J].新闻世界,2015（6）.

受众,让受众自己去做判断。如5月6日的《学界争青岛之昨闻》就介绍了从访问中获取的学界、政府和其他方面的情形及态度①,并连续刊载了《东报之青岛论》(大阪每日新闻)、《日本对于欧议之论调》、《东报论山东问题》(东京时事新报)、《西报之青岛问题论》(英文京津《泰晤士报》)等东西方报纸对山东问题的看法。从该报较多报道日方舆论,不难看出其站位与立场:"今日者使美国及列强果万一允中国之请,破坏中日协约,与当年三国干涉而归还远东之事归于一辙,则我日唯有脱离不单独讲和之盟约,立由巴黎召还,委员会为自衡计而执自由之行动。"②而选取西报议论时,该报用的是"观近日各华报中议论之忿激,未免事近排外之举,窃思中国现今宜与协商各国敦笃交谊,倘有不利于协商各国之举,则中国将行自杀之计划耳"③。对国民所反对的"二十一条"和曹汝霖、章宗祥、陆宗舆等,《大公报》都不敢非议。不难想象,在当时群情激愤的舆论场中,《大公报》这类貌似客观、实质隐含立场的内容组合,势必引起爱国人士的反感,以致在这一事关国运民心的重大事件报道中"大失人心,报纸名誉剧降"④,报纸每日销量一度下滑到只有几十份。

与《大公报》做法类似,天津《益世报》不仅集中刊登了社会各界对政府、总统的公电录要、函件等,还转译了国外报纸对巴黎和会、五四运动的报道,尽可能全面地呈现各方在山东问题上的态度。不同的是,天津《益世报》不仅联署了抵制日货的行动宣言,向政府发出通电,还发表近28篇评论,旗帜鲜明地表达对学生运动的支持,言辞较《大公报》更为犀利。如5月5日评价北京学生运动时,天津《益世报》建议政府要从根本上解决问题,因为"学生举动诚不免有过激之处,但此事动机出于外交问题,与寻常骚扰不同,群众集合往往有逸轨之事,此在东西各国数见不鲜,政府宜有特别眼光为平情近理之处置,一面努力外交巩固国权,谋根本上之解决,则原因即

---

① 学界争青岛之昨闻[N].大公报,1919-05-06.
② 东报之青岛论[N].大公报,1919-05-06.
③ 西报之青岛问题论[N].大公报,1919-05-08.
④ 马艺等.天津新闻史[M].天津:天津出版传媒集团,天津人民出版社,2015:86.

去，必不至再生问题矣"。①5月6日的《忠告卖国者》一文，又对五四运动的进展做了极具预见性的评价："彼时山东问题必将翻天覆地，不久将波及全国矣。可不防哉，可不懼哉？"②5月8日的社论《与亲日派说日本先例》则将矛头直指亲日派。5月9日《爱国者应投袂而起矣》鼓励国民应奋起反抗，而不是等到国破家亡时后悔不已："在下者，安分守己充顺民，吾恐时不再来。致醒悟而欲发愤之时国已忘，家已覆，人已牛马。"③对于五四运动中的一些不理性的行为，天津《益世报》也及时提醒学生，不要违法乱纪，应理智爱国。

天津《益世报》正是由于在这次事件中的表现更能反映民意，因此销量大涨。此前天津《益世报》长期排名《大公报》之后，但随着五四运动的深入开展，该报的地位与声望一路上升，成为这一时期天津第一大报和北方著名报刊。

总之，由天津的政治生态和报业环境、报纸背景所决定，在面对"五四"学生游行这一重大舆情时，《大公报》和天津《益世报》均在第一时间进行了报道，加上天津学生报刊的鼓吹，不仅极大地鼓舞了北京学生的士气，也促进了天津地区爱国抗争运动的开展，壮大了运动声势。但两家报纸对这次运动的不同立场，使彼此报价高下立判。

三、上海主流报刊对学生运动的支持和对工人运动的担忧

上海是南方的报业中心，也是当时中国最发达的商业城市。五四运动甫一爆发，上海各界包括报刊的声援活动就此起彼伏。而在6月3日北京发生逮捕学生事件后，上海再次出现声势浩大的工人罢工、商人罢市和学生罢课运动。

相较于北京、天津地区的报纸，远离政治中心的上海《申报》《新闻报》等地处租界，经济独立，因而拥有更多的言论空间。这些向来中立保守的大报，不仅详细报道了五四运动的全过程，还发表大量时评，表达对学生的支

---

① 山东问题之日益扩大[N].益世报，1919-05-05.
② 忠告卖国者[N].益世报，1919-05-06.
③ 爱国者应投袂而起矣[N].益世报，1919-05-09.

持态度。《民国日报》作为国民党的机关报，更是以积极的姿态连续跟踪报道，用犀利的时评引导舆论，成为上海传导五四运动精神的重要言论机关。

（一）支持学生的理性抗争

五四运动爆发后，上海报纸纷纷通电声援，积极报道，将学生运动的详情带给上海市民。《申报》每日发表报道，如5月6日的《青岛问题警讯志》，7日的《国人对青岛问题之奋起》《北京学生示威行动之别报》，8日的北京通讯《学界风潮中各方面之态度》，9日的《北京学生呼论》，10日的《学生示威运动之外评》以及11日的《北京学生事件之余闻》[1]等，动态展现了北京学生运动的进展及各方态度。其《北京学生事件》一文谈道，"全国人民之愤然以争者，近因为北京学生被捕，远因为争青岛也"；建议政府"迅将学生释放则民愤可稍减，尽全力以争回青岛则民愤自平"[2]。时评《罢课风潮》则劝诫学生运动不应过激，应在"法律范围内之行动，主张稳健百折不移"，不要被人"乘机煽弄，偶有逸出轨道外之行动"[3]。《申报》这种全方位展示学生运动的图景及外界态度，力图向对立的"学生、民意vs政府"各方建言的姿态，不失为商业报纸谋求生存发展的上等策略。

比起《申报》的温和言论，《新闻报》和《民国日报》则相对激进，大力声援学生运动。5月6日，《新闻报》发表《示威运动》评论，直言"民不可欺，识者屡言之，彼侪利令智昏，始终不悟以为权威所至，莫或敢侮，卒致灾及其身"，告诫当局"往者已矣"，要"憬然而觉悟"[4]。7日又发表时评《学生何罪》为学生辩护，称"北京学生示威运动虽演成绝大风波，要皆基于爱国之诚，泄其不平之气，与寻常无意识之暴动截然不同，且其所掊击者，明明为二三卖国之徒，千夫所指民怨已深，痛予惩创，亦固其所"，认为学生

---

[1] 温文芳.《申报》史料与"五四运动"[J].文教资料，2008（11）：70.
[2] 北京学生事件[N].申报，1919-05-08.
[3] 罢课风潮[N].申报，1919-05-22.
[4] 示威运动[N].新闻报，1919-05-06.

的举动"足以伸正义而快人心"①，要求政府释放被捕学生。在谈及《学生之爱国》中，认为政府对学生运动应因势利导，不要横加干涉，"以沮遏其爱国之热忱"②。《民国日报》以《五月七日之神》为题，高度赞扬北京学界，认为"独有学界，在万钧压力下，做出惊天地泣鬼神的事业来，这是五月七日之神，这是中国人的恩人，这是山东问题濒危中救命的单方，这是留得一分两分良心的国民的模范！"③社论《危难间之学生观》指出，"假令人人爱国，上有力争主权之政府，下有纯洁雄伟之社会，相与扶护奋勉，则学生何乐而不娴雅优游，自治其乐，而必冒不测之险至此耶"，并鼓动国民起来抗争："凡为中国人者，其责任何一不学生者，各竭其力，以求无愧于学生，斯亦无愧于中国耳。"④为报道这场运动，该报还开辟了三个专栏"山东问题大警告""北京学生爱国运动""黑暗势力与教育界全体搏战"，将学生定性为"爱国"，反对运动者则是"黑暗势力"。由于主流民意与学生运动的共振，《新闻报》的鲜明政治态度显然没有影响该报的市场和销量。反过来，这些论调也影响着读者对事件走向的认知，扩大了学生运动的社会影响。

（二）宣传和参与"支持国货，抵制日货"运动

不同于《益世报》在天津的"势单力薄"，上海主流报刊团结一致，将五四运动的另一主题——"支持国货，抵制日货"运动推向了一个高潮。5月10日，《申报》刊登旅沪商帮协会在紧急会议上公拟的三条决议："实行提倡国货；不装（日）轮航；不用（日）钞票……即日实行，国家存亡已在此一举，谨乞声援发扬民气"⑤，并表示除非青岛收还、取消二十一条和一切私人勾结成立的不平等条约，否则该决议不会中止。这也表明了《申报》坚定站在学生一边的立场。《新闻报》则连续五天发布时评《抵制说》，从"抵制国

---

① 学生何罪[N].新闻报，1919-05-07.
② 学生之爱国[N].新闻报，1919-05-16.
③ 五月七日之神[N].民国日报，1919-05-07.
④ 危难间之学生观[N].民国日报，1919-05-18.
⑤ 商界对付外交之筹议[N].申报，1919-05-10.

货要有决心毅力""抵制办法主张互相劝勉""抵制不应有过激举动""有抵制必定有所牺牲""抵制不在形式而在实际"等五方面对抵制日货的行为进行规范引导,同时在《提倡国货观》中指出,"提倡国货本非旦夕可期奏功之事,如七年病求三年艾,惟在各本天良以自诚求,日久当可见效果"①。15日,《申报》《新闻报》《民国日报》等七报联合发表声明:"敝报等公决自五月十四日起停登日商广告并日本船期汇市商情等。特此通告,申报、新闻报、时报、神州日报、时事新报、中华新报、民国日报公启。"②19日,《民国日报》发表时评《立定脚跟》,针对日本商人认为中国人抵货只是一时之风潮,很快就会平静下来的问题,大声呼吁中国人"只要立定脚跟,一丝儿不摇动,凭他们日本人涨价也好,跌价也好,总奈何我们不得"。③26日,邵力子在《民国日报》发表时评《上海还有人么》,再次呼吁上海市民一起抗争,"表示上海的民意,不能单靠学生,学生既有牺牲精神,还要希望一般市民,都来作一致的行动,然后方能积极去做"。④在报刊的宣传鼓动和率先垂范下,"抵制日货,提倡国货"运动以强大的声势席卷全国。

(三)对工人罢工态度各异

针对6月3日的政府大拘捕,上海中华工业协会和中华工会于4日和5日发出通电,号召工人作为学生后盾,挽救国家危亡。5日就发生了上海日商纱厂工人罢工。据《申报》报道,他们是在"全体罢市之讯流传之后,即于同日上午11时半开始罢工。"⑤到6月10日,全上海市罢工工人共达11万余人。随后北京、唐山、汉口、南京、长沙、济南等地的工人也相继举着"罢工救国"等旗帜投入斗争之中,"五四"运动迅速扩展到22个省150多个城市。⑥

---

① 提倡国货观[N].新闻报,1919-05-18.
② 停登日商广告商情等特别启事[N].民国日报,1919-05-15.
③ 立定脚跟[N].民国日报,1919-05-19.
④ 上海还有人么[N].民国日报,1919-05-26.
⑤ 参见《申报》1919年6月6日报道。
⑥ 陈志强.媒体诱发新闻——媒体与"五四"运动的个案研究[J].南昌大学学报(人文社会科学版),2000(3):132.

迫于工人罢工的巨大压力，北洋政府不得不罢免曹汝霖、章宗祥、陆宗舆三人职务。加上巴黎和会上中国代表的拒绝签字，这场持续多日的运动终于取得了阶段性胜利。而工人阶级能够在运动的关键时刻站出来，是与报纸积极支持学生运动、进行爱国宣传分不开的。同时，也正是报刊将五四运动的消息传至各地，鼓励群众起来救亡图存，发表时评引导舆论，促成南北连接，才形成了全国规模的反帝爱国运动。

然而与工人阶级的热情支持和大规模罢工不同，上海报界对罢工行动却意见不一。《民国日报》积极为其出谋划策，提出罢工前提是要能维持生计、资本家应该积极振兴工业容纳空闲的工人等主张[①]，但对中国工人没有良好的组织表示担忧。这些意见具有一定的指导价值。《新闻报》同样关注到了罢工引起的严重后果："夫至于罢工，则声势愈形浩大，人民将起恐慌，秩序之维持势必渐见困难。而风声所播，四方响应，必至举国骚然，酿成大乱而后已。"这也不难看出，民间报界在影响民生的重大抉择面前，有时难免因瞻前顾后而进退失据，失去舆论领袖的领导地位。

四、结语

报刊在关键节点的大局意识和角色定位，往往成为决定其命运兴衰的分水岭。鸦片战争至五四运动的几十年间，中国长期处于列强欺凌的环境之中，这期间虽也曾爆发过一些较大规模的民众抗争运动，但都仅限于局部地区，没有发展成波及全国的运动。只有到了五四时期，接受了现代高等教育的一代"新青年"，在列强试图再次"辱华"的危急时刻，毅然作出历史抉择，用现代方式展开激烈抗争。报界也自觉担当起时代责任，起到了呼吁、沟通与串联等多重作用，将运动的火种散播到全国各地，实现了运动的预期目标。与此同时，借助报刊的报道与评论，五四运动的时代精神与历史价值日渐累积，成为中华民族的宝贵财富。

---

① 罢工问题的商榷[N].民国日报，1919-06-09.

蓄力与开蒙*

——李提摩太在华社会关系网的拓展及其对中国报业的影响

在明清之际来华的西方传教士中，英国传教士李提摩太（Timothy Richard，1845—1919）无疑是一位备受争议的人物。学界有的称赞他是"丁戊奇荒中的道德伟人"[①]、"报刊'政论时代'的揭幕者"[②]，有的则贬他为"披上慈善家伪装的侵略分子"[③]。但即使对李提摩太持否定态度的学者，也承认他是"朝野瞩目的'红人'"[④]。李提摩太从联络在华的外国传教士开始，一步步拓展自己的社会网络，最终成为清朝大员的座上宾和上层知识分子的学习对象。某种程度上说，正是由于他多种手段并用，将自己的人际关系拓展至中国的核心政治权力圈，才极大提高了他在中国思想文化界的话语权。也是基于这一认知和判断，本文力图从分析李提摩太在华45年间的社会关系拓展路径入手，勾勒他的人际交往图谱，并深入探析这种社会关系对他的报业生涯乃至中国报业发展的影响。

---

* 本文原载于《现代传播（中国传媒大学学报）》2020年第1期，与韩文婷合作。

① 张涌.传道与救世——李提摩太在"丁戊奇荒"中的赈灾活动评述[J].铜陵学院学报，2014（1）：72-75.

② 程丽红.李提摩太：报业政论时代的揭幕者[J].史学集刊，2014（6）25-29.

③ 郭吾真.李提摩太在山西的侵略活动[J].历史教学，1964（4）11-17.

④ 丁则良编著.李提摩太——一个典型的为帝国主义服务的传教士[M].北京：开明书店，1951：3.

一、蓄力：李提摩太的社会关系网络建构

李提摩太是 1870 年来到中国的，此时的中国已历经两次鸦片战争，西方传教士也由 30 年前的备受歧视和行动处处受限变为享有诸多特权的群体。李提摩太乘船到达香港后，先是在乔治·摩尔牧师的指导下学习中文①，接着于当年 2 月 12 日抵达上海，27 日到达烟台芝罘，结识了几位当地的教会同仁，其中英国传教士韦廉臣于 1887 年在上海创立同文书会，李提摩太于 1891 年接替他成为该会秘书②。同文书会即后来影响卓著的广学会的前身。

1. 从底层传教到寻找"上等人"

在烟台的头两年，李提摩太曾尝试每天去小礼拜堂或在街头传播福音，还多次考察山东其他地方以及河北、河南和山西，一路改穿中国服装，戴假辫子，充当风水先生③，了解中国的农村和农民，看是否适宜传教④。由于交通和通信的落后，当时的中国农村极其贫困闭塞，民众对基督教和近代科学一无所知，小礼拜堂甚至受到当地民众的联合抵制，传教"取得的成效不值一提"。1872 年，李提摩太开始实施"寻找上等人"的计划，因为"'上等人'形成的土壤最适合于播种福音的种子"。⑤何谓"上等人"？李提摩太没有详说，但他的人际网络从此不断朝着清政府的中上层官员铺开。

在此前后，李提摩太曾尝试用医学带动传教，与传教士威廉姆·布朗（WilliamBrown）一起，用奎宁丸、止痛药等药物救济了很多身患热病、痢疾和霍乱的百姓，在民间渐渐赢得了很多人的信任。也是通过治病和赠送药品

---

① 苏慧廉.李提摩太在中国[M].关志远等，译.桂林：广西师范大学出版社，2007：55，77.
② 李提摩太.亲历晚清四十五年——李提摩太在华回忆录[M].李宪堂等，译.天津：天津人民出版社，2005：16.
③ 同上，第 16 页.
④ 李提摩太.亲历晚清四十五年——李提摩太在华回忆录[M].李宪堂等，译.天津：天津人民出版社，2005：18.
⑤ 李提摩太.亲历晚清四十五年——李提摩太在华回忆录[M].李宪堂等，译.天津：天津人民出版社，2005：63.

的方式,李提摩太与晚清名臣李鸿章结缘。1875年,李鸿章代表清政府赴烟台与英国谈判,处理马嘉理事件。其间一些随行的士兵患热病和痢疾,被送到烟台浸礼会医院治疗,恰逢李提摩太与助手负责该院事务,便用奎宁丸和止痛药治好了士兵们的病,① 由此李提摩太与李鸿章初识,也为其日后窥探大清高层政治搭建了重要阶梯。

1876—1878年"丁戊奇荒"爆发,李提摩太在山东通过募捐与报刊宣传积极参与赈灾。他致信英国浸礼会传教士协会,指出"上帝给了英国教会一个千载难逢的机会",② 应"寻求更有成效的方式和途径"③ 布道。当青州知府和百姓戴着锁链在庙里跪拜祈求神灵降雨时,李提摩太走访了青州辖区内的11个县城,在城门上张贴黄纸海报,呼吁民众若想求雨得雨,最好抛弃死的偶像,追求活的上帝。④ 随着灾情恶化,民众开始惊慌不安,对政府失去信心的灾民派出两位秀才,邀请李提摩太出任暴动首领,但被他拒绝了,因为他主张"采取建设性的方式,而不是通过破坏来改善人们的处境"。⑤1876年7月22日,李提摩太撰写的一篇关于青州灾荒的报告发表于上海的英文报刊《北华捷报》,使这一事件引起在上海的西方人的关注。⑥ 入冬之后,山东灾民死亡人数激增,《申报》也开始介入这一议题,⑦ 认为山东灾荒仍未引起社会的足够关注。

以赈灾为名,李提摩太于1876年7月7日拜见山东巡抚丁宝桢,进献预防灾荒的建议,并强调经济改革的重要性,建议修筑铁路、开挖矿产,为穷

---

① 苏慧廉.李提摩太在中国[M].关志远等,译.桂林:广西师范大学出版社,2007:55,77.
② 李提摩太.亲历晚清四十五年——李提摩太在华回忆录[M].李宪堂等,译.天津:天津人民出版社,2005:16.
③ 李提摩太.亲历晚清四十五年——李提摩太在华回忆录[M].李宪堂等,译.天津:天津人民出版社,2005:16.
④ 苏慧廉.李提摩太在中国[M].关志远等,译.桂林:广西师范大学出版社,2007:55,77.
⑤ 李提摩太.亲历晚清四十五年——李提摩太在华回忆录[M].李宪堂等,译.天津:天津人民出版社,2005:37.
⑥ 陈静.被排斥的外来者:青州赈灾中的英国浸礼会与江南士绅[J].江苏社会科学,2017(4):241-251.
⑦《书本报乐善可风后》《西人捐赈》,《申报》1876年12月16日,第1427号,第1版和第2版。

人提供就业机会。①虽然这些建议因丁宝桢的离任而未能实现，但丁宝桢的赞许给了李提摩太很大信心。也因与丁宝桢的交往，李提摩太日后在山西的赈灾工作得到丁宝桢长子——时任山西道台的丁体常的友好关照。

在19世纪来华的传教士中，"把中国的知识分子牢牢掌握在手中"的观念绝非为李提摩太所独有，但他却是全力践行的重要人物，这也使他成为"19世纪末对政治方面影响力最大的来华传教士"②。1877年3月9日，山东赈灾委员会成立，4月3日，李提摩太在《申报》发表《西教士劝捐书》，引起读者的广泛关注。有学者认为，在山东赈灾委员会的成立过程中，"李提摩太并未发挥任何组织作用，甚至并未参与，他仅仅是该委员会进行募捐宣传的先锋人物而已"。③笔者不赞同此观点。赈灾委员会是政府行为，李提摩太作为外国人"未发挥组织作用，甚至并未参与"本是情理之中。当清政府的应急救助缺席时，他却成了"募捐宣传的先锋人物"，其作用岂是一句"而已"能论定的。应当说，正是由于李提摩太懂得人际关系与报刊传播的相互借力，才使山东灾荒通过报刊扩散而引起社会关注，因而有了政府的后续举措。如果没有李提摩太在关键节点的奔走呼号，清政府官方赈灾通道的打开可能还需一些时日。

即使以赈灾为名，他与清政府官僚交往的过程也并非一帆风顺。1877年11月，李提摩太应上海赈灾委员会的请求，到灾荒更为严重的山西开展救灾工作，并拜访山西巡抚曾国荃，④试图寻求官方协助，结果却招致曾的猜忌和阻挠。但李提摩太并未就此气馁，而是继续走结交政府上层官员之路，打开了山西赈灾的局面。

---

① 李提摩太.亲历晚清四十五年——李提摩太在华回忆录[M].李宪堂等，译.天津：天津人民出版社，2005：33.
② 顾长声.从马礼逊到司徒雷登——来华新教传教士评传[M].上海：上海书店出版社，2005：273.
③ 胡光麃.影响中国现代化的一百位洋客[M].台北：传记文学出版社，1983：33.
④ 陈静.被排斥的外来者：青州赈灾中的英国浸礼会与江南士绅[J].江苏社会科学，2017(4)：241-251.

2. 从结交"上等人"到跻身中国上层权力市场

1880年9月，李提摩太曾就教育改革等问题拜见李鸿章。李鸿章提醒李提摩太，中国受教育的人没有一个是基督徒，使他再次深切认识到影响中国上层社会的重要性。① 同年，在陕甘总督左宗棠收复伊犁返京途中路过太原附近时，李提摩太首次拜会左宗棠，向他汇报赈灾工作，探讨儒教与基督教是否冲突的问题，还以其自制的世界历史图集作为晋见礼。②

山西灾荒结束后，李提摩太仍在思考导致灾荒和民众贫困的原因。他认为，要从根本上改变广大民众的落后愚昧状态，就必须破除迷信，宣传西方的科学文化。为此，1881—1884年间，李提摩太斥资1000英镑购买了大批科学书籍和教学仪器，每月为山西官员和学者开展普及自然科学知识的讲座，还将几百名候补官员吸纳进来，向他们演示科学实验，建议他们去修建铁路、开掘矿藏，避免饥荒的再度发生。李提摩太还利用与来访者探讨自然科学的机会，不失时机地传播基督教思想。这种"科普讲座+宗教传播"的方式不仅拓宽了他的接触面，也被其他传教士借鉴。这期间，李提摩太夫妇经常受邀去山西高级官员和士绅家里做客，③ 俨然成了当地官场的社交明星。

1884年，李提摩太再次向曾国荃递呈《富晋新规》，"特别强调学校教育不仅是山西由贫致富的首要之途，也是今日中国的第一要政和急务"。④ 尽管曾国荃并未采纳这一建议，但此建议却得到继任巡抚张之洞的重视。张聘请李提摩太为顾问，策划革新，实施新政。由此，李提摩太正式进入中国官场，成了上层权力场域的参与者。通过与李提摩太的交往，张之洞更加关注西方的制度、技术与文化，于1883年在山西开办洋务局。任湖广总督后，张

---

① 李提摩太.亲历晚清四十五年——李提摩太在华回忆录 [M].李宪堂等，译.天津：天津人民出版社，2005：104.
② 李提摩太.亲历晚清四十五年——李提摩太在华回忆录 [M].李宪堂等，译.天津：天津人民出版社，2005：9.
③ 李提摩太.亲历晚清四十五年——李提摩太在华回忆录 [M].李宪堂等，译.天津：天津人民出版社，2005：82.
④ 李提摩太.富晋新规 [J].万国公报.台湾：华文书局，1968：10795-10796.

之洞又将李提摩太"建立钢铁厂,修筑铁路,开办各种工业和现代学校"等建议付诸实施。1895年1月,张之洞邀请李提摩太参与会谈,商讨如何摆脱对日败局,恢复安定秩序;同年李提摩太代表教会面见翁同龢,筹划改革方案。① 这说明,此时的中国最高权力层不仅接纳了这位西方传教者,还开始认真对待他的建议与计划。这种出自高层的态度转变,势必为他带来更多的社会资源。

二、开"蒙":李提摩太的报业活动及其对中国报业的影响

"丁戊奇荒"结束后,李提摩太的上层人际关系网络初步成型。当初被"英雄主义"的、具有"自我奉献"② 精神的传教计划深深吸引的李提摩太似乎不忘初心,仍在思考中国底层社会彻底摆脱苦难的方法,求索改变中国的有效路径。与早期来华的其他西方传教士一样,李提摩太把报刊图书业作为传播思想的重要载体;但李提摩太尤为重视其人际关系之上的报刊图书发行,把报刊图书事业对准中国权力阶层。而他与其代表的西方传教士的报业实践也启迪了中国知识分子,为近代民族报业提供了范例。

1. 上层政治关系红利使李提摩太的报刊图书事业延伸和影响到了中国最高层

1881年11月到1882年12月,《万国公报》连载了"中西友"(李提摩太笔名)的《近事要务》,文中提出近百条根治灾荒的建议。李提摩太这种对底层民生的深切关怀,既是宗教精神的体现,也使他与出自商业或政治目的来华的其他外国人有了本质区别。不止如此,因在神学观念上崇尚自由主义,李提摩太还于1890年退出英国浸礼会,成为一名独立的传教士,失去了教会的物质支持。

---

① 李提摩太.亲历晚清四十五年——李提摩太在华回忆录[M].李宪堂等,译.天津:天津人民出版社,2005:109.
② 李提摩太.亲历晚清四十五年——李提摩太在华回忆录[M].李宪堂等,译.天津:天津人民出版社,2005:132.

此时，他的中国上层人际关系再次发挥救场作用。1890年7月，时任直隶总督的李鸿章邀请李提摩太担任天津《时报》主笔，这不仅解决了李提摩太的生活问题，也为他提供了传播观点的"专用"讲坛。以《时报》为平台，李提摩太称赞两湖总督张之洞和台湾巡抚刘铭传"讲求铁路、轮舟、矿务"和机器；① 宣传洋务运动，主张修路、开矿和训练海军。由于多篇文章都在探讨中国的改革问题，《时报》一时成了政论性报纸。他还出版特刊，用图表比较世界不同民族在各领域所处的位置；② 发表社论，呼吁中国脱贫致富，变革图强。《时报》与《万国公报》南北呼应，在全国引起了较大反响。③ 李提摩太于1890年8月23日创办《直报》周刊，将每日《时报》所载谕旨、抄报、论说、新闻，撮其要者汇订一编。"不特北五省的洋人先睹为快，很多上海和华中的中外人等也争先订阅，俾获京津的政治报道。"④《时报》的影响，已远远超出了天津一地。

1891年10月，李提摩太在总税务司英国人赫德的推荐下离津赴沪，投身广学会担任总干事，直至1916年退休。就任伊始，李提摩太"即以开通空气、启迪民智为己任，而尤注重于一般士大夫阶级……遂从事译著书籍，以启导一般统治阶级之思想。故当时本会所出版之书籍，以历史、科学等为最多"⑤。李提摩太注重"教导中国的上层人士和知识阶层的男女"，"利用中国政府和知识界中的领袖人物来发展我们的工作"⑥。在他的主持下，广学会把高级文官、武官及知识分子列为重点对象，强调"要把这批人作为我们的学生，我们将把有关对中国最重要的知识系统地教育他们，直到教他们懂得有必要

---

① 赵晓兰，吴潮.传教士中文报刊史［M］.上海：复旦大学出版社，2011：174，205，193.
② 马艺.天津新闻传播史纲要［M］.北京：新华出版社，2005：26，27.
③ 李提摩太.亲历晚清四十五年——李提摩太在华回忆录［M］.李宪堂等，译.天津：天津人民出版社，2005：147.
④ 方汉奇.中国近代报刊史［M］.太原：山西人民出版社，1981：40.
⑤ 马艺.天津新闻传播史纲要［M］.北京：新华出版社，2005：26，27.
⑥ 贾立言撰，陈德明，译.广学会史略［J］.广学会五十周纪念短讯，1937，1（1）：6.

为他们苦难的国家采用更好的方法时为止"。①《万国公报》的呈送对象还包括光绪皇帝，广学会不仅为他呈送书刊，还递呈改革建议，②这标志着该刊和广学会的主张已可传至清政府的最高层。

1892年，《万国公报》主编林乐知回美国休假，编辑工作由李提摩太代为主持，《泰西新史揽要》等西方名著也在他的主持下开始翻译出版。③李提摩太不断增设售书局，增加译印书籍、编译报刊，开展有奖征文，并采取多种推广手段，包括廉价销售、赠阅和广告，加大对变法书籍的编纂、译介与出版力度，加强与清政府上层人物的互动，"可以说是广学会的灵魂人物"。④甲午战争后，广学会的出版物更加受到中国上层读者欢迎，官府订阅占广学会销售量的八分之五。而得风气之先的官督商办的上海招商局不仅自己订阅广学会出版物，还将其分送给北京高级官员。住在上海的一位翰林则定期把30份《万国公报》寄给他在北京的翰林朋友们。⑤1896年，林乐知将广学会的《中东战纪本末》呈送总理衙门，请代呈光绪皇帝和恭亲王。⑥该书载有甲午战争的大量报道和评论，还收录了李提摩太、林乐知等人提倡变法、学习西方的文章，对当时急欲救亡图存的维新派起了极大的警醒作用，是广学会出版的对戊戌变法影响最大的书籍之一。《泰西新史揽要》则被梁启超列为"效仿变法的最佳之书"。⑦光绪帝师孙家鼐曾有两个月的时间每天为光绪读

---

① 李提摩太.我们工作的必要与范围[J].同文书会年报·第四年.转引自宋原放主编，汪家熔辑注.中国出版史料·近代部分：第1卷[M].武汉：湖北教育出版社，2004：207-208.
② 赵晓兰，吴潮.传教士中文报刊史[M].上海：复旦大学出版社，2011：174，205，193.
③ 李提摩太.亲历晚清四十五年——李提摩太在华回忆录[M].李宪堂等，译.天津：天津人民出版社，2005：148.
④ 林治平.近代中国与基督教论文集[M].台北：财团法人基督教宇宙光全人类关怀机构，1985：33，57.
⑤ 李提摩太.亲历晚清四十五年——李提摩太在华回忆录[M].李宪堂等，译.天津：天津人民出版社，2005：240.
⑥ 照录总理衙门总办章答谢李君佳白送中东战纪本末书[J].万国公报，1896（8）：第91册.
⑦ 顾长声.传教士与近代中国[M].上海：上海人民出版社，1981：141，137，151.

该书。①

此时李提摩太与晚清名臣的交往也出现"复利"效应。洋务派官员张之洞向广学会捐款1000两白银出版一部世界通史，1911年又捐款3000元（大约相当于300英镑）支持广学会的出版工作；②翁同龢将李提摩太提出的改革方案呈交给光绪皇帝，得到光绪皇帝的首肯，公开发表在《万国公报》上；李鸿章将甲午战争期间"军中往来之电报底稿"提供给《万国公报》刊登，使《万国公报》的信息权威性倍增；李鸿章的私人秘书当过广学会董事，还为广学会出版的一部书作序；等等。这些都极大提升了李提摩太和广学会的社会知名度。

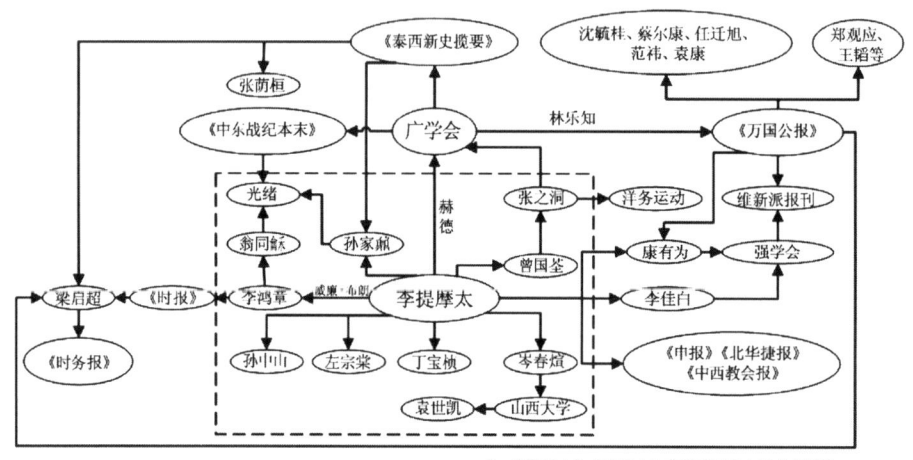

图12 李提摩太在华人际关系及其同中国近代报人、报业的交集

1899年，广学会设立在中国的售书点已经达到35个。③英国传教士莫安仁曾评价道："当时有这样有毅力、有才干的人来管理，以前无生气的广学

---

① 李提摩太.亲历晚清四十五年——李提摩太在华回忆录[M].李宪堂等，译.天津：天津人民出版社，2005：12.
② 李提摩太.亲历晚清四十五年——李提摩太在华回忆录[M].李宪堂等，译.天津：天津人民出版社，2005：197.
③ 王林.西学与变法——《万国公报》研究[M].济南：齐鲁书社，2004：45.

会自然是蒸蒸日上……"① 在李提摩太领导的时期，广学会不仅出版数量增多，而且在大部分时间里，其出版的书刊针砭时弊，贴合当时中国社会的需要。据广学会统计，在1897年至1911年间，非宗教书籍占到出版总数的59.3%，② 戊戌变法时期（1897—1899）和清末新政时期（1902—1904）出现两次出版高潮，非宗教性书籍大大超过纯宗教性的书籍，这些书籍围绕变法与新政，切中时政脉搏。当时光绪皇帝还向广学会订购了89种书籍（书目刊载在1898年《广学会年报》附录内），可见广学会在当时的名声和影响之大③

2. 李提摩太的报业活动为晚清报纸政论模式提供范例，启迪中国报人，在一定程度上推动了维新运动发展

以《万国公报》的社会影响力，其示范作用可想而知。当时该报还聘请了一批优秀的中国编辑，包括沈毓桂、蔡尔康、任廷旭、范祎、袁康等，"他们都有旧学功底，了解西方概况，有的还曾留学美国，极大地有助于刊物成为沟通中西的桥梁"。④ 其中沈毓桂是我国近代最早的报人之一，在《万国公报》发表268篇文章。⑤ 1892年，在《申报》《字林沪报》任主笔多年的蔡尔康接替沈毓桂成了李提摩太的记室，一边与李提摩太合译合著，一边独立撰写政论，从中学到了一些近代报纸的办报理念。⑥ 任廷旭曾随使出洋，到过美国，为《万国公报》撰写了15篇文章。范祎具有深厚的国学功底，是林乐知晚年的代笔，为《万国公报》撰写过10篇文章。此外直接为《万国公报》写稿的中国人还有王韬（发文48篇）、郑观应（发文1篇）、康有为（发文1

---

① 莫安仁.广学会过去的工作与其影响中国文化之势力[J].广学会五十周年纪念短讯，1937，2（2）：5.
② 王树槐.清季的广学会[A]//林治平.近代中国与基督教论文集.台北：财团法人基督教宇宙光全人类关怀机构，1985：220.
③ 顾长声.传教士与近代中国[M].上海：上海人民出版社，1981：141，137，151.
④ 朱维铮.导言[A].李天纲.万国公报文选[M].北京：生活·读书·新知三联书店，1998：15-16，6，25.
⑤ 赵晓兰，吴潮.传教士中文报刊史[M].上海：复旦大学出版社，2011：174，205，193.
⑥ 田中初.游历于中西之间的晚清报人蔡尔康[J].新闻大学，2003（4）.

篇)、孙中山(发文1篇),^①上述作者都是近代中国"开眼看世界"的节点性人物,日后也都成长为近代民族报业的顶梁柱。

李提摩太主持期间的广学会,还将其书刊的目标读者扩展至考场应试的士子,在乡试考场周围向考生免费发放《中西四大政》等小册子。1891年,李提摩太在广学会年度工作报告中表示:"越来越多的人意识到,帮助中国的最好方法,就是推进广学会所追求的启蒙工作……在举行考试的每一个考场,广泛宣传我们学会的宗旨和目的……通过这种办法,使帝国的每一个角落都感受到我们的影响。"②李提摩太还将《救世教义》作为礼物送给多数省份的高级官员,影响了一大批读书人,对戊戌维新运动的康有为、梁启超、谭嗣同产生了极为重要的影响。证明其影响力的直接的证据有:康有为是《万国公报》长期而热心的读者,参加过1894年的有奖征文活动,获得六等奖;康梁等人创办的第一份报刊为利于推广,取名曰《万国公报》。而李提摩太本人保存的康梁版《万国公报》第1册封面上的英文批注显示,是他向梁启超建议更改报名,避免混淆。③1895年强学会成立,李提摩太、李佳白等传教士都参加了这一旨在推动中国变法维新的组织。在康有为的万言书及回忆录中,有大量引自广学会《万国公报》的论点。李提摩太在1895年10月17日给妻子的信里也曾提及:"几乎我以前所做的种种建议,全部概括和凝聚在他那份具体而微的计划中了。"④梁启超在《读西学书法》中写道:"西人教会始创《万国公报》……中译西报颇多,欲觇时事者必读焉。"⑤1898年2月,强学会在上海出版了《时论新编》,其中有31篇文章出自李提摩太。

李提摩太甚至参与了戊戌变法的准备工作,在变法遭到压制后又极力营

---

① 朱维铮.导言[A].见:李天纲.万国公报文选[M].北京:生活·读书·新知三联书店,1998:15-16,6,25.
② 李提摩太.亲历晚清四十五年——李提摩太在华回忆录[M].李宪堂等,译.天津:天津人民出版社,2005:205.
③ 方汉奇.中国新闻事业通史:第一卷[M].北京:中国人民大学出版社,1992:543.
④ 顾长声.传教士与近代中国[M].上海:上海人民出版社,1981:141,137,151.
⑤ 梁启超.读西学书法[A].见:黎难秋.中国科学翻,译史料[M].合肥:中国科学技术大学出版社,1996:640.

救康有为等人。他于1899年会见李鸿章，劝说中国政府批准一个全国性的教育计划，并允许广学会帮助翻译外文书籍；1902年，他与山西巡抚岑春煊就开办中西大学堂达成一致，即成立山西大学。学校成立后不久，李提摩太曾就课本经费问题赴保定访问时任直隶总督的袁世凯，袁世凯表示愿意资助，却并未实现。① 李提摩太一直通过在上层人际关系网络中游走和运作来推进他的改革主张，将其观点注入平行网络的建构和拓展中，有的虽未在当时收到有效回应，但其改革信念和知识传播的积累早已"滴水穿石"，实实在在地穿透了晚清中国闭塞落后的屋脊。

总之，李提摩太以传教士的特殊身份一面赈灾建言，一面布道讲学，运用报纸作为传声筒宣传改革，启迪国人，并以自身的报业实践影响国人自主办报的进程。19世纪末，中国人自己创办的报刊大量出现，甚至在变法期间出现第一次办报高潮。而梁启超任主笔的《时务报》大受欢迎，一个很重要的原因是其"关于西学西政的知识，起初都来自《万国公报》和江南制造局、广学会的西人译著，因而刊物创办初期的言论，从内容到风格，都时时流露剥取《万国公报》的痕迹……《时务报》初期的言论取向，与《万国公报》如出一辙"②。以李提摩太为代表的传教士所创的中外文期刊，不仅开我国近代报业之先河，而且"教会创刊带动中国报业的发展，可以说是铁一般的事实，此亦即基督教对中国社会文化作出实质贡献的一面"。③

三、结语

在晚清中外势力较量和中西文化碰撞的过程中，传教士一直处于历史洪流的风口浪尖，其在华形象常带有"文化侵略"和"殖民帮凶"的标签，学

---

① 李提摩太.亲历晚清四十五年——李提摩太在华回忆录[M].李宪堂等,译.天津：天津人民出版社,2005：214.
② 朱维铮.导言[A]//李天纲.万国公报文选.北京：生活·读书·新知三联书店,1998：15-16, 6, 25.
③ 梁启超.读西学书法[A].黎难秋.中国科学翻译史料.合肥：中国科学技术大学出版社,1996：640.

界对"交流还是侵略"的探讨也从未停歇。但一个不可否认的事实是,传教士虽以传播宗教为目的来华,却也行融通中西之实;具体到那段历史中的个人,更是千差万别,不可一概而论。在李提摩太去世100周年的当下,理应给他一个公允的评价。他怀揣撒播基督福音的初心浮槎东来,赈灾两省,为推动近代中国社会变革和打通中西文化交流闸口而蓄力和奔走,从结交权贵到撰文译著,凭借高超的人际沟通技巧和报刊图书活动,影响朝内官员;从传播西学知识到影响国人自主办报,勾连晚清社会的政治关系和社会文化交往。李提摩太作为晚清复杂社会网络中的一个重要节点,45年间想方设法,步步为营,一点点推动了中国的社会和政治变革,客观上成为晚清社会转型的助推器。

《东西洋考每月统记传》在后世影响渐深之原因探析[*]

从传播史或接受史的角度看,被称为"中国境内第一份近代化中文报刊"的《东西洋考每月统记传》刊行时影响甚微,但是在中国遭遇鸦片战争的失败,与西方关系发生根本逆转后,该刊所登载的实用性知识和传递的现代性价值却被次第发现,影响力日增,并最终确立起在中国新闻史上的不朽地位。

一

《东西洋考每月统记传》在当时影响不大,原因有以下几个方面:

首先,从办刊环境看,《东西洋考每月统记传》在当时属于政府严厉查抄的非法出版物,发行范围受到很大限制。

这份由普鲁士传教士郭实猎(Charles Gutzlaff/Karl Friedrich August Gützlaff,也称郭士立)主持出版的刊物问世时间为清道光十三年六月十六日。[①] 在当月发行的英文《中国丛报》(Chinese Repository)中,郭实猎曾坦陈其办刊初衷"是为了让中国人获知我们的技艺、科学与准则。它将不谈政治,避免就任何主题以尖锐言辞触怒他们。可有巧妙的方法表达,我们确实不是'蛮夷';编

---

[*] 本文原载于《国际新闻界》2011 年第 4 期。
[①] 道光十三年农历六月十六日为西历 1833 年 8 月 1 日。该刊的创办日期请参考黄时鉴《〈东西洋考每月统记传〉影印本导言》,引自其整理出版的《东西洋考每月统记传》,北京,中华书局,1997 年,第 5 页。以下《东西洋考每月统记传》的内容均出自本书。

者偏向于用展示事实的手法使中国人相信,他们仍有许多东西要学。又,悉知外国人与地方当局关系的意义,编纂者已致力于赢得他们的友谊,并且希望最终取得成功"。① 据笔者目前掌握的材料分析,虽然郭实猎宣称正致力于赢得地方当局的友谊,但这份刊物不可能"公开出版两年之久而未遭查禁,"② 而只是在清政府限定的外国人居留区——十三行③之内印行。之所以"未遭查禁",说明它当时并未大量扩散到中国人中间,且未引起社会尤其是官方的注意。

鸦片战争前,虽然广东、福建沿海的对外贸易已是如火如荼,但清政府对来华的外国人仍实行严格的住行管制。在广州,不到300名外侨组成自己的小社会,居住在城墙外的一小块地区——大约15英亩范围的十三行区域内。"画地为牢、侮辱谩骂、没有安全感、行动受限制、不准带家属、行商的垄断和监管、在学习中文和传播基督教方面设置障碍——总之,中国政府就是这样对待每一个'胆敢'来到他们领土上的'野蛮人'的,作为一种体制,它已经维持了两个世纪。"④ 不要说一般外国人,就是新闻记者,按规定也"不能访问当地居民的家庭,不能与社会人士交往,不能出入法庭和社会机关,整日孤身独处。……所能得到的只是间隔很久、断断续续从国外寄来的邮件。""只有在特殊情况下,例如生病,才能获准到外面走动。"⑤ 这在郭实猎们看来,实在是"严重影响到广州的外国居民的利益,以及他们与中国人的交往"。⑥ 出于改善自身处境的迫切需要,这些外侨共同出资,创办了意在让中国人了解西方的《东西洋考每月统记传》。

如果仅是十三行内外国人自己的事务,清政府本无干涉之必要——对外国人办给自己看的英文《中国丛报》,清政府就听之任之,未采取任何管制措

---

① 参见《中国丛报》,1833年,8月号。
② 方汉奇,丁淦林等主编.中国新闻传播史[M].北京:中国人民大学出版社,2002:48.
③ 十三行为鸦片战争前清政府设立于广州的经营对外贸易的专业商行。
④ 卫斐列.卫三畏生平及书信——一位美国来华传教士的心路历程[M].顾钧,江莉,译.桂林:广西师范大学出版社,2008:17.
⑤《中国丛报》,1836年,8月号。
⑥《中国丛报》,1833年,8月号。

施。但郭实猎办刊的对象却是中国人，这就触犯了大清律法——当时清政府严禁外国人向中国人传教或办刊，更不允许中国人阅读、接受或传播"夷人"书报，一旦发现，"轻则受罚入牢，重则遭受酷刑、杀头之灾"。第一位受洗的广东基督徒梁发，就曾因在老家肇庆和广州的乡试大厅内散发中文基督教书刊而于1819年和1834年两度被捕入狱。①1835年，广东省政府接到中央指示，要求"一体密查""从严究办"省内华人刻印并散发"夷书"事宜。《东西洋考每月统记传》虽没有在这次集中清剿中被查获，却已使郭实猎等人"比任何时候都难以开展工作，不能印刷书籍，而那些印刷好了的既不能送出去，也不能在广州城里散发"。②1836年，《东西洋考每月统记传》中断一年未出。同年4月，两广总督邓廷桢在呈报皇帝的奏折中表示："臣等复核闽省委员访查甚细，既无郭实猎、刘幸命其人，显系编造之人托名内地官宦亦复崇信其教，以冀煽惑愚民。"③该奏章宣称的未查获有"郭实猎"其人，甚至只字不提《东西洋考每月统记传》，虽不排除推诿责任、掩盖真相等因素，但至少说明郭实猎和该刊在当时是不为人所知的。

其次，从刊物流向看，其主要订阅者和支持者是在华的外国侨民而不是中国人。创刊号首印600份，很快"处理"完毕；④又加印300份，少部分流入了当地中国人手中。900份的印数，已远远超出了在广州定居的外国人数量，似乎表明中国读者占据了订户的大部分。但事实却并非如此。刊物创办后，为争取资金支持，郭实猎提出："由于此间外国社会的全体成员在此一工作顺利进行方面具有共同利益，编纂者希望在他们中获得足够订购数以支付费用；再说，至少在数月之内，中国人本身必不能重视一种如此性质的出版物，因而可立即期待于他们的只是少量的支持。"⑤外国人之所以热衷于订阅这

---

① 黎尚健.论梁发在我国近代中文报刊创办中的作用和贡献[J].广东教育学院学报，2009(4)：52–57.
② 卫斐列.卫三畏生平及书信——一位美国来华传教士的心路历程[M].顾钧，江莉，译.桂林：广西师范大学出版社，2008：31.
③ 吕坚.从新发现的有关马礼逊梁发传教档案看新教的传入及影响[J].历史档案，1996(4)：95.
④ 这里的"处理"一词，是译自英文原文"disposed of"。
⑤ 黄时鉴.东西洋考每月统记传[M].北京：中华书局，1997：12.

些中文刊物，并非出于个人喜好，而是另有目的。当时在广州主持《中国丛报》的传教士卫三畏对此分析得很透彻："真正使用我们印刷的书籍的人不会很多，许多人只是乐意出钱赞助这项在他们看来很有希望成功的事业而已"。①简言之，为了他们在华的长远利益，西方外侨愿意出资赞助这项旨在改造中国人思想和观念的事业，这是该刊得以维持运转的原初动力。这种为中国人办刊却由外国人自己"买单"的状况，直到《东西洋考每月统记传》离开广州转到新加坡出版时都未有多大改观。

第三，从其内容和形式看，虽然办刊者极力迎合中国读者的阅读习惯和民族文化心理，在跨文化传播方面做出了可贵探索，但由于身份敏感，加上刊物自身呈现的当时国人不能领受的鲜明异质文化特征，该刊即使有少量流入中国读者手中，也很难被当时的主流知识分子接受，更无法得到社会的"正面"回应。

作为一名精通中国语言和文化的汉学家，郭实猎在办刊前就已深刻认识到，在中国，要想在言辞上不触怒读者，最稳妥的办法就是"认同"占统治地位的儒家文化。为此，该刊与其他中文出版物一样，刻意以大清历法纪年，以表其"恭敬天朝之意"，②并从封面到内文大量引用儒家经典词句，力图通过构建中国读者熟识的言语情境来兜售西学的知识和理论。如在其现存的39期中，33期封面都载有儒家经典语录，像"人无远虑，必有近忧"（创刊号）；③"皇天无亲，惟德是依"；"好问则裕，自用则小"；"子曰唯君子能好其正，小人毒其正"；④"子曰亦各言其志也已矣"；⑤"四海为家，万姓为子"；"教子孙两行正路，惟读惟耕"；"修身则道立，尊贤则不惑"；等等，显示出编选者对中国文化的一种刻意逢迎。

---

① 卫斐列.卫三畏生平及书信——一位美国来华传教士的心路历程[M].顾钧，江莉，译.桂林：广西师范大学出版社，2008：44.
② 吕坚.从新发现的有关马礼逊梁发传教档案看新教的传入及影响[J].历史档案，1996（4）：94.
③ 道光癸巳年六月、七月号两期封面引用此语。
④ 道光癸巳年十二月、道光甲午年正月、道光乙未年正月号，三期封面引用此语。
⑤ 道光甲午年二月、道光甲午年三月〈乙未刊〉，两期封面引用此语。

不仅如此，刊物作者还极力从儒家文化的包容精神中，为西方文化寻找立身之据。在该刊开辟的"序""论""叙说""煞语"等评论专栏中，不论其观点如何，均言必称儒家经典语录，尽量从儒家先哲的名言中抽绎论点。如其引用孔子的"三人行，必有我师"，来说明中国人可以向外国人学习；又用"有朋自远方来，不亦乐乎"，强调应对外国人以礼相待；用"君子爱财，取之有道"说明和外国人交易时应讲信用；以"四海之内皆兄弟"说明中外同宗同源，理应互通有无、相互学习等。可谓言之成理，言之有据。这种"以其人之道，还治其人之身"的论辩逻辑，也是被中国人推崇的一种说理模式。

从道光年甲午四月号开始，该刊又连续登载 12 封旅居海外的中国人叙述和介绍外国情况的书信。通信者之间或为父子，或为叔（姑）侄，或为朋友。虽然目前还无实据证明它们出自洋人之手，但是"就内容和行文来看，不大像中国人写的家书，洋人编写的行迹很明显，大约实际上出自编纂者之手"。如在《子外寄父》一文中，儿子在环球航行后对父亲说："中国不过是地球上的一国，外国的领土并不都比中国小，外国人聪明通窍，身晓才艺，何可以为夷者乎！"《侄外奉姑书》一文则用中国侄女在英国伦敦的"所见所闻"，告诉姑姑那里的男女从小平等，女孩与男孩一样从小备受爱护，无溺女之陋习。女孩长大后在文学馆学习，长辈们不仅朋友间来往，成婚也是自由恋爱，成家之后夫妻相爱相亲。《兰墩十咏》借一位住英国京都伦敦的"汉士"之口，吟咏出一幅兴旺发达的近代工业文明图景——"富庶烟花地，人工斗物华。帝城双凤阙，云树万人家"。

但历史的吊诡之处在于，上述被当代人极力称颂的跨文化传播策略，当时却注定知音寥寥。因为归根结底，作为西方基督教传教士创办的报刊，《东西洋考每月统记传》对儒家经典的照搬照抄，仅仅是其与读者"对话"时的一种权宜之计，并不表明他们对儒家文化的完全认同。实际上，当时西方传教士对中国旧式文人的看法是相当负面的——"在中国文人主要从儒家学到的温文尔雅的外表下面，几乎只有狡诈、愚昧、野蛮、粗野、傲慢和对任何外国事物的根深蒂固的仇恨。"① 对儒家文化倡导的一些核心价值，他们也持根本否定态度。如丁酉年12月的封面语用的是"教子孙两行正路，惟读惟耕"，正文开篇却是《通商》，强调"禁止通商，如水底捞月矣"，"惟国而通商则裕，不通商则穷"，即强调商业贸易而非"耕读"才是国家富强之本，等于推翻了封面的儒家教义。众所周知，儒家文化是重农轻商的。正是由于其字里行间处处流淌的西方宗教情怀和价值取向，使之稍不留神便显露出初期明显处于弱势地位的"夷书"特征。作者附会儒学，强行将中国/西方两种文化嫁接，甚至采取两种文化"同根同源"的立场，虽然在消除中国人对西方异质文化的陌生感和拒斥心理方面具有一定作用，但在当时国人普遍排斥西方、夜郎自大的无知心态下，该刊关于"上帝"的种种议论，不啻异端邪说；其新颖的形式和其政治、经济、科技和文化知识，也很容易被时人视为"远人"的"奇技淫巧"而受到漠视和排斥。

另一方面，刊物所选取的"俚俗不通"的文体，在当时也是不登大雅之堂的。上述两广总督的呈报奏章中，认为郭实猎等人的出版物"或割裂经传，文义不通；或近似鼓词，语言鄙陋"。② 后来引用该刊内容较多的徐继畬也认为，"其事实虽多有可据，但文理却俚俗不通"。③ 乃至于几十年后，深受西方传教士影响，以浅显易懂、直抒胸臆的报刊政论文著称的王韬在论及外报时还曾鄙夷地表示："但此糊窗覆瓿之物，亦复何用？徒供喷饭耳。"④ 而这一东西方价值取向的尖锐冲突，无疑也深刻地影响了当时国人对该刊的客观判断。后知后觉的中国人，直到19世纪末才提出"我手写我口"（黄遵宪）的口号，五四运动后才逐步实现报刊的言文合一。

退一万步说，即使有中国人认真阅读该刊并受了影响，在当时普遍仇视"外夷"，视"外夷"书刊传播为违法且"可恶"的社会大环境下，也绝不敢

---

① 费正清.剑桥中国晚清史（1800—1911年）：上卷［M］.北京：中国社会科学出版社，1985：623.
② 吕坚.从新发现的有关马礼逊梁发传教档案看新教的传入及影响［J］.历史档案，1996（4）：94.
③ 任复兴.徐继畬与东西方文化交流［M］.北京：中国社会科学出版社，1993：88.
④ 赖光临.中国近代报人与报业（上）［M］.台北：商务印书馆，1987：282.

在公开场合谈论它或撰文记载、评价。因此当时该刊影响究竟如何成为查无可考的历史谜题。这不能不说是一代人的悲哀,也是中国传统社会向现代社会转型中一笔昂贵的学费。

二

办刊的直接效果虽微乎其微,但郭实猎和那些愿意出钱赞助刊物的外侨知道,这不是最终的结果。他们坚信,中国的大门必将被撞开,西方强势文化的入侵和中西文化的融合将成为不可逆转的时代潮流。

鸦片战争前,"无论是就民情还是文明而言,中国都还没有走出中世纪"。①鸦片战争后,中国人对西方的坚船利炮开始有了切身体验,少数先进的知识分子萌发了学习西方的兴趣和愿望,并注意到《东西洋考每月统记传》等西方传教士的中文出版物。据浙江大学历史系著名教授黄时鉴考证,在早期"开眼看世界"的中国知识分子中,魏源、梁廷枏和徐继畬都曾读过《东西洋考每月统记传》,以魏源受影响最大,其《海国图志》引用该刊凡13期24篇,其中地理方面18篇28处。梁廷枏的《海国四说·合省国说》中有两处引述了该刊。徐继畬的《瀛环志略》也提到,"泰西诸国疆域、形势、沿革、物产、时事皆取之泰西人杂书,有刻本,有钞文,月报、新闻纸之类,约数十种",②其中至少有两处引述或删改利用了《东西洋考每月统记传》的文字。该刊最早介绍蒸汽机的工作原理,也引起了魏源和梁廷枏的注意,分别转载于二人撰写的《海国图志》和《海国四说·合省国说》中。③

上述三书,《海国图志》于1843年刊刻,《海国四说·合省国说》1844年出版,《瀛环志略》则迟至1848年刊刻。此时距《东西洋考每月统记传》停刊已有数年。

---

① 卫斐列.卫三畏生平及书信——一位美国来华传教士的心路历程[M].顾钧,江莉,译.桂林:广西师范大学出版社,2008:18.
② 任复兴主编.徐继畬与东西方文化交流[M].北京:中国社会科学出版社,1993.
③ 黄时鉴.东西洋考每月统记传[M].北京:中华书局,1997.

这一时期，中国人对该刊的认知和接受，主要还停留在其上登载的大量历史、地理、新闻和科学知识等实用性内容上，却无人关注其在别的方面的开创性贡献，诸如：为打破中国人"天朝上国"的观念，认识到西方历史与中国一样悠久灿烂，《东西洋考每月统记传》从创刊号起即以上栏记东史、下栏叙西史的对照方法，分11次连载了英国传教士麦都思（Walter Henry Medhurst，1796—1857）撰写的《东西史记和合》——东史从盘古开天地到明朝晚期，西史从上帝造天地到英国诺曼王朝；在丁酉年七月号上又登载《史记和合纲鉴》，补述清朝历史和欧洲列国近代史——"世间之史，万国之记茫也，读者如涉大洋渺茫，故简删之，与读者观纲目，较量东西史记之和合。"① "和合"是中华民族独创的传统哲学概念和文化概念。"和"是指异质因素的共处，"合"则是指异质因素的融会贯通。所谓"夫和实生物，同则不继"，是说只有会合相异之物于一处，才能产生新的事物；若只是简单地同类物相加，其所得仍为原来之物，不能产生新事物。郭实猎、麦都思借用这一哲学概念来编撰历史，既巧妙地把西方历史拉入中国人视野，又等于委婉地提醒中国人，在对待异质文化时，最好以和合包容的心态，"师夷长技"，而不是一味排斥和打压。

"经过研究，传教士们进而发现，中国人的傲慢并非来自中国工商业的发达——因为中国人将工商置于社会底层，而是源于文化上的优越感。但是经过对中国经史子集的进一步解读，他们也发现，中国文化固然博大深邃，可实用科学知识严重匮乏，而实用科学恰恰是西方文化的优势所在。传教士们普遍认为可以利用西方擅长的实用科学知识作为攻击武器来克服中国人的傲慢，促使中国人平等地对待世界上的其他民族。"② 通过"地理""新闻"及"书信"等几个栏目的相互配合，《东西洋考古月统记传》较为全面地为中国读者介绍了西方的科技、政治、文化等知识，许多内容都是第一次翻译和介绍到中国的。

---

① 黄时鉴.东西洋考每月统记传[M].北京：中华书局，1997：4.
② 张海林.在华实用知识传播会探析[J].南京大学学报（哲学·人文科学·社会科学），2005（1）：95.

人的认识是随着时代发展而发展的。郭实猎等人苦心经营数年的《东西洋考每月统记传》，虽意在使东西方之间"血脉相通"，"和合"发展，然而当时的中国人却以无知与高傲筑围墙，"顽固地阻碍着一种更高文明的传播"。①直到1840年后，当中国人耻辱地接受了战争的结果，开始对西方迅速崛起的事实感到惊异时，对西方的认知才开始出现根本逆转，生发出借鉴、学习西方的内在需求。此时中国人阅读或参考、评价《东西洋考每月统记传》不再是大逆不道的违法行为，该刊登载的大量实用科学知识，终于等到了最好的传播时机。这是中国人自觉接受该刊的第一波浪潮，也是它在中国主流知识分子的著作中渐次出现的一个重要社会历史背景。

　　之后，随着外人来华办报逐步形成规模和势力，《东西洋考每月统记传》在中国境内办刊的首创之功和许多开创性贡献进一步得到彰显。

　　1927年，戈公振的《中国报学史》出版。在提到《东西洋考每月统记传》时，戈公振指出，该刊"发刊于中国境内，故我国言现代报纸者，或推此为第一种，因前三种皆发刊于南洋也"。从报刊的现代性质出发，戈氏一举拨开了中国传统邸报几百年的发展历史，而把《东西洋考每月统记传》置于"第一"的显要地位，显示出史家的卓见和胆识，也成为该刊传播史/接受史上的一个里程碑。因为"戈氏《中国报学史》是此界开山之作，且再三重版，因而戈氏之说，影响深远"。②

　　1949年，随着社会主义制度的建立，适应这一形势的新的学术观点、方法和视角也随之生成。1959年，中国人民大学印刷出版了中共中央党校新闻教研室编写的《中国现代报刊史讲义第一章》。书中提到，"最初在我国境内出版的近代报刊是1833年（清道光十三年）在广州出版的《东西洋每月统记传》，都是外国传教士（原文如此）所办。这些报刊宣称'以阐发基督教义为唯一急务'，实质上它们是殖民主义者进行经济和文化侵略的前哨"。该书以阶级分析的观点，视一切外报皆为侵略工具，却肯定了外报不同于中国邸报

---

① 卫斐列.卫三畏生平及书信——一位美国来华传教士的心路历程[M].顾钧，江莉，译.桂林：广西师范大学出版社，2008：64.
② 黄时鉴.东西洋考每月统记传[M].北京：中华书局，1997：4.

的现代特性，等于是对戈公振上述论断的继承。由此，该刊作为"中国境内第一份中文近代化报刊"的身份在新闻史学界进一步得到巩固。尤其是改革开放以来，随着学科研究的活跃和不断深化，该刊的"现代性"因素和开创性贡献也日益全面呈现。在"中国知网"学术文献总库中键入《东西洋考每月统记传》一词进行全文搜索可以发现，从1979年至2010年底，涉及该刊的研究论文已近600篇。

而该刊身后声誉日隆的深层原因，或可归结于其脚踏中西、兼收并蓄的理念，恰好契合了一百多年来中国从封闭走向开放、从传统进入现代的历史需求。如前所述，郭实猎们的办刊初衷，是让中国人认识到"仍有许多东西要学"。为此该刊一面极力迎合中国人，用中国人常用的语式和逻辑叙事说理，一面又基于"传播新知"的需要，精心选取世界上先进的政治、经济、法律以及科学技术等知识加以介绍，内容可谓包罗万象，荟萃精华，形式上也多有创新，可以说是比之前和同期的所有中文外报都更具备了现代报刊的特质。这种不拒斥其他文明、海纳百川的胸怀和气度，体现了该刊难能可贵的开放意识和进步眼光，也为后人提供了取之不尽的话题源泉。

费正清曾经指出："评价新教早期成就的真正标准，不在于它收到了多少信徒，而在于它为后来的工作所奠定的基础。最重要的是准备了初步的但却是大批的中文基督教书籍"。[①] 郭实猎们筚路蓝缕的跨文化传播之举，在历史长河中得到了丰厚的回报。

---

① 费正清. 剑桥中国晚清史（1800—1911年）：上卷[M]. 北京：中国社会科学出版社，1985：604.